Die große Schule der Gewürze

Text von Michael Bateman · Fotos von Steve Baxter

Die große Schule der Gewürze

mit 200 inspirierenden Rezepten

CHRISTIAN VERLAG

Danksagung des Autors

Vor allem möchte ich meiner Frau Heather Maisner danken, die die Arbeit an ihren Kinderbüchern vorübergehend eingeschränkt hat, um sich tatkräftig als Mitautorin an diesem Buch zu beteiligen.

Weder hätte es einen günstigeren Zeitpunkt geben können für einen Streifzug durch die Welt der Gewürze noch ein Land, das offener ist für deren vielfältige Schätze als Großbritannien. Keiner wusste das besser als meine Verlegerin Kyle Cathie, und dafür danke ich ihr. Dank gebührt auch meiner Redakteurin Sarah Epton für ihre Begeisterung und Ermutigung, dem Designer Paul Welti, dem Fotografen Steve Baxter, der Food-Stylistin Linda Tubby und der Requisiten-Stylistin Penny Markham, die gemeinsam so fabelhafte Fotos zustande brachten, sowie meinem Agenten Abner Stein.

Ich kann mich glücklich schätzen, so viele Food-Autoren zu meinen Freunden zählen zu dürfen, die meine Reiselust teilen, und ihnen allen möchte ich danken. Doch wo beginnen? Besonders verbunden bin ich Freunden, Köchen, Autoren und Kollegen wie Caroline Conran und Robert Carrier (Europa), Elizabeth Lambert Ortiz (Mexiko, Lateinamerika und Karibik), Susanna Palazuelos und Susana Trilling (Mexiko), Elizabeth Luard (Lateinamerika und Spanien), Maria Jose Sevilla (Spanien), Anna del Conte und Antonio Carluccio (Italien), Claudia Roden und Anissa Helou (Orient), Jamie Jones (Ägypten und Libanon), Paula Wolfert (Marokko und Mittelmeergebiet), Vatcharin Bhumichitr und David Thompson (Thailand) sowie Paul McIlhenny (Louisiana).

Dank schulde ich des Weiteren Peter Gordon (Neuseeland), Tetsuya Wakuda und Vic Cherikoff (Australien), Deh-Ta Hsiung und dem verstorbenen Kenneth Lo (China), Kimiko Barber, Hirohisa Koyama (Japan), Madhur Jaffrey, Camellia Panjabi, Meena Patak, Lesley Forbes, Pat Chapman und Julie Sahni (Indien), T. Pubis Silva (Sri Lanka), Renata Coetzee, Myrna Robbins und Topsy Ventor (Südafrika), Violet Oon (Singapur), Sri Owen (Indonesien) und Marc Miron (Bali), Andrew Dolby und dem verstorbenen David Wolfe (Korea).

Zu den zahlreichen ergiebigen Werken, die ich konsultiert habe, gehören Alan Davidsons bedeutender *Oxford Companion to Food*, die *Cambridge World History of Food* (Kiple und Ornelas), Maguelonne Toussaint-Samats *History of Food* und Tom Stobarts *Cook's Encyclopaedia*; weiterhin Veröf-

fentlichungen von Margaret Shaida und Nada Saleh (Orient), Ghillie Basan sowie Artun und Behan Unsal (Türkei), Charmaine Solomon (Asien), Bruce Cost (Ferner Osten), Diana Kennedy (Mexiko), Dorinda Hafner (Afrika) und Marc Millom (Korea); und schließlich die Bücher von Elizabeth David und Jane Grigson, die noch genauso aktuell und anregend sind, wie sie es zu Lebzeiten ihrer Verfasserinnen waren.

Aus dem Englischen übersetzt von Susanne Vogel
Redaktion: Inken Kloppenburg Verlags-Service, München
Korrektur: Petra Tröger
Umschlaggestaltung: Horst Bätz
Satz: Maria Haas-Lehner

Copyright © 2004 der deutschsprachigen Ausgabe by Christian Verlag, München
www.christian-verlag.de

Die Originalausgabe mit dem Titel *The World of Spice* wurde erstmals 2003 im Verlag Kyle Cathie Limited, London, veröffentlicht.

Copyright © 2003 für den Text: Michael Bateman
Copyright © 2003 für die Fotos: Steve Baxter
mit Ausnahme der im Bildnachweis auf Seite 240 aufgelisteten Fotos.
Design: Paul Welti

Druck und Bindung: Star Standard, Singapore
Printed in Singapore

Alle deutschsprachigen Rechte vorbehalten

ISBN 3-88472-634-X

Hinweis

Alle Informationen und Hinweise, die in diesem Buch enthalten sind, wurden vom Autor nach bestem Wissen erarbeitet und von ihm und dem Verlag mit größtmöglicher Sorgfalt überprüft. Unter Berücksichtigung des Produkthaftungsrechts müssen wir allerdings darauf hinweisen, dass inhaltliche Fehler oder Auslassungen nicht völlig auszuschließen sind. Für etwaige fehlerhafte Angaben können Autor, Verlag und Verlagsmitarbeiter keinerlei Verpflichtung und Haftung übernehmen.

Korrekturhinweise sind jederzeit willkommen und werden gerne berücksichtigt.

Inhalt

Einführung

So warm wie die Farbe dieser Quills (Zimtstangen) ist auch das Aroma des Echten oder Ceylonzimts.

Jeder mag Gewürze im Essen. Ihr betörendes Aroma weckt die Sinne und den Appetit. Mit ihrem Duft stehlen sich beispielsweise Vanille, Kardamom und Nelken in die Nase und lassen die kommenden Genüsse bereits ahnen. Andere wie Safran oder Lorbeer maskieren den einen oder anderen weniger erbaulichen Geruch, wie er mitunter aus einer Fischsuppe aufsteigt.

Den Gaumen provozieren Gewürze mit ihren süßen, sauren oder bitteren Äußerungen. Manche, namentlich Ingwer, Pfeffer und Chilis, Senf, Meerrettich und Wasabi, heizen ihm vor allem kräftig ein.

Oft rufen Gewürze Bilder von fernen Ländern und exotischen Esskulturen wach. Sie regen die Fantasie an und lassen uns schwelgen. Wie raffiniert setzt sich allein die indische Küche mit Dutzenden von Gewürzen in stets anderen Kombinationen immer wieder neu in Szene!

Die Steinzeitmenschen waren dankbar, wenn sie mit Wurzeln und Früchten, kleinen Tieren, Fischen und Vögeln ihr bloßes Überleben sichern konnten. Jahrtausende vergingen, bis wir feinere Werkzeuge entwickelt, das Feuer gezähmt und gelernt hatten, die elementare Kost mittels aromatischer Blätter, Samen und Rinden schmackhafter zu machen.

Der kulinarische Gewinn durch geschmacksgebende Elemente, darunter auch Salz und Zucker, war ein Aspekt, ihre vitale Bedeutung als Konservierungsmittel und Medizin ein anderer. Man fand heraus, dass Thymian, Rosmarin und viele Kräuter mehr Öle enthalten, die Krankheitserreger abtöten.

Nach und nach wuchs das Wissen über den richtigen Gebrauch und die Wirkung der aromatischen Zutaten. Als man herausfand, dass Salz noch mehr bewerkstelligen kann als eine Intensivierung des Geschmacks, wurde es zu einem überaus begehrten Handelsgut. Salz entzieht Nahrungsmitteln Feuchtigkeit und kann so ihren frühzeitigen Verderb infolge von Bakterien verhindern. In Lake eingelegt, ließen sich nun Gemüse, Fleisch und Fisch lange lagern.

Die Chinesen nutzten als Erste die medizinischen Eigenschaften von Pflanzenteilen. Indische (ayurvedische) Heiler und griechische Ärzte stellten weitere Forschungen auf diesem Gebiet an.

Vor allem aber boomte der Gewürzhandel zunehmend, weil Feinschmecker auf den Hauch des Besonderen so erpicht waren. Schließlich avancierten Zimt, Muskat, Nelken, Ingwer und manch anderes duftintensives Gewürz in wohlhabenden Kreisen zu echten Statussymbolen. Pfefferkörner wurden mit Gold aufgewogen und waren gar so wertvoll, dass ein Kaiser damit Rom freikaufte, als die Goten vor den Toren der Stadt lagerten.

Städte wie Bagdad, Kairo, Venedig, Genua und Lissabon entwickelten sich zu Drehscheiben

des Handels mit Spezereien und häuften dabei beträchtliche Reichtümer an. Denn zum Teil waren die Gewürze so kostspielig wie Ambra, Weihrauch und Myrrhe, Gold, Silber und Edelsteine. Die Suche nach ihnen und die Gewinne, die mit ihnen erzielt wurden, haben den Lauf der Geschichte wesentlich mitbestimmt. So erschloss Marco Polo den Weg nach China, Kolumbus entdeckte Amerika und die englische Ostindische Kompanie machte Indien zur Perle des Empires.

Noch bevor der weltweite Run auf die Objekte der abendländischen Begierde einsetzte, hegten und pflegten mittelalterliche Klöster jedoch bereits Kräutergärten. Die Mönche untersuchten die Heilkräfte der Pflanzen, lange bevor die Köche begannen, die geschmacklichen Auswirkungen von Gewürzen und Kräutern auf ihre Gerichte zu ergründen.

In seinem im 17. Jahrhundert erschienenen Kräuterkompendium *(Complete Herbal)* beschrieb Nicholas Culpeper über 400 Kräuter und ihre Verwendungsmöglichkeiten. Auf kulinarische Aspekte ging er dabei jedoch mit keinem einzigen Wort ein – nicht einmal beim Safran, dem heute teuersten Gewürz der Welt. Er erfrische den Geist, schütze vor Ohnmacht und Herzklopfen, stärke den Magen, unterstütze die Verdauung, reinige die Lunge, helfe bei Husten und hysterischen Anfällen,

Einführung

notierte Culpeper. »Mancher aber, der zu viel davon genommen hat«, fügte er dann nur noch hinzu, »verfiel in einen unstillbaren Lachkrampf, der tödlich endete.«

Paprikapulver, das Nationalgewürz Ungarns, wurde zunächst von der Kirche als Pflanze eingeführt, von der man sich medizinischen Nutzen erhoffte. Diese Erwartung wurde enttäuscht, doch die Pflanze sah hübsch aus im Garten und durfte daher bleiben. Irgendwann hielt sie auch Einzug in die ungarische Küche. Als dann die türkischen Eroberer ihren Anbau mit einem Verbot belegten, wurde sie im Geheimen kultiviert, und der Marktwert des Pulvers wie auch seine Wertschätzung nahmen rasant zu. Heute liegt der jährliche Pro-Kopf-Verbrauch in Ungarn bei fünf Kilogramm.

Mein persönliches Interesse für Gewürze und generell für das Essen erwachte, als ich anderthalb Jahre in Hongkong lebte. Wie war es nur möglich, dass die Chinesen mit ähnlichen Grundzutaten wie den unseren so ganz andersartige, köstliche Genüsse zustande bringen? Ich fand heraus, dass das Geheimnis im großzügigen Gebrauch von frischem Ingwer, Frühlingszwiebeln und Knoblauch, dem Fünf-Gewürze-Pulver mit seinem kräftigen Anisaroma, den Soja-, Chili- und *Hoisin*-Saucen lag.

Im Rahmen meiner beruflichen Tätigkeit als Food-Autor konnte ich im Lauf der Jahre die meisten

Schon die Eltern dieses Gewürzhändlers verdienten in Amsterdam auf dieselbe Weise ihren Lebensunterhalt. Seit Jahrhunderten gibt es in der Stadt spezielle Gewürzhandlungen.

Küchen der Welt an Ort und Stelle kennen lernen. Zunächst war ich in Frankreich, Italien, Spanien, China, Marokko und der Türkei unterwegs, dann auf dem gesamten amerikanischen Kontinent, in Indien und auf Sri Lanka, in Südostasien, Indonesien, Japan, Afrika und Australasien.

Gewürze aufzuspüren – ob auf dem Mercado de Abastos in Oaxaca, Mexiko, wo ich die feurig scharfen und dabei faszinierend fruchtigen Chilis im Visier hatte, oder auf der Gewürzstraße in Kerala, wo ich hinter Kardamom her war – wurde für mich zu einer echten Passion.

Mein letztes Reiseabenteuer führte mich mit meiner Frau Heather nach Sansibar, einem Schmelztiegel arabischer, indischer und afrikanischer Einflüsse. Unter der omanischen Herrschaft stieg die Insel zum führenden Gewürznelkenerzeuger der Welt auf. Die Machthaber kauften Saatgut im heutigen Indonesien, damals holländisches Hoheitsgebiet, entführten für die Bewirtschaftung der Plantagen Sklaven aus dem Kongo und verkauften ihre Ernte an europäische Kaufleute.

Meine Frau und ich verbrachten einen Tag auf einer Gewürzfarm. Wir saßen im Schatten hoch aufragender Kokospalmen und dicht belaubter immergrüner Gewürznelkenbäume, deren duftende rosa Blütenknospen noch kaum geöffnet und damit gerade erntereif waren. Unser Führer holte für uns die fleischigen Rhizome von bambusähnlichen Ingwer- und Kurkumastauden aus der Erde, und wir bewunderten die an Orchideen erinnernden, niederliegenden Blüten der Kardamombüsche.

Mit unseren Fingern strichen wir über die schlanken, aufrechten jungen Äste des Ceylonzimtbaums, aus deren Rinde die Quills gewonnen werden. Wir pflückten und schälten Muskatnüsse und entdeckten, dass ihr Same von einem wie Spitze durchbrochenen roten Mantel umhüllt ist, der, in der Sonne getrocknet, als Muskatblüte in den Handel gelangt. Wir bestaunten den hoch hinaufkletternden Pfeffer mit seinen ledrigen dunkelgrünen, herzförmigen Blättern und den Beeren, die aussehen wie Miniaturweintrauben. Im tiefen Schatten fanden wir eine rankende Vanillepflanze mit fleischigen Blättern und Schoten, die in ihrer Form an grüne Bohnen erinnern. Sie dufteten nach gar nichts, denn ihr betörendes Aroma wie auch die typische Farbe und feste, aber biegsame Beschaffenheit gewinnen sie erst durch eine monatelange Spezialbehandlung.

Inzwischen waren unsere Hände von Flecken übersät und rochen wie ein orientalischer Basar. Mit einigen Päckchen und Tüten, die wir in dem angegliederten Laden erstanden hatten, kehrten wir ins Hotel zurück. Es war Zeit fürs Abendessen, und aus der Küche wehte uns das einzigartige Aroma der Gewürze von Sansibar entgegen.

Teil 1 Rezepte aus den

Indien und Sri Lanka

Keine andere Küche ist nach gängiger Ansicht so würzig wie die Indiens, wobei an erster Stelle die Schärfe zu nennen ist. Die intensive Verwendung von Chilis ist angesichts der sommerlichen Temperaturen – in manchen Gegenden steigt das Quecksilber bis 40 °C – äußerst sinnvoll, weil das in den Früchten enthaltene Capsaicin die Poren weitet und damit das körpereigene Kühlsystem aktiviert.

Der portugiesische Seefahrer Vasco da Gama landete 1498 mit seinen Schiffen bei Calicut an der Westküste Vorderindiens und erkämpfte wenige Jahre später die Oberhoheit Portugals in den Städten an der Westküste. Die Portugiesen brachten die Chilis mit nach Indien, doch schätzte man dort als »Scharfmacher« bereits den Pfeffer, seinerzeit das begehrteste Gewürz der Welt. Sowohl Pfefferkörner als auch Chilischoten bilden heute wichtige Handelsgüter. Mit einer Chiliproduktion von etwa 80 000 Tonnen, von denen über ein Viertel exportiert wird, rangiert Indien weltweit an erster Position.

Infolge der langen britischen Besetzung Indiens sind die dortigen kulinarischen Feinheiten den Inselbewohnern wohl vertraut. Seit dem 18. Jahrhundert gehören Currypulver und Mango-Chutneys, seit Mitte des 19. Jahrhunderts auch die Worcestersauce, hergestellt mit Tamarinde, Chilis und anderen Gewürzen und mithin ausnahmslos Erzeugnissen der Kolonie, in jede britische Vorratskammer. 1608 hatte Captain William Hawkins Großbritannien im Auftrag der Ostindischen Kompanie den Weg auf den riesigen Subkontinent geebnet. In einem Brief in die Heimat beschrieb er das Essen als »Durcheinander aus Reis und Fleisch, Huhn und Gemüse, aufgetischt mit ›masala‹, einer

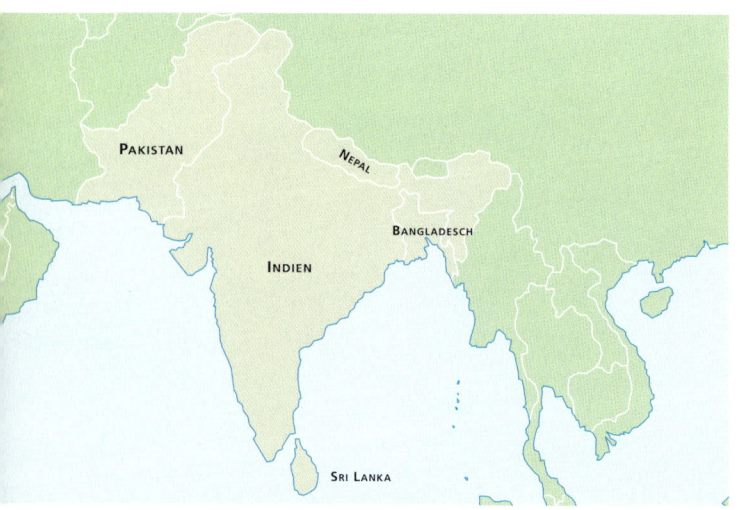

Mischung aus zerstoßenen Gewürzen und Kurkuma«. Die Briten eröffneten Stützpunkte in Madras, Bombay (damals kaum mehr als ein Fischerdorf) und Kalkutta. Indien avancierte zum »Juwel in der Krone« von Königin Victoria, die 1877 zur Kaiserin von Indien gekrönt wurde. Aus gastronomischer Sicht außerordentlich interessant ist seine facettenreiche Esskultur. Während die Moguln, Nachfahren Dschingis Khans, im Nordwesten eine gehaltvolle, auf Fleisch basierende Küche entwickelten, besticht der Süden und insbesondere Kerala durch den subtilen Einsatz von Gewürzen.

Im nördlicher gelegenen Goa ist immer noch der portugiesische Einfluss spürbar – ein anderer Aspekt der komplexen indischen Küche. Für diesen Teil des Landes sind feurig scharfe Chiligerichte typisch. Noch heute leben hier Nachfahren der portugiesischen Siedler und bewahren Teile der Esskultur und Tradition, die ihre Vorfahren im 16. Jahrhundert in das fremde Land gebracht haben.

Auf einem Bürgersteig in Kalkutta verkauft ein Händler getrocknete Hülsenfrüchte und Gewürze.

Ein Garten Eden

Kerala ist ein fruchtbares Gebiet mit subtropischem Klima und breiten, von Kokospalmen gesäumten Wasserläufen. Meeresfrüchte gibt es in Hülle und Fülle, ebenso Reis, Gemüse und vor allem Gewürze. In Cochin, dem größten Hafen und ehemaligen niederländischen Handelsposten, stehen viele große Gewürz-Speicherhäuser, in denen die Ernte von den nahen Hügeln lagern wie Ingwer, Zimt, Muskatnuss, Nelken und Pfeffer. Die Gewürzpalette bietet dem versierten Küchenchef quasi eine Klaviatur, auf der er in verschiedenen Tonarten spielen kann. Mindestens drei sind es beim Kreuzkümmel: Zerstoßen und dann geröstet, duften die Samen mild und leicht moderig; scharf und stechend dagegen, wenn man sie erst nach dem Rösten mahlt; ein süßes, nussiges Aroma verbreiten die ganzen Samen, die man in heißem Öl schwenkt, bis sie in der Pfanne springen.

Indische Köche unterscheiden zwischen scharfen und milden Currymischungen. Erstere kommen bei der Zubereitung eines Currys gleich am Anfang zum Einsatz, werden aber zuvor in Öl angeschwitzt, um ihren »rohen« Geschmack zu mildern; »warme« Mischungen wie *garam masala*, das süßen Zimt enthält, werden erst gegen Ende zur aromatischen Abrundung hinzugefügt.

Während wir uns bei vielen Zubereitungen mit einer Prise Salz und Pfeffer begnügen, kommt die indische Küche bei keinem Gericht ohne ein komplexes, harmonisch abgestimmtes Würzen aus. Genau das zeichnet sie gegenüber allen anderen Küchen der Welt aus.

Bereits in den 1950er-Jahren breiteten sich indische Restaurants in Europa aus. Bis sich aber auch Hobbyköche mit den Feinheiten der indischen Gewürze befassten, bedurfte es noch etwa dreier Jahrzehnte. Thema Nummer eins war der Gebrauch von Currypulver. Denn, einmal gemahlen, verderben Gewürze rasch, da die enthaltenen ätherischen Öle im Kontakt mit der Luft oxidieren, was einen bitteren Geschmack hervorruft. Vielmehr sollten die Gewürze für Currys wie Koriander, Kreuzkümmel, Kardamom und Bockshornklee erst unmittelbar vor der Verwendung gemahlen und bis dahin die ganzen Samen in luftdicht verschlossenen Gläsern aufbewahrt werden.

Was verbirgt sich hinter Vindaloo?

In Indien ist dieser Name vergleichsweise wenigen Menschen bekannt, was angesichts von 800 Millionen Indern, die ganz unterschiedlichen Regionen, Kulturen und mindestens 15 verschiedenen Sprachgruppen angehören, nicht verwundert. Genau genommen stammt das legendäre scharf-saure Lammgericht aus Goa, der kleinen Hafenstadt in Südwestindien und einst einer wichtigen Handelsniederlassung der Portugiesen. Es entwickelte sich aus der portugiesischen Sitte, Fleisch zunächst mit Knoblauch in Wein oder Weinessig zu aromatisieren und zart zu machen. Beinahe zwangsläufig fand dann auch die in der lokalen Küche omnipräsente Chilischote ihren Weg in diesen Eintopf,

dessen Name sich wohl von den portugiesischen Wörtern für »Wein« und »Knoblauch« – *vinho* und *alho* – ableitet: Kombiniert ergaben sie die Bezeichnung *vin d'alho*, und von dort war es zu Vindaloo nicht mehr weit.

Auf Sri Lanka, dem ehemaligen Ceylon, isst man ganz ähnlich wie in Südindien. Reis und Currys stehen bei den Bewohnern der historischen Gewürzinsel hoch im Kurs, und meist sind die Gerichte erstens scharf und zweitens recht sauer. Kokosnuss, unreife Mangos, *amchur* (Mangopulver), Tamarinde und *gamboge*, eine saure Frucht, werden ebenfalls viel verwendet.

Ein typisches Frühstück ist *hopper*, ein Pfannkuchen, der in einer kleinen, halbkugelförmigen Form gebraten wird. In der Mulde wird dabei ein Ei mitgegart oder es wird ein – selbstredend teuflisch scharfes – Gemüsecurry dazu serviert. In derselben Form wird aus langen, dünnen Nudeln der *string hopper* zubereitet.

Auf westliche Gäste eingestellte Hotels bieten meist eine entsprechend sanfte Küche. Wer aber sein Curry so scharf und würzig mag, wie es die Einheimischen schätzen, bekommt auch diesen Wunsch erfüllt. Zu Hause lebt der ganze Zauber dieser Insel wieder auf, sobald im Restaurant oder zu Hause aus dem eigenen Kochtopf die wunderbaren Aromen in die Nase steigen. Ein Traum!

Feuerrote Chilis sind die Seele der indischen Küche.

Würzig gefüllte Parathas (INDIEN)

In Indien gibt es Fladenbrote in vielen Varianten. Diese, mit schlichten Zutaten herzhaft gefüllt, ergeben eine leichte, aber sättigende Mahlzeit.

FÜR 4 PERSONEN

FÜR DEN TEIG
450 g Weizenvollkornmehl
300 ml lauwarmes Wasser

FÜR DIE FÜLLUNG
500 g Kartoffeln, ungeschält
Ghee (siehe rechts) oder Sonnenblumenöl zum Braten
1 Zwiebel, in feine Scheiben geschnitten
2–3 cm frische Ingwerwurzel, gerieben
1 EL frisch gehackte Korianderblätter
1 TL gemahlener Kreuzkümmel
½ TL Chilipulver
1 TL *garam masala* (siehe Seite 31)
Salz
Mehl zum Bestäuben

Das Mehl in eine große Schüssel häufen. Nach und nach das Wasser zugießen und gründlich untermischen, sodass ein weicher Teig entsteht. Mindestens 10 Minuten mit den Händen kneten, bis er geschmeidig ist. Mit einem feuchten Tuch abdecken und ½–1 Stunde ruhen lassen. Nochmals etwa 3 Minuten kneten und wieder zudecken.

Inzwischen für die Füllung die Kartoffeln in 20–25 Minuten gar kochen, pellen und in feine Scheiben schneiden. 2 Esslöffel *ghee* oder Sonnenblumenöl erhitzen und die Zwiebel in 5–10 Minuten goldbraun braten. Die Kartoffelscheiben mit dem Ingwer, Koriander, Kreuzkümmel, Chilipulver und *garam masala* zufügen. Einige Minuten braten und gründlich durchmischen. Zuletzt salzen und abkühlen lassen.

Den Teig erneut etwa 3 Minuten kneten. Eine kleine Teigportion zu einer Kugel rollen und leicht flach drücken. Mit etwas Mehl bestäuben und zu einem dünnen, etwa 5 cm großen Kreis ausrollen. Wie zuvor einen zweiten Fladen herstellen.

In die Mitte eines Fladens 1 Esslöffel der Kartoffelmischung setzen. Den zweiten Fladen darüber breiten und die Teigränder fest zusammendrücken. Die Oberfläche dünn mit Mehl bestäuben und zu einem Durchmesser von etwa 18 cm ausrollen. Eine Pfanne kräftig erhitzen. Den gefüllten Fladen vorsichtig hineinlegen und etwa 3 Minuten braten. Wenden, auf der Oberseite großzügig mit *ghee* oder Sonnenblumenöl bestreichen. Diesen

Vorgang nach 2–3 Minuten auf der zweiten Seite wiederholen – der Fladen soll zuletzt goldbraun und dunkel gesprenkelt sein. Den Rest des Teigs und der Füllung genauso verarbeiten.

Die *parathas* heiß mit Naturjoghurt servieren.

Ghee

Ghee ist von Wasser und Trübstoffen befreite, geklärte Butter, die auch bei hohen Temperaturen nicht verbrennt.

250 g ungesalzene Butter bei geringer Temperatur 45 Minuten köcheln lassen, bis sich die festen Bestandteile auf dem Boden absetzen. Zum Klären durch ein mit einem Tuch ausgelegtes Sieb gießen. In ein Glas füllen und im Kühlschrank aufbewahren.

Würziger Blumenkohl mit Kartoffeln (INDIEN)

Als Hauptgericht oder auch als Beilage bietet Blumenkohl, so zubereitet, ein ganz neues Geschmackserlebnis.

FÜR 4 PERSONEN ALS HAUPTGERICHT

500 g Kartoffeln, geschält
2 EL Sonnenblumen- oder Erdnussöl
1 TL Kreuzkümmel
1 Blumenkohl (750–1000 g), in Röschen geteilt
1 grüne Chilischote, fein gehackt
1 EL Currypulver (siehe Seite 31)
100 ml Wasser, Hühner- oder Gemüsebrühe
1 Prise Chilipulver
Salz und frisch gemahlener schwarzer Pfeffer

Die Kartoffeln knapp gar kochen – testen Sie die Festigkeit nach etwa 20 Minuten – und in mundgerechte Stücke schneiden. Das Öl in einer Pfanne bei mittlerer Temperatur erhitzen. Den Kreuzkümmel einige Minuten darin braten, bis die Samen springen. Die Blumenkohlröschen zufügen und 2–3 Minuten mitbraten, bis sie Farbe annehmen. Die Chilischote und das Currypulver untermischen und alles unter häufigem Rühren noch einige Minuten braten.

Die Flüssigkeit zugießen und zum Kochen bringen. Sobald sie sprudelt, die Temperatur verringern und den Blumenkohl zugedeckt in 5–10 Minuten knapp weich dünsten.

Die Kartoffeln mit einem Holzlöffel vorsichtig untermischen und ohne Deckel noch einige Minuten gründlich durchwärmen. Das Gericht zuletzt mit Chilipulver, Salz und Pfeffer abschmecken.

Samosas mit Kartoffelfüllung

(INDIEN)

Diese Pasteten isst man, manchmal auch anders gefüllt, zu jeder Tageszeit, bevorzugt aber nachmittags zu einem Tee. *Amchur*, ein Pulver aus getrockneten unreifen Mangos, schmeckt säuerlich. Als Ersatz bietet sich Zitronensaft an.

ERGIBT 20–30 STÜCK

FÜR DEN TEIG
250 g Weizenmehl, 1 Prise Salz
50 g *ghee* (siehe links) oder Sonnenblumenöl
5 EL warmes Wasser

FÜR DIE FÜLLUNG
250 g Kartoffeln, ungeschält
50 g *ghee* oder Sonnenblumenöl

1 TL Kreuzkümmel
1 Zwiebel, fein gehackt
1 grüne Chilischote, gehackt
2–3 cm frische Ingwerwurzel, gerieben
2 TL Koriandersamen
1 TL *garam masala* (siehe Seite 31)
½ TL Chilipulver
2 EL frisch gehackte Korianderblätter
1 TL *amchur* (nach Belieben)
Sonnenblumen- oder Erdnussöl zum Frittieren

Das Mehl mit dem Salz in eine große Schüssel füllen. Mit den Fingerspitzen das *ghee* oder Sonnenblumenöl einarbeiten, bis sich feine Streusel ergeben. Nach und nach das Wasser zugießen, sodass schließlich ein weicher Teig entsteht. Mindestens 10 Minuten kneten, mit einem feuchten Tuch abdecken und beiseite stellen.

Inzwischen für die Füllung die Kartoffeln in 20–25 Minuten gar kochen, pellen und fein würfeln. Das *ghee* oder Sonnenblumenöl in einer Pfanne erhitzen. Den Kreuzkümmel darin braten, bis die Samen springen. Die Zwiebel mit der Chilischote und dem Ingwer zufügen und etwa 5 Minuten braten, bis sie braun anläuft.

Die Kartoffelwürfel mit den Koriandersamen, dem *garam masala*, dem Chilipulver, dem gehackten Koriander und, falls verwendet, dem *amchur* zufügen. Einige Minuten braten und dabei gründlich mit den übrigen Zutaten vermischen. Zuletzt salzen und abkühlen lassen.

Den Teig erneut 3 Minuten kneten. Eine kleine Portion zu einem etwa 5 cm großen Kreis ausrollen und in der Mitte durchschneiden. Die Ränder mit Wasser befeuchten, die beiden Hälften aufeinander legen und nur an der Rundung zusammendrücken, sodass eine Tasche entsteht. Locker mit der Kartoffelmischung füllen und die noch offenen Kanten ebenfalls verschließen. Auf einem Teller mit einem feuchten Tuch abdecken, bis der Rest des Teigs und der Füllung verarbeitet ist.

In einem geeigneten Topf reichlich Sonnenblumen- oder Erdnussöl auf 180 °C erhitzen. Die *samosas* portionsweise einlegen und nach einigen Minuten wenden, bis sie gleichmäßig goldbraun frittiert sind. Auf Küchenpapier abtropfen lassen. Vor dem Einlegen der nächsten Portion erneut die Öltemperatur mit dem Fettthermometer prüfen (ist das Öl nicht heiß genug, saugt sich der Teig voll und schmeckt unangenehm fettig). Die *samosas* möglichst heiß servieren.

Auch im nordöstlich an Indien angrenzenden Nepal werden Chilis in großem Stil angebaut. Hier trocknet gerade eine reiche Ernte im bergigen Khas-Gebiet.

Indischer Risotto mit Chili-Garnelen (INDIEN)

Vineet Bhatia schlägt so kreativ wie kaum ein anderer Koch in Großbritannien Brücken zwischen ganz entfernten kulinarischen Welten. Vom Ansatz her italienisch, in der Auswahl der würzigen Zutaten jedoch unverkennbar indisch inspiriert ist dieses Reisgericht.

FÜR 4 PERSONEN ALS VORSPEISE ODER
2 PERSONEN ALS HAUPTGERICHT

FÜR DEN RISOTTO

600 ml Krustentierfond (aus zerstoßenen Schalen von
   Hummer, Scampi und/oder Garnelen)
50 ml Maiskeimöl
1 TL Kreuzkümmel
3 Knoblauchzehen, gehackt
1 cm frische Ingwerwurzel, gerieben
1 grüne Chilischote, gehackt
1 rote Zwiebel, gehackt
250 g Basmati-Reis
1 TL gemahlene Kurkuma
4 EL Naturjoghurt, cremig gerührt
1 EL Butter
1 EL frisch gehackte Korianderblätter
Salz

FÜR DIE CHILI-GARNELEN

2 Eier
½ TL Chilipulver
1 EL Maisstärke
1 Prise Salz
Sonnenblumenöl zum Frittieren
8 mittelgroße gekochte Garnelen, geschält und
   der Darm entfernt

Für den Risotto in einem Topf den Fond erhitzen.

Inzwischen das Maiskeimöl in einer tiefen Pfanne bei mittlerer Temperatur erhitzen. Den Kreuzkümmel darin kurz braten, bis die Samen springen, dann den Knoblauch 1–2 Minuten mitbraten. Den Ingwer, die Chilischote und die Zwiebel untermischen und alles weitere 2 Minuten braten. Den Reis mit der Kurkuma zufügen und 2 Minuten rühren. Den heißen Fond zugießen und, sobald er aufkocht, die Temperatur zurückschalten. Den Reis 12–15 Minuten garen, bis er fast weich ist und die Flüssigkeit aufgenommen hat.

Unterdessen die Eier mit dem Chilipulver, der Maisstärke und dem Salz kräftig verrühren. In einem geeigneten Topf reichlich Sonnenblumenöl auf 180 °C erhitzen – prüfen Sie die Temperatur mit einem Fettthermometer. Die Garnelen durch den Backteig ziehen und in 1–2 Minuten goldgelb frittieren, auf Küchenpapier abtropfen lassen.

Zum Vollenden des Risottos den Joghurt einrühren und den Reis in 2–3 Minuten fertig garen. Die Butter, den Koriander und Salz nach Geschmack untermischen. Die Garnelen auf dem Reis anrichten und das Gericht servieren.

Frittierte Kartoffeln mit Mandeln (INDIEN)

Ein ungewöhnlicher, knuspriger Snack, der als kleine Vorspeise Appetit macht auf mehr.

FÜR 4 PERSONEN ALS VORSPEISE

1 l Sonnenblumen- oder Erdnussöl zum Frittieren
250 g sehr kleine neue Kartoffeln, abgebürstet und
   sorgfältig abgetrocknet
50 g Mandelblättchen
1 TL gemahlene Koriandersamen
1 TL gemahlener Kreuzkümmel
½ TL Chilipulver
Salz
2 EL frisch gehackte Korianderblätter

Das Öl in einem geeigneten Topf auf 180 °C erhitzen – prüfen Sie die Temperatur mit einem Fettthermometer. Die Kartoffeln ins Öl gleiten lassen und etwa 10 Minuten frittieren, bis sie durchgegart sind und etwas Farbe angenommen haben. Auf Küchenpapier abtropfen und abkühlen lassen.

An der Spitze jeder Kartoffel mit einem Spieß ein Loch stechen und einige Mandelblättchen hineinschieben.

Das Öl erneut erhitzen und die Kartoffeln nochmals einige Minuten frittieren, bis sie goldbraun und knusprig sind.

Die Kartoffeln in eine Schüssel füllen, mit dem gemahlenen Koriander und Kreuzkümmel, dem Chilipulver, Salz und den Korianderblättern bestreuen. Die Schüssel schwenken, um die Gewürze gleichmäßig zu verteilen – die Kartoffeln dürfen dabei nicht zerfallen.

Auberginen in Tomatensauce (INDIEN)

Zum ersten Gang wie auch als Beilage schmeckt diese kräftig gewürzte nordindische Zubereitung vorzüglich. Wenn man sie über Nacht stehen lässt, entwickeln sich ihre vielfältigen Aromen besonders intensiv. Aber auch ohne eine solche Ruhezeit ist sie heiß oder kalt ein Genuss. Reichen Sie dazu Pittabrot oder auch indische Fladen wie *naan* oder *chapati*.

FÜR 4–6 PERSONEN

6 Knoblauchzehen
3 cm frische Ingwerwurzel, in Stücke geschnitten
2 grüne Chilischoten
1 kg Auberginen
300 ml Sonnenblumenöl
1 TL Kreuzkümmel
1 TL Fenchelsamen
2 TL zerstoßene Koriandersamen
2 große Tomaten, blanchiert, enthäutet und gehackt
1 EL Tomatenmark
½ TL gemahlene Kurkuma
2 TL Salz
Korianderblätter zum Garnieren

Den Knoblauch, den Ingwer und die Chilis im Mixer pürieren und dabei so viel Wasser hinzufügen, dass eine dünne Paste entsteht.

Die Auberginen längs in vier dicke Scheiben und diese quer in 3 cm große Würfel schneiden. Das Öl in einem weiten Topf erhitzen und die Auberginen portionsweise braten, bis sie richtig weich und an den Schnittflächen schön gebräunt sind. Mit einer Schaumkelle herausheben und in einem Sieb über einer Schüssel 30 Minuten abtropfen lassen.

Im gleichen Topf 2 Esslöffel des abgetropften Öls erhitzen. Die Kreuzkümmel-, Fenchel- und Koriandersamen einige Sekunden darin anbraten. Die Tomaten, das Tomatenmark, die vorbereitete Paste, Kurkuma und Salz untermischen. Unter häufigem Rühren bei niedriger Temperatur etwa 10 Minuten köcheln lassen, bis eine sämige Sauce entsteht.

Die Auberginen zufügen und zugedeckt noch etwa 15 Minuten in der Tomatensauce köcheln lassen.

Mit den Korianderblättern bestreuen und, wie in der Einleitung beschrieben, gleich oder auch erst am nächsten Tag nach Belieben heiß oder kalt servieren.

Pikante Okraschoten

(INDIEN)

Okraschoten, auf indischen Speisekarten *bhindi* genannt, geben beim Garen einen milchigen Saft ab. Er verleiht Zubereitungen eine besonders sämige Konsistenz. Das eigenwillige, mild-säuerliche Aroma der Schoten kommt hier dank sparsam verwendeter würziger Zutaten gut zur Geltung.

FÜR 4 PERSONEN ALS BEILAGE

450 g Okraschoten, gewaschen
2 EL Sonnenblumenöl
1 TL Kreuzkümmel
3 Zwiebeln, in dicke Scheiben geschnitten
½ TL gemahlene Kurkuma
½ TL Chilipulver
Salz

Die Okraschoten mit Küchenpapier sorgfältig trockentupfen. Von Spitze und Stielansatz befreien und in etwa 5 mm dicke Scheiben schneiden.

Das Öl in einer Pfanne erhitzen und den Kreuzkümmel darin braten, bis die Samen springen. Die Zwiebeln zufügen und goldbraun braten.

Die Okraschoten mit der Kurkuma, dem Chilipulver und etwas Salz gründlich untermischen. Zugedeckt etwa 15 Minuten im eigenen Dampf garen und dabei gelegentlich rühren.

Hausgemachter Käse (INDIEN)

1,2 l Milch
2 EL Zitronensaft

Die Milch erhitzen und, sobald sie aufkocht, den Zitronensaft einrühren. Die Säure lässt die Milch gerinnen, wobei sich die Eiweiß- und Fettstoffe als körnige Masse von der Molke abscheiden. Den Topfinhalt in ein mit einem Mulltuch ausgelegtes Sieb gießen, das in eine tiefe Schüssel eingehängt ist. Nachdem die Molke zum größten Teil abgelaufen ist, das Tuch oben zusammenbinden und das Ganze an einem Haken über der Schüssel aufhängen, sodass auch die restliche Molke abtropfen kann.

Den Käse zuletzt mit einem Gewicht beschweren, um die letzte überschüssige Flüssigkeit herauszupressen.

Den fertigen Käse nach Bedarf in 0,5–2 cm große Würfel schneiden.

Erbsen mit hausgemachtem Käse (INDIEN)

Unter dem Namen *mattar paneer* ist diese äußerst schmackhafte Kombination ein Klassiker der indischen Küche. Stellen Sie den Käse *(paneer)* am Vortag her (siehe links). Oder verwenden Sie Hüttenkäse, den Sie gründlich abtropfen lassen und anschließend pressen. Ersatzweise können Sie auch – wenngleich für Indien nicht gerade typisch – ungesalzenen Ricotta nehmen.

FÜR 4 PERSONEN

3 EL Sonnenblumen- oder Erdnussöl
2 Zwiebeln, fein gerieben
1 grüne Chilischote, fein gehackt
2–3 cm frische Ingwerwurzel, gerieben
1 Knoblauchzehe, fein gehackt
1 TL gemahlene Kurkuma
1 TL gemahlene Koriandersamen
½ TL Chilipulver
125 g frische Tomaten, blanchiert, enthäutet und gehackt, oder gehackte Dosentomaten
1 kräftige Prise Salz
225 g hausgemachter Käse (siehe links)
450 g Erbsen, frisch oder tiefgefroren
2 EL frisch gehackte Koriander- oder Petersilienblätter zum Garnieren

In einer Pfanne 2 Esslöffel Öl erhitzen. Die Zwiebeln darin mit der Chilischote, dem Ingwer und dem Knoblauch in etwa 10 Minuten goldbraun braten, dabei häufig rühren. Die Kurkuma, den gemahlenen Koriander und das Chilipulver zufügen und 2–3 Minuten unter Rühren mitbraten.

Die Tomaten und das Salz hinzufügen und unter häufigem Rühren garen, bis sie zerfallen, dabei gelegentlich etwas Wasser zugießen. Weitere 5–10 Minuten köcheln lassen, bis sich das Öl an der Oberfläche abscheidet.

Inzwischen den Käse im restlichen Öl 3–5 Minuten braten. Zusammen mit den Erbsen unter die Tomaten mischen und 2–3 cm hoch mit Wasser bedecken. Einen Deckel auflegen und das Gericht weiterköcheln lassen, bis die Erbsen gar sind (frische Erbsen benötigen etwa 10 Minuten, Tiefkühlerbsen 5 Minuten). Zuletzt die gehackten Kräuter darüber streuen.

Würzige Kartoffelkrapfen

(INDIEN)

Ein knuspriger Snack, der sich auch als Vorspeise anbietet und in seiner Heimat, dem Staat Gujarat, *bateta vada* heißt.

ERGIBT 20–25 STÜCK

4 große Kartoffeln, ungeschält
1 TL gemahlene Kurkuma
1 TL *garam masala* (siehe Seite 31)
1 TL Chilipulver
1 TL Salz
2 TL Zucker
1 EL Sesamsamen
Mehl zum Bestäuben
1 l Maiskeimöl zum Frittieren
1 EL frisch gehackte Korianderblätter zum Garnieren

FÜR DEN BACKTEIG
225 g Kichererbsenmehl *(besan* oder *gram flour)*
¼ TL Ajowansamen
½ TL Chilipulver
1 TL Sesamsamen
2 EL Pflanzenöl
300 ml Wasser

Die Kartoffeln in etwa 25 Minuten gar kochen, pellen und zerstampfen. In einer großen Schüssel mit Kurkuma, *garam masala*, Chilipulver, Salz, Zucker und den Sesamsamen vermengen. Mit einem Löffel kleine Portionen von der Masse abstechen, auf einer bemehlten Fläche zu Kugeln rollen und diese zu Küchlein flach drücken.

Für den Backteig das Mehl in eine Schüssel sieben, Ajowan, Chilipulver und Sesam zufügen. Das Pflanzenöl erhitzen und mit einem Schneebesen untermischen. Das Wasser einrühren – der fertige Teig soll die Konsistenz von Sahne besitzen.

Das Maiskeimöl in einer Fritteuse oder großen Pfanne auf 180 °C erhitzen – prüfen Sie die Temperatur mit einem Fettthermometer. Jeweils etwa fünf Krapfen in den Backteig tauchen, goldbraun frittieren und anschließend auf Küchenpapier abtropfen lassen. Vor dem Frittieren der nächsten Portion das Öl wieder auf 180 °C erhitzen.

Die Krapfen mit dem gehackten Koriander bestreuen und heiß servieren. Dazu passt *Raita* mit Kokosnuss oder auch Mango- oder Dattel-Tamarinden-Chutney (siehe Seite 29 und 30).

Kichererbsen mit Kartoffeln (INDIEN)

Kichererbsen mit Kartoffeln und verschiedenen Gewürzen sind ein beliebtes Eintopfgericht im Punjab. Getrocknete Kichererbsen müssen zunächst über Nacht eingeweicht werden.

FÜR 4–6 PERSONEN

500 g getrocknete Kichererbsen, über Nacht eingeweicht, oder 2 Dosen je 400 g, abgetropft
½ TL Natron (nur bei Verwendung getrockneter Kichererbsen)
350 g Kartoffeln, ungeschält
4 EL Sonnenblumenöl
1 TL Kreuzkümmel
250 g Tomaten, blanchiert, enthäutet und gehackt
1 TL Salz
1 TL gemahlene Kurkuma
2–3 cm frische Ingwerwurzel, gerieben oder fein gehackt
2 TL Currypulver oder *garam masala* (siehe Seite 31)
½ Zitrone
150 ml Wasser
2 EL frisch gehackte Korianderblätter zum Garnieren

Getrocknete, bereits eingeweichte Kichererbsen auf etwaige harte sowie auffällig dunkle Exemplare durchsehen und diese entfernen. Den Rest in einen Topf füllen, mit kaltem Wasser bedecken und das Natron zufügen. Zum Kochen bringen und weich garen, bei Bedarf weiteres Wasser zugießen und regelmäßig abschäumen. Je nach ihrer Qualität beträgt die Garzeit 1–2 Stunden. Kichererbsen aus der Dose werden lediglich (ohne Zugabe von Natron) 5 Minuten erwärmt.

Die Kartoffeln in etwa 20 Minuten nicht zu weich kochen, pellen und würfeln.

Das Öl in einer Pfanne erhitzen und den Kreuzkümmel darin braten, bis die Samen springen. Die Tomaten zufügen und bei niedriger Temperatur 10 Minuten köcheln lassen. Das Salz, die Kurkuma, den Ingwer, das Currypulver oder *garam masala* und einen Spritzer Zitronensaft zufügen und rühren, bis sich eine dicke Sauce ergibt.

Die Kichererbsen, die Kartoffeln und das Wasser zufügen und das Ganze auf kleinster Stufe 15–20 Minuten köcheln lassen. Mit den Korianderblättern bestreuen.

Mit einem Salat aus rohen Zwiebelscheiben sowie *naan* (indisches Fladenbrot) servieren.

Dal (INDIEN)

Weite Teile der großen indischen Bevölkerung essen tagtäglich Reis, Gemüse und, als wertvolle Eiweißlieferanten, getrocknete Hülsenfrüchte (dal). Abwechslung in ihren Speiseplan bringen immer wieder andere würzende Zutaten. Neben Ingwer, Kurkuma und Chili verwendet nachfolgendes Rezept garam masala, eine Mischung aus mehreren gemahlenen Gewürzen (siehe Seite 31). Oft werden auch verschiedene Hülsenfrüchte mit unterschiedlichen Farben und Beschaffenheiten reizvoll kombiniert – manche Sorten behalten ihre Form, andere zerfallen. Die nachfolgend vorgeschlagene Mischung können Sie nach Belieben abwandeln.

FÜR 4–6 PERSONEN

300 g gemischte getrocknete Hülsenfrüchte wie gelbe Linsen (toovar oder arhar dal), rote Linsen (masar dal), grüne Mungbohnen (moong dal), ungeschälte schwarze und geschälte weiße Urdbohnen (urid dal) sowie halbierte Kichererbsen (chana dal)
1 l Wasser
1 Zwiebel, gehackt
1 TL gemahlene Kurkuma
1 grüne Chilischote, fein gehackt
3 cm frische Ingwerwurzel, gerieben
1 EL garam masala (siehe Seite 31)
Salz
3 EL Sonnenblumenöl
2 Knoblauchzehen, in feine Scheiben geschnitten
2 TL Kreuzkümmel
Frisch gehackte Koriander-, Minze- oder Petersilienblätter zum Garnieren

Die Hülsenfrüchte auf etwaige Steinchen durchsehen und gründlich abspülen. In einen Topf füllen, mit dem Wasser bedecken, die Zwiebel und Kurkuma zufügen und zum Kochen bringen. Bei verminderter Temperatur zugedeckt 35–45 Minuten köcheln lassen, dabei gelegentlich rühren, damit nichts ansetzt. Sobald das dal zu einer suppenähnlichen Konsistenz verkocht ist, die Chilischote, den Ingwer und das garam masala einrühren. Mit Salz abschmecken und in eine vorgewärmte Servierschüssel füllen.

Das Öl in einer Pfanne erhitzen und den Knoblauch mit dem Kreuzkümmel darin braun braten. Sofort über das dal träufeln und mit den gehackten Kräutern garnieren.

Mit Reis als Hauptgericht oder aber als Beilage servieren.

Rotes Hühnercurry (SRI LANKA)

T. Pubis Silva, der Gourmet-Guru Sri Lankas, stellt im Mount Lavinia Hotel in Colombo seine Künste unter Beweis. Dabei greift er nicht nur auf die vielen einheimischen Gewürze wie Zimt, Pfeffer, Nelken und Ingwer zurück, sondern auch auf manche bisher außerhalb der Insel noch unbekannte aromatische Zutat, etwa das rampe-Blatt, eine saure Frucht namens gamboge, die wie Tamarinde verwendet wird, oder auch getrockneten, zu Pulver zerriebenen maldive-Fisch. Die viel gepriesenen Currys Sri Lankas sind entweder weiß – dann sind gewöhnlich Fisch oder Meeresfrüchte und Zitronengras im Spiel – oder, wenn trocken geröstete Gewürze beteiligt sind, eher schwärzlich und manchmal eben auch rötlich. Dieselbe Farbwirkung wie mit feuerroten und feurig scharfen Chilis können Sie hier mit Paprika erzielen.

FÜR 4 PERSONEN

8 Hühnerschenkel, enthäutet, aber nicht ausgelöst
500 ml Wasser
Salz und frisch gemahlener schwarzer Pfeffer
2 Zwiebeln, in feine Scheiben geschnitten
3 EL Sonnenblumen- oder Erdnussöl
5 cm frische Ingwerwurzel, gerieben
6 Knoblauchzehen, gerieben
2 rote Chilischoten, fein gehackt, oder 2 TL Chilipulver
12 Curryblätter (falls erhältlich)
1 TL Palmzucker (jaggery) oder brauner Zucker (nach Belieben)

Die Hühnerschenkel in einem Topf mit dem Wasser bedecken, 1 Prise Salz sowie Pfeffer zufügen – die Mühle etwa zwölfmal drehen. Zum Kochen bringen und bei verminderter Temperatur 45 Minuten köcheln lassen, bis das Fleisch gar ist.

Die Hühnerteile aus dem Topf nehmen und beiseite legen. Die Brühe auf etwa 150 ml einkochen lassen.

Die Zwiebeln in dem Öl in etwa 10 Minuten braun braten. Bei verminderter Temperatur den Ingwer, den Knoblauch, die Chilis und, sofern verwendet, die Curryblätter 1 Minute mitbraten. Die Hühnerteile einlegen und noch 5 Minuten garen.

Die konzentrierte Hühnerbrühe dazugießen, sprudelnd aufkochen und einkochen lassen, bei Bedarf etwas kochendes Wasser zugießen. Noch 5 Minuten köcheln lassen.

Wie Küchenchef Silva es gelegentlich macht, können Sie das Curry zuletzt noch mit etwas Palm- oder braunem Zucker abschmecken, sollten es aber zuvor probieren. Ganz zum Schluss eventuell nachsalzen.

Mit gekochtem Reis servieren.

Krabbenfleisch in Filoteig

(INDIEN)

Westlich inspiriert, mit seiner pikanten Würze aber zugleich unverkennbar der indischen Tradition verpflichtet, ist diese Kreation von Vivek Singh, der in New Delhi eine klassische Ausbildung zum Koch absolvierte. Heute leitet er die Küche des Londoner Cinnamon Club.

ERGIBT 24 STÜCK

2 EL Sonnenblumenöl
Je 1 Prise Kreuzkümmel, gemahlene Kurkuma und
  Chilipulver
1 Knoblauchzehe, gehackt
1 cm frische Ingwerwurzel, gehackt
1 Zwiebel, fein gehackt
½ TL gehackte grüne Chilischote
1½ Tomaten, gehackt
400 g Krabbenfleisch
1 TL gehackte frische Korianderblätter
Saft von 1 Zitrone
Salz
24 Blatt Filoteig (jeweils etwa 20 x 30 cm)
25 g Butter, zerlassen

Den Backofen auf 190 °C vorheizen.

Das Öl in einer Pfanne erhitzen und den Kreuzkümmel darin mit der Kurkuma und dem Chilipulver 1–2 Minuten braten, bis die Samen springen. Den Knoblauch und den Ingwer sowie nach 1 Minute die Zwiebel mit der Chilischote untermischen und weitere 2–3 Minuten braten. Die Tomaten einrühren und weich dünsten.

Das Krabbenfleisch, dann die Korianderblätter und den Zitronensaft gründlich untermischen. Die Füllung zuletzt mit Salz abschmecken.

Die Teigblätter mit zerlassener Butter bestreichen und längs einmal zusammenfalten – sie sind jetzt etwa 10 x 30 cm groß. In die Mitte eines schmalen Endes jeweils ein Häufchen der Füllung setzen, den Teig zu einem Dreieck umklappen und den restlichen Teigstreifen so weiterfalten, dass eine Art Spitztüte entsteht. Auf ein gebuttertes Backblech legen und im vorgeheizten Ofen in 10 Minuten goldbraun und knusprig backen.

Heiß mit einem Chutney servieren.

Würzige Fischspieße

(INDIEN)

Mit festem, weißfleischigem Fisch wie Kabeljau, Seeteufel oder Schellfisch, die die würzige Marinade gut annehmen, gelingen diese Spieße besonders gut.

FÜR 4 PERSONEN

875 g fester, weißfleischiger Fisch, in 4 cm große Würfel
  geschnitten
Sonnenblumen- oder Erdnussöl zum Bestreichen
2 Zitronen, in Spalten geschnitten

FÜR DIE MARINADE
1 TL gemahlener Kreuzkümmel
1 TL frisch gehackte Korianderblätter
1 TL *garam masala* (siehe Seite 31)
2 EL Naturjoghurt
1 grüne Chilischote
3 Knoblauchzehen, angedrückt
1 TL Chilipulver
1 TL Salz

Die Marinadezutaten in einer ausreichend großen Schüssel gründlich verrühren. Die Fischwürfel behutsam darin wenden, bis sie gleichmäßig überzogen sind, und mindestens 1 Stunde, möglichst aber länger marinieren.

Die Fischwürfel aus der Marinade nehmen und mit etwas Abstand auf acht Spieße ziehen. Mit dem Öl bestreichen und unter dem vorgeheizten Grill auf beiden Seiten etwa 5 Minuten grillen, bis sie ringsum goldbraun sind.

Heiß servieren und die Zitronenspalten dazu reichen.

Lamm-Biriani mit Blätterteighaube (INDIEN)

Nach allen Regeln der Kunst zubereitet, gehört das dem persischen *polow* sehr ähnliche *biriani* zu den feinsten Reisgerichten der Welt. Auch außerhalb Indiens wird es von nahezu jedem indischen Restaurant angeboten, häufig allerdings als müder Abklatsch in Form von gebratenem Reis, vermischt mit gehackten Fleischresten. In seiner Version hält sich Vineet Bhatia strikt an das Originalrezept: Mit Gewürzen mariniertes Lammfleisch sowie Basmati-Reis werden separat vorgegart, abwechselnd in eine Form geschichtet und im Ofen fertig gegart. Als raffiniertes Extra verwendet er eine würzige Blätterteighaube, die sich als perfekte Aromaversiegelung erweist. Chilis sind übrigens nicht beteiligt, was beweist, dass die indische Küche durchaus auch einmal ohne auskommen kann.

FÜR 3–4 PERSONEN

300 g mageres, zartes Lammfleisch
   (möglichst aus der Keule)
3 EL Sonnenblumenöl
Kochendes Wasser nach Bedarf
350 g Basmati-Reis
½ TL gemahlene Kurkuma
½ TL Fenchelsamen
3 Sternanis
6 Kardamomkapseln
1 Stück Muskatblüte
2 l kaltes Wasser
½ Zwiebel, in feine Scheiben geschnitten
2 EL frisch gehackte Korianderblätter
2 EL frisch gehackte Minzeblätter
Einige Tropfen Rosenwasser (nach Belieben)
375 g fertiger Blätterteig, als Deckel für die Form(en)
   passend ausgerollt (siehe Anleitung)
Zerlassenes *ghee* (siehe Seite 14) zum Bestreichen
Kürbiskerne, Fenchelsamen und gemahlener Kardamom
   zum Bestreuen

FÜR DIE MARINADE

1 TL gemahlene Koriandersamen
2 TL gemahlene geröstete Gewürze
   (Sternanis, Fenchelsamen, Samen von grünen
   Kardamomkapseln und Muskatblüte)
2 EL frisch gehackte Minzeblätter
4 EL frisch gehackte Korianderblätter
1 EL Tomatenmark
30 g *ghee* (siehe Seite 14)
1 Prise Salz

Die Marinadezutaten vermischen. Das Fleisch in dünne, mundgerechte Stücke schneiden. In der Marinade wenden und mindestens 4–6 Stunden, für eine optimale Geschmacksentwicklung besser über Nacht ruhen lassen.

Anschließend 2 Esslöffel des Öls in einer Pfanne bei mittlerer Temperatur erhitzen. Das Fleisch 5 Minuten anbraten, bis es leicht gebräunt ist. Mit kochendem Wasser bedecken und 1 Stunde köcheln lassen, gelegentlich etwas Wasser nachgießen, damit das Fleisch nicht austrocknet oder anbrennt.

Den Backofen auf 200 °C vorheizen.

Den Reis mit Kurkuma, Fenchelsamen, Sternanis, den Kardamomkapseln und der Muskatblüte in einen großen Topf füllen. Mit dem kalten Wasser bedecken, zum Kochen bringen und etwa 8 Minuten köcheln lassen, bis der Reis zu drei Vierteln gar ist. Abseihen und warm stellen.

Das restliche Öl in einer Pfanne erhitzen, bis es zischt. Die Zwiebel in etwa 5 Minuten darin knusprig und goldbraun braten. Zusammen mit den Koriander- und Minzeblättern sowie, falls verwendet, mit dem Rosenwasser unter den Reis mischen.

In eine ofenfeste Form mit 25–30 cm Durchmesser (alternativ auch drei bis vier kleinere Einzelformen) und etwa 5 cm Höhe lagenweise den Reis und das Fleisch einfüllen, dabei mit dem Reis beginnen und abschließen. Den Blätterteig über die Form(en) breiten und am Rand gut andrücken. Mit *ghee* bestreichen und mit den Kürbiskernen, Fenchelsamen und dem Kardamom bestreuen. 20 Minuten im vorgeheizten Ofen backen.

Das *biriani* wird in der Form serviert und die Teighaube erst bei Tisch entlang dem Rand aufgeschnitten. So kommen Ihre Gäste in den Genuss des vollen Aromas.

In Joghurt mariniertes Grillhuhn (INDIEN)

Indische Speisekarten führen diese Spezialität aus dem nordindischen Punjab als *murg tikka masala*. *Murg* steht dabei für Huhn; *tikka* verweist darauf, dass das Fleisch in kleinere Stücke geschnitten wird, und *masala* auf die Verwendung einer pikanten Gewürzmischung. Die nachfolgend angegebene Marinierzeit können Sie für einen intensiveren Geschmack ruhig um einige Stunden verlängern.

FÜR 4–6 PERSONEN

1 Huhn, in 8 Stücke zerteilt
Saft von ½ Zitrone
1 TL Salz
500 g Naturjoghurt
½ Zwiebel, gehackt
2 Knoblauchzehen, gehackt
2–3 cm frische Ingwerwurzel, gehackt
1 grüne Chilischote, gehackt
2 TL *garam masala* (siehe Seite 31)
2 TL Paprikapulver
Sonnenblumenöl zum Bestreichen

Die Hühnerteile enthäuten, ringsum gleichmäßig mit einer Gabel einstechen und an mehreren Stellen bis zum Knochen einschneiden. In einer Schüssel mit dem Zitronensaft beträufeln, mit dem Salz bestreuen und 30 Minuten ruhen lassen.

Inzwischen den Joghurt mit der Zwiebel, dem Knoblauch, dem Ingwer, der Chilischote und dem *garam masala* im Mixer cremig pürieren. Durch ein Sieb streichen.

Die Hühnerteile mit Küchenpapier trockentupfen, gleichmäßig mit dem Paprikapulver einreiben und in eine Schüssel legen. Mit der Joghurtcreme übergießen, darin wenden und 4–6 Stunden marinieren.

Den Grill auf sehr hoher Stufe beziehungsweise den Backofen auf 230 °C vorheizen.

Die Hühnerteile aus der Schüssel nehmen und die überschüssige Marinade abschütteln. Auf ein Backblech legen und mit Öl bestreichen. Für 20 Minuten unter den Grill schieben, wenden und von der zweiten Seite nochmals 10 Minuten grillen. Alternativ 25–30 Minuten im Ofen braten. Zur Garprobe das Fleisch an der dicksten Stelle mit einem Spieß einstechen: Es muss klarer Saft austreten.

Das Huhn mit gekochtem Reis und Salat servieren und dazu Zitronenspalten reichen.

Lamm in Kokos-Joghurt-Sauce (INDIEN)

Indien ist für seine abwechslungsreiche vegetarische Küche bekannt. Im Nordwesten des Landes aber schätzt man, seit die Moguln im 8. Jahrhundert die Herrschaft an sich rissen, durchaus auch opulente Fleischgerichte. Nachdem die hinduistische Bevölkerung am Verzehr von Rind Anstoß nahm und für die moslemischen Moguln Schweinefleisch tabu war, verlegten sich die höfischen Köche auf Hühner- und Lammfleisch, das sie mit sahnigen Saucen und den kostbarsten Gewürzen wie Safran und Kardamom verfeinerten.

Badam gosht heißt das hier beschriebene Gericht, das bei Hochzeitsfesten und großen Familienfeiern aufgetischt wird.

FÜR 6 PERSONEN

1 kg ausgelöste Lammschulter oder -keule,
   von überschüssigem Fett befreit
1 EL *garam masala* (siehe Seite 31)
500 g Naturjoghurt
2 EL *ghee* (siehe Seite 14) oder Sonnenblumenöl
2 Zwiebeln, fein gehackt
4 Knoblauchzehen, gehackt
5 cm Zimtstange oder Kassiarinde
2 Gewürznelken
1 TL Chilipulver
6 Kardamomkapseln
100 g Mandeln, gemahlen und mit 2 EL Wasser zu
   einer Paste vermischt
400 ml Kokosmilch, Salz

Das Fleisch in 2–3 cm große Würfel schneiden. In einer Schüssel mit dem *garam masala* und dem Joghurt vermischen und 1 Stunde im Kühlschrank marinieren.

Einen Topf erhitzen, das *ghee* oder Öl hineingeben und die Zwiebeln darin in etwa 10 Minuten goldgelb und weich schwitzen. Den Knoblauch 30 Sekunden mitschwitzen. Die Zimtstange oder Kassiarinde, die Nelken, das Chilipulver und die Kardamomkapseln untermischen.

Das Fleisch mit einer Schaumkelle aus der Marinade in den Topf umfüllen und bei erhöhter Temperatur unter häufigem Rühren etwa 5 Minuten braten, bis es seine Farbe verändert.

Die Joghurtmarinade und die Mandelpaste gründlich untermischen und unter Rühren 10 Minuten köcheln lassen. Die Kokosmilch dazugießen und weitere 45 Minuten köcheln lassen, bis das Fleisch richtig gar ist. Nicht zu trocken werden lassen. Zuletzt mit Salz abschmecken und eventuell nachwürzen.

Mit gekochtem Reis und Chutneys servieren.

Raita mit Kokosnuss (INDIEN)

FÜR 4 PERSONEN ALS BEILAGE

1 EL Koriandersamen
1 EL Kreuzkümmel
500 g Naturjoghurt
4 EL frisch geriebene Kokosnuss oder getrocknete
    Kokosraspel
Saft von ½ Zitrone
1 kräftige Prise Salz

Koriander und Kreuzkümmel in einer Pfanne ohne Fett etwa 3 Minuten rösten, bis ein intensiver Duft aufsteigt. In einer Gewürz- oder Kaffeemühle mahlen oder im Mörser zerstoßen.

Den Joghurt in einer Schüssel mit den Kokosraspeln, dem Zitronensaft und dem Salz verrühren. Vor dem Servieren mit der Gewürzmischung bestreuen.

Würzige Kichererbsenkuchen

(INDIEN)

Setzen Sie den Teig für diese Kuchen, die morgens zum Kaffee genauso schmecken wie zwischendrin zu einem Tee, unbedingt am Vortag an.

FÜR 8–10 PERSONEN

125 g Kichererbsenmehl (besan oder gram flour)
250 g Naturjoghurt
2–3 cm frische Ingwerwurzel, gerieben
1 grüne Chilischote, Samen entfernt, fein gehackt
50 g Zucker
Sonnenblumen- oder Erdnussöl zum Bestreichen
1 TL Natron
1 EL getrocknete Kokosraspel
1 TL Senf- oder Sesamsamen
1 TL frisch gehackte Korianderblätter

Das Kichererbsenmehl mit dem Joghurt verrühren. Mit einem Tuch abdecken und über Nacht schaumig aufquellen lassen. Am nächsten Tag den Ingwer, die Chili und den Zucker einrühren.

Einen kleinen in einen größeren Topf setzen und Letzteren zur Hälfte mit Wasser füllen. Langsam erhitzen, bis es leise sprudelt. Den kleinen Topf mit Öl und Natron ausstreichen.

In den kleinen Topf 2 Esslöffel Teig füllen und zugedeckt in 10–15 Minuten aufgehen lassen. Mit einem Löffel in eine mit Öl ausgestrichene, 2,5–5 cm hohe Form füllen und abkühlen lassen.

Auf diese Weise den gesamten Teig verarbeiten. Die abgekühlten Kuchen mit etwas Öl bestreichen und mit den Kokosraspeln, Senf- oder Sesamsamen und Korianderblättern bestreuen. In 2–3 cm große Quadrate schneiden.

Kardamom-Dessert (INDIEN)

Als Gabe an die Götter, aber auch bei religiösen und anderen Festen, die im Kreise der Familie und Freunde gefeiert werden, spielen Süßigkeiten in Indien eine wichtige Rolle. An vielen ist Milch in der einen oder anderen Form beteiligt. Diese sirupgetränkten Bällchen namens *gulab jamun* erhalten durch Kardamom ein ganz eigenes Aroma. Sie schmecken auch kalt.

ERGIBT ETWA 20 BÄLLCHEN

300 ml Vollmilchpulver
150 g Weizenmehl, gesiebt
½ TL Backpulver
75 g *ghee* (siehe Seite 14), Sonnenblumen- oder Erdnussöl
3 EL kalte Milch
4 Kardamomkapseln, die Samen ausgelöst
1 l Sonnenblumen- oder Erdnussöl zum Frittieren
600 ml Wasser
225 g Zucker

Das Milchpulver, Mehl, Backpulver und *ghee* oder Öl in einer großen Schüssel mit den Fingerspitzen vermischen, bis sich feine Streusel ergeben. Nach und nach 2 Esslöffel der Milch untermischen, sodass ein zusammenhängender weicher Teig entsteht. Etwa 15 Minuten ruhen lassen.

Aus dem Teig ebenmäßige Bällchen rollen. In die Mitte jeweils eine Vertiefung drücken, einen Kardamomsamen hineinlegen und das Loch sorgfältig schließen.

Das Öl auf 180 °C erhitzen – prüfen Sie die Temperatur mit einem Fettthermometer. Die Bällchen in etwa 5 Minuten goldbraun frittieren und auf Küchenpapier abtropfen lassen.

In einem zweiten Topf das Wasser mit dem Zucker zum Kochen bringen und den letzten Esslöffel Milch einrühren. Abschäumen und in etwa 15 Minuten zu einem Sirup einkochen, danach die Temperatur drosseln und nur noch leise köcheln lassen.

Die Bällchen in den Sirup legen und 45 Minuten ziehen lassen, dabei gelegentlich mit einem Löffel unter die Oberfläche drücken.

Gemüse-Pickles (INDIEN)

Pickles *(achar)* sind ein fester Bestandteil der indischen Esskultur. Dunkelgelbes Senföl, das Sie in gut sortierten asiatischen Lebensmittelgeschäften finden, verleiht dieser nordindischen Version eine charakteristische Note.

ERGIBT 4 EINMACHGLÄSER

1 kg Möhren, in 5 mm dicke Scheiben geschnitten
1 kg Blumenkohl, in Röschen geteilt
2 kg weiße Rüben, in 5 mm dicke Scheiben geschnitten
600 ml Senföl
250 g Zwiebeln, fein gehackt oder gerieben
2 Knoblauchzehen, gehackt oder gerieben
125 g Ingwer, fein gehackt oder gerieben
2 EL Chilipulver
1 EL Senfpulver
1 EL *garam masala* (siehe Seite 31)
1 TL gemahlene Kurkuma
1 TL Salz
400 ml Malzessig
1 kg dunkelbrauner Zucker

Die Möhren, Blumenkohlröschen und Rüben in kochendem Wasser etwa 5 Minuten garen. Abseihen und mit Küchenpapier trockentupfen.

In einem großen Topf etwa 150 Milliliter Senföl bis kurz vor dem Rauchpunkt erhitzen. Die Zwiebeln mit dem Knoblauch und dem Ingwer darin goldgelb braten. Dabei häufig rühren, damit sie nicht ansetzen. Das Chili- und Senfpulver, *garam masala*, Kurkuma und Salz einstreuen und noch einige Minuten unter ständigem Rühren mitbraten. Das Gemüse zufügen, den Topf vom Herd nehmen und alles gründlich vermischen.

In einem zweiten Topf das restliche Senföl ebenfalls bis kurz vor dem Rauchpunkt erhitzen. Über das Gemüse gießen und den Topf schwenken, bis alles gut vermischt ist. In sterilisierte Einmachgläser füllen und fest verschließen. 3 Tage an einen möglichst sonnigen oder warmen und trockenen Platz stellen. Die Gläser täglich schütteln.

Am dritten Tag in einem Topf den Essig mit dem Zucker erhitzen und rühren, bis sich der Zucker löst. Einige Minuten sprudelnd kochen lassen. Vom Herd nehmen, völlig abkühlen lassen und dann zum Gemüse gießen. Die Gläser wieder an ihren bisherigen Platz stellen, bis die Pickles nach etwa 2 Wochen gut durchgezogen sind.

Mango-Chutney (INDIEN)

FÜR 4 PERSONEN ALS BEILAGE

1 unreife (grüne) Mango
Saft von ½ Limette
2–3 cm frische Ingwerwurzel, gerieben
1 EL frisch geriebene Kokosnuss oder getrocknete Kokosraspel
1 rote Chilischote, Samen entfernt, fein gehackt
1 Prise Salz
1 TL brauner Zucker
1 Prise *garam masala* (siehe Seite 31)
Korianderblätter zum Garnieren

Die Mango mit einem scharfen Messer schälen. Das Fruchtfleisch vom Stein lösen, fein würfeln und mit dem dabei ausgetretenen Saft in eine Schüssel füllen. Den Limettensaft, den Ingwer, die Kokosraspel, die Chilischote, Salz, Zucker und das *garam masala* gründlich untermischen. 30 Minuten kalt stellen.

Vor dem Servieren mit den Korianderblättern garnieren.

Dattel-Tamarinden-Chutney (INDIEN)

FÜR 4 PERSONEN ALS BEILAGE

50 g getrocknetes Tamarindenmark
200 g frische Datteln, entsteint und fein gehackt
1 EL Palmzucker *(jaggery)* oder brauner Zucker
1 TL *garam masala* (siehe Seite 31)
½ TL Chilipulver
1 kräftige Prise Salz

Das Tamarindenmark in kleinere Stücke zerpflücken und mit kochendem Wasser bedecken. Nach dem Abkühlen über einer Schüssel durch ein grobes Sieb streichen, um harte Fasern und Samen zu entfernen.

Die Datteln, den Zucker, das *garam masala*, das Chilipulver und das Salz zufügen. Mit einem elektrischen Pürierstab zu einer etwas dickflüssigen Mischung verarbeiten. Das Chutney vor dem Servieren 1 Stunde kalt stellen.

Kokosnuss-Sambal (SRI LANKA)

In der Küche Sri Lankas hat die Kokosnuss einen hohen Stellenwert. Der Teig für die Pfannkuchen *(appam)*, die man hier gern zu scharfen Sambals und Gemüsecurrys isst, besteht aus Reismehl und Kokosmilch. Und Kokosraspel bilden die Basis dieser beliebten Tafelsauce, beinahe eine Art Instant-Chutney.

FÜR 4 PERSONEN ALS BEILAGE

100 g frisch geriebene Kokosnuss oder getrocknete Kokosraspel
½ rote Zwiebel, gehackt
4 Knoblauchzehen, gehackt
Saft von 2 Limetten
½ TL Chilipulver
1 TL Palmzucker *(jaggery)* oder brauner Zucker
6 schwarze Pfefferkörner, fein zerstoßen (oder die Pfeffermühle zwölfmal drehen)
1 TL Salz
Gehackte Minze-, Petersilien- oder Korianderblätter oder 1 Frühlingszwiebel, gehackt, zum Garnieren
1 TL Paprikapulver zum Garnieren

Sämtliche Zutaten – außer denen zum Garnieren – im Mixer gleichmäßig, aber nicht cremig pürieren.

Das Sambal mit den Kräutern oder der Frühlingszwiebel garnieren und mit dem Paprikapulver bestreuen.

Ein typischer indischer Handkarren mit einem bunten Angebot an Färbemitteln, darunter Kurkuma.

Currypulver (INDIEN)

Zwar bekommt man in Indien auch fertiges Currypulver, doch stellen es die meisten Familien lieber selbst her. Bis zu 20 teils pikante, teils milde Gewürze kommen hinein. Die hier vorgestellte Grundmischung können Sie nach Belieben ergänzen, etwa mit gemahlenem Asant und »warmen« Gewürzen wie Zimt, Muskatnuss, Nelken und Piment. Ganze Gewürze sollte man eines nach dem anderen zunächst in einer beschichteten Pfanne ohne Fett behutsam rösten, bis sie duften. Wenn Bockshornklee verbrennt, schmeckt er ungenießbar bitter.

ERGIBT 1 KLEINES GLAS

25 g Koriandersamen
1 TL Kreuzkümmel
½ TL Senfsamen
½ TL Bockshornkleesamen
½ TL schwarze Pfefferkörner
4 kleine getrocknete rote Chilischoten
½ TL gemahlene Kurkuma
½ TL gemahlener Ingwer

Alle Samen, die Pfefferkörner und die Chilis separat in einer Pfanne ohne Fett einige Sekunden rösten, bis ein verlockender Duft aufsteigt. Herausnehmen, abkühlen lassen, in einer Gewürz- oder Kaffeemühle mahlen oder im Mörser zerstoßen. Kurkuma und Ingwer untermischen. In einem luftdicht verschlossenen Glas kühl und dunkel lagern.

Garam masala (INDIEN)

Jede Familie hat ihr eigenes Rezept für die milde, meist am Ende des Garvorgangs verwendete Gewürzmischung.

ERGIBT 1 KLEINES GLAS

2 TL Kreuzkümmel
4 TL Koriandersamen
2 Kardamomkapseln, die Samen ausgelöst
½ TL frisch gemahlener schwarzer Pfeffer
1 TL Zimtpulver
½ TL gemahlene Gewürznelken

Die dreierlei Samen in einer Pfanne ohne Fett etwa 3 Minuten rösten, bis sie intensiv duften. In einer Gewürz- oder Kaffeemühle mahlen oder im Mörser zerstoßen. Die übrigen Zutaten untermischen. In ein luftdicht verschließbares Glas füllen.

Ferner Osten

In Japan, China, Korea und Vietnam findet man raffinierte Delikatessen wie sonst kaum auf der Welt. So exotisch diese Küchen uns im Westen mitunter auch noch vorkommen mögen, freunden wir uns doch zunehmend mit ihnen an. Beim chinesischen Schnellimbiss um die Ecke, der auch Heimservice bietet, klingelt die Kasse, Sushis sind längst zum trendigen Partyhappen avanciert, und auch die Zahl vietnamesischer Restaurants nimmt ständig zu.

Allein schon in puncto Landesgröße und Bevölkerung ist China ein Gigant. Die Volksrepublik hat aber nicht nur ungefähr so viele Provinzen und Sprachen vorzuweisen wie Europa Länder, sondern auch die ältesten Zeugnisse einer erstaunlich feinen Esskultur. Schon vor Jahrtausenden wurden hier die Nudeln erfunden, und früher als irgendwo sonst beherrschte man alle gängigen Gartechniken, oft gleich zu mehreren bei einer einzigen Zubereitung kombiniert. Nur die Mikrowelle ist kein Thema, dafür aber umso mehr der Wok, jenes geniale Kochgeschirr, mit dem sich klein geschnittene Zutaten binnen Minuten unter ständigem Rühren äußerst vitaminschonend in schmackhafte Gerichte verwandeln lassen. Dabei wird die Brennstoffenergie so ökonomisch wie bei keiner anderen Garmethode genutzt.

Verschwenderische Festmähler in China

Sparsamkeit ist die eine Seite der kulinarischen Medaille Chinas, Opulenz die andere. Ihre Wurzeln hat sie in den höfischen Festmählern vergangener Zeiten. Wie im alten Rom wurden auch in China einst bei festlichen Anlässen die seltensten und erlesensten Delikatessen aufgetischt. Bis heute gehören dazu die aus den zartfaserigen Muskelsträngen von Haifischflossen bereitete Suppe

sowie die Schwalbennestersuppe, der ein gelatineartiges Speichelsekret (halb verdaute Algen) zugrunde liegt, mit dem eine bestimmte Seevogelart ihre in riskanter Höhe im Fels angelegten Nester befestigt. Die Chinesen kennen ein Rezept für so ziemlich alles, was da kreucht und fleucht, seien dies die Fortpflanzungsorgane des Störs, der noch nie gelaicht hat, oder im Rohzustand ungenießbar zähe Meeresschnecken.

Obwohl Ingwer, Knoblauch und Frühlingszwiebeln ebenso wie Sojasauce und fermentierte Sojabohnen landauf, landab verbreitet sind, kann doch von der chinesischen Küche an sich keine Rede sein. Im Norden, wo sich die Hauptstadt Peking befindet, wächst Weizen, der zum Großteil zu Nudeln verarbeitet wird. In Zentral- und in Westchina, zu dem die Provinz Sichuan gehört, geben scharfe, würzig-aromatische Geschmacksrichtungen den Ton an. Reis beherrscht die Küche in Shanghai und in den östlich an die größte Hafenstadt des Landes anschließenden Gebieten, wo man süßsaure Gerichte bevorzugt und neben Ingwer gern Shaoxing-Wein verwendet. Das südliche Kanton schließlich ist nicht nur für seine Gerichte mit Fisch und Meeresfrüchten berühmt, sondern auch für schmackhafte, vor allem gedämpfte Zubereitungen aus erntefrischem Gemüse.

Obwohl das Spektrum der verwendeten Gewürze beschränkt ist, sind sie doch unverzichtbar – allen voran das intensive Fünf-Gewürze-Pulver, gemischt aus Sternanis, Sichuanpfeffer, Fenchelsamen, Nelken und Zimt- oder Kassiarinde.

Chilis, getrocknete Tangerinen- und Orangenschalen sowie getrocknete Pilze steuern reizvolle Aromen bei, Sesamöl rundet am Ende des Kochvorgangs manche Gerichte ab, und Reiswein, gereifte Essige, Austernsauce, die süß-scharfe *Hoisin*-Sauce (hergestellt aus Sojabohnen, Essig, Zucker und Gewürzen) sowie Gelbe-Bohnen-Sauce werden beim Kochen wie auch bei Tisch als Geschmacksverstärker eingesetzt. Dem Aroma von Gemüse hilft das Glutamat auf die Sprünge, ein weißes Pulver, das manche Köche so unbekümmert verwenden wie Salz, obwohl Gesundheitsexperten zur Zurückhaltung mahnen: In hohen Dosen kann es Schweißausbrüche, Fieber und Kopfschmerzen verursachen.

Im Gegensatz zur chinesischen Küche ist die Japans dem Abendländer nach wie vor eher fremd. Weitgehend zumindest, denn immerhin haben sich Sushis inzwischen zum erfolgreichen kulinarischen Modeartikel gemausert. Auch einige traditionelle japanische Zutaten sind heute in größeren Bioläden und Supermärkten zu finden, etwa Meeresalgen wie *kombu* – zusammen mit Bonitoflocken die Hauptzutat für die berühmte japanische *Dashi*-Brühe –, *wakame* und *nori*, jene dunkelbraunen, hauchzarten Blätter, die als Umhüllung für Sushi dienen, über Speisen gekrümelt oder in pikante, knusprige Reissnacks gemischt werden.

Ein echtes Grundnahrungsmittel Japans ist die Sojabohne. Nicht zuletzt für die buddhistische Gemeinde des Landes, die sich vegetarisch ernährt, bildet sie in Form von Tofu eine wichtige Quelle von hochwertigem Eiweiß und liefert darüber hinaus eine Reihe weiterer wertvoller Erzeugnisse wie Sojasaucen, das aus den fermentierten Bohnen und manchmal unter Zugabe von Weizen oder Reis hergestellte *miso*, eine salzig-würzige Suppen- und Saucenbasis, oder auch Sojamilch.

Zu den bisher auf den europäischen Märkten noch nicht sehr heimischen japanischen Gemüsesorten gehört neben Klettenwurzeln, Bittergurken, Yams- und Lotoswurzeln, die sich in Scheiben so dekorativ machen, sowie Bambussprossen auch der *daikon*, ein langer weißer Rettich von eher mildem Geschmack. Man genießt ihn, in feine Streifen geschnitten und in Sojasauce getunkt, zu vielen Gerichten, oft in Begleitung von beißend scharfer grüner *Wasabi*-Paste, hergestellt aus den Rhizomen des Japanischen Meerrettichs. Chrysanthemenblätter, Ginkgonüsse und Shiitake sowie zahlreiche andere Pilzarten ergänzen das exotische Angebot.

Ungewöhnliche Geschmacksnuancen bieten auch manche japanischen Kräuter wie das mit der Minze verwandte und von der Blattform an Petersilie erinnernde *shiso* oder etwa auch *umeboshi*, salzig eingelegte saure Aprikosen. Zu den weiteren unverzichtbaren Aromaspendern gehört neben Reisessig und -wein noch das nussig duftende Sesamöl. Die am meisten verwendete japanische Tischwürze ist *gomasio*, eine Kombination aus Sesamsamen und Salz, und besonders komplex ist *shichimi-togarashi*, das Sieben-Gewürze-Pulver (siehe Seite 44). Beide streut man auf Reis, Letztere auch auf Nudelgerichte.

Die Restaurants in Japan

Beim Besuch eines japanischen Restaurants in einer westlichen Stadt bekommt man zwar eine Ahnung von der Esskultur im Land der aufgehenden Sonne, aber mehr eben auch nicht. In Tokio hätte man die Wahl zwischen an die dreißig verschiedenen Restauranttypen. Viele davon sind spezialisiert auf Suppen und *Udon*- sowie *Soba*-Nudeln, die Ersten dick und weiß, da aus Weizenmehl, die Zweiten hauptsächlich aus Buchweizen hergestellt.

In zahlreichen Sushi-Bars und *Teppanyaki*-Restaurants demonstriert der Koch auf einer hochglanzpolierten Edelstahlfläche direkt vor den Gästen seine Künste. Mit frittierten Häppchen in knuspriger Teighülle, direkt aus dem Topf serviert, warten *Tempura*-Bars auf. Manche Lokale sind auf gegrillten Aal spezialisiert, andere auf *sashimi* (in Scheiben geschnittener roher Fisch) oder auch auf Fondues wie *sukiyaki* und *shabu-shabu*, bei dem hauchdünne Fleischscheiben in kochender Brühe gegart werden. In den *Oden*-Bars gibt es für Vegetarier Tofu, und andernorts kommen Liebhaber von Meeresalgen auf ihre Kosten.

Während hier der Normalbürger seinen Hunger stillt, hat Japan durchaus auch eine »Haute Cuisine« vorzuweisen. *Kaiseki* heißt das lukullische Vergnügen, bei dem sage und schreibe 13 Gänge

aufgetischt werden, die wiederum jeweils bis zu fünf Kleinigkeiten umfassen. Eine komplette Mahlzeit kann also aus weit mehr als 50 verschiedenen Speisen bestehen, die nicht nur untereinander in puncto Farbe, Geschmack und Textur kontrastieren. Auch die Teller und Schalen, in denen sie aufgetischt werden, variieren im Design, in der Farbe und im Material (Keramik, Glas und Holz, natürlich zum Teil auch lackiert). Spitzenrestaurants wechseln viermal im Jahr, passend zur jeweiligen Saison, zu einem anderen Dekor, etwa zu Kirschblüten im Frühjahr oder zu Herbstlaub, wenn der Sommer geht. Die Ästhetik spielt hier eben eine ganz große Rolle.

Die koreanische Küche steht bei den Japanern etwa so hoch im Kurs wie italienisches Essen in Deutschland. Sie ist weniger formell und hält intensive Aromen bereit: die Schärfe von Chilis und Frühlingszwiebeln, die salzige Note von Sojasauce und Sojabohnenpaste, die nussigen Akzente von Sesamsamen und -öl.

Reis und Nudeln, Gerste und Bohnen sind Grundnahrungsmittel. Die Koreaner lieben Fleisch vom Holzkohlengrill *(bulgogi)*, leicht gekochtes oder gedämpftes Gemüse, knackige Salate sowie Wurzeln und Blätter aus freier Natur, etwa Bambussprossen oder die als Stärkungsmittel bekannten Ginsengwurzeln.

Chilipaste wie *kochujang*, eine Mischung aus Sojabohnenpaste und Chilipulver, die es auch fertig in Flaschen gibt, wird als Kochwürze wie als Dip gern hergenommen. Und bei fast jeder Mahlzeit steht *kim chee* auf dem Tisch, eine entfernt an Sauerkraut erinnernde Spezialität: Klein geschnittener Chinakohl wird gesalzen und anschließend, mit Chilis und Ingwer gemischt, in bauchige Tontöpfe gefüllt. So ist er das ganze Jahr als deftigpikante Beigabe verfügbar.

Wie in China und Thailand basiert auch in Vietnam die Küche vor allem auf Nudeln und Reis, allerdings bevorzugt sie kräftige und klare Geschmacksrichtungen. Die Vietnamesen schätzen knackige und würzige, manchmal mit Nüssen angereicherte Salate und fast rohes Gemüse. Ob morgens, mittags oder abends – eine Schale *pho* geht in Vietnam eigentlich immer. Die deftige Suppe wird an jeder Ecke an Essensständen angeboten, wobei die Käufer selbst noch *nuoc mam* einrühren, eine fermentierte Fischsauce, nach der die Vietnamesen beinahe süchtig sind. Dazu gibt es eine Auswahl pikanter Einlagen wie Knoblauch, Frühlingszwiebeln und Ingwer – alles roh und gehackt – sowie Chilis, ob frisch, getrocknet oder in Form einer dickflüssigen Sauce.

Selbst Westler können den kulinarischen Verlockungen Vietnams kaum widerstehen, zumal hier, genau wie in Thailand, an intensiv duftenden Kräutern, etwa Minze, Basilikum und Zitronengras, nicht gespart wird. Auch Ästheten können beim Besuch eines vietnamesischen Restaurants schwelgen, denn alles wird formvollendet angerichtet.

In Peking, China, lässt sich ein Mädchen einen Snack von einem Straßenstand schmecken.

Ein Gewürzstand in Saigon, Vietnam.

Nudelsuppe mit Ei (JAPAN)

Wie der Mond am Nachthimmel leuchtet ein pochiertes Ei aus dieser populären Nudelsuppe. Tatsächlich bedeutet ihr japanischer Name übersetzt »wie der Mond aussehend«. Traditionelle japanische Zutaten wie die aus einer Thunfischart hergestellten Bonitoflocken, *kombu* und *nori* (zwei Arten von getrockneten Meeresalgen) sowie das Sieben-Gewürze-Pulver *(shichimi-togarashi)* bekommen Sie in größeren Asia-Läden.

FÜR 4 PERSONEN

1 l Wasser
1 *Kombu*-Blatt (etwa 10 x 10 cm), abgewischt und
    fransig eingeschnitten
15 g getrocknete Bonitoflocken
125 ml helle Sojasauce
2 EL süßer Reiswein oder süßer Sherry
150 g Spinat, gewaschen
Salz
275 g dicke Weizennudeln oder eine andere Sorte
    nach Wahl
4 Eier
1 *Nori*-Blatt (etwa 10 x 10 cm)
Sieben-Gewürze-Pulver (siehe Seite 44) zum Bestreuen

Das Wasser mit dem *kombu* in einem großen Topf erhitzen. Kurz bevor es aufwallt, das Algenblatt entfernen und wegwerfen.
   Die Bonitoflocken einstreuen und etwa 3 Minuten köcheln lassen. Die Sojasauce und den Reiswein oder Sherry einrühren und kurz aufkochen lassen. Durch ein feines (und möglichst mit einem Mulltuch ausgelegtes) Sieb gießen. In einem Topf bei niedriger Temperatur warm halten.
   Den Spinat in einem großen Topf in kochendem Salzwasser etwa 2 Minuten blanchieren. Abseihen, mehrmals mit kaltem Wasser abschrecken, abtropfen lassen. Behutsam, aber kräftig ausdrücken, zu einer Rolle formen und diese in vier Scheiben schneiden.
   In einem großen Topf reichlich Wasser zum Kochen bringen und die Nudeln in etwa 5 Minuten weich kochen. Abseihen und in vier große Suppenschalen mit Deckel verteilen. Die Brühe erneut zum Kochen bringen und über die Nudeln gießen. Je eine Scheibe der Spinatrolle einlegen und darauf vorsichtig ein Ei aufschlagen. Die Schalen mit den Deckeln verschließen und die Eier in der Suppe pochieren.
   Das *Nori*-Blatt in vier Streifen schneiden und in einer Pfanne ohne Fett knusprig rösten.
   Jede Portion mit Sieben-Gewürze-Pulver bestreuen und mit einem *Nori*-Streifen garnieren. Sehr heiß servieren.

Scharf-saure Suppe (CHINA)

Schnell gemacht ist diese nahrhafte Suppe. In der Provinz Sichuan, wo man gern pikant isst, wird die angerührte Maisstärke zusätzlich mit 1 Teelöffel geröstetem und gemahlenem Sichuanpfeffer »geschärft«.

FÜR 4 PERSONEN

25 g Mu-err- oder andere getrocknete chinesische Pilze
50 g mageres Schweine- oder Rindfleisch, in feine
    Streifen geschnitten
900 ml Fleischbrühe
1 EL dunkle Sojasauce
1 TL Chiliöl oder Tabasco
3 EL chinesischer Essig oder Apfelessig
2 TL Zucker
Frisch gemahlener weißer Pfeffer
1 EL Maisstärke, in 2 EL kaltem Wasser aufgelöst
50 g gekochte und geschälte Garnelen
1 Ei, verquirlt
2 TL Sesamöl
2 Frühlingszwiebeln, fein gehackt, zum Garnieren

Die getrockneten Pilze mit kochendem Wasser bedecken und 30 Minuten einweichen. Abseihen – dabei das Einweichwasser auffangen –, abgelöste Stiele wegwerfen, die restlichen Pilze fein hacken.
   Das Fleisch in einen Topf mit sprudelnd kochendem Wasser einlegen und blanchieren, bis sich nach etwa 1 Minute auf der Oberfläche Schaum sammelt. In ein Sieb abgießen und mit kaltem Wasser abbrausen.
   Die Brühe erhitzen. Die Pilze, Sojasauce, Chiliöl oder Tabasco, Essig, Zucker und Pfeffer zufügen und einige Minuten köcheln lassen. Die angerührte Maisstärke dazugießen und rühren, bis die Suppe eindickt. Das Fleisch und die Garnelen einlegen und anschließend langsam das verquirlte Ei einlaufen lassen, dabei ständig rühren. Sobald das Ei stockt, das Sesamöl einrühren.
   Die Suppe mit den Frühlingszwiebeln bestreuen und sofort servieren.

Spinat mit Sesam (JAPAN)

Sesamsamen runden – meist geröstet und zerstoßen – viele
japanische Zubereitungen geschmacklich ab. Mit Salz vermischt, ergeben sie *gomasio*, eine beliebte Tischwürze.

FÜR 4 PERSONEN

450 g Spinat, gewaschen
2 EL Sesamsamen
2 EL Sojasauce

Die Spinatblätter quer in 2–3 cm breite Streifen schneiden. In
einen Topf mit wenig ungesalzenem kochendem Wasser etwa
2 Minuten blanchieren, abgießen und gut abtropfen lassen.

Die Sesamsamen in einer Pfanne bei hoher Temperatur ohne
Fett rösten, dabei ständig rühren. Im Mörser zerstoßen, mit etwas
Sojasauce vermischen und nochmals zerstoßen.

Mit der restlichen Sojasauce über den Spinat träufeln und gut
durchmischen. Kalt in kleinen Schalen servieren.

Knusprige Ente (CHINA)

Weit weniger kompliziert als die berühmte Peking-Ente ist
dieser Klassiker der chinesischen Küche, den man in einzelnen Schritten zubereitet. Zunächst wird die Ente würzig
»imprägniert«, als Nächstes gar gedämpft und schließlich
knusprig frittiert.

FÜR 4–6 PERSONEN ALS VORSPEISE

1 Ente (etwa 2 kg)
1 TL Salz
2 TL Fünf-Gewürze-Pulver (siehe Seite 44)
5 cm frische Ingwerwurzel, fein gerieben
3 Knoblauchzehen, gerieben
5 Frühlingszwiebeln, nur das Weiße fein gehackt
1 EL dunkle Sojasauce
1 EL Reiswein oder halbtrockener Sherry
1 EL Malzextrakt oder Honig
1 l Maiskeim-, Sonnenblumen- oder Erdnussöl

Die Ente innen und außen waschen, mit Küchenpapier trockentupfen. Innen und außen mit dem Salz und dem Fünf-Gewürze-Pulver einreiben, den Ingwer, Knoblauch und die Frühlingszwiebeln in die Bauchhöhle füllen. Mindestens 2 Stunden, mit Klarsicht- oder Alufolie abgedeckt, einwirken lassen.

Die Sojasauce, den Wein oder Sherry und den Malzextrakt oder Honig verrühren. Die Ente damit einreiben und, wieder abgedeckt, über Nacht kalt stellen, sodass sie die Aromen gut aufnimmt.

Die Ente in den Einsatz eines Dämpftopfes oder in einen Bambuskorb für den Wok legen und zugedeckt 1 Stunde dämpfen. Abkühlen lassen und, falls sie erst später serviert werden soll, einstweilen in den Kühlschrank legen.

Das Öl in einer Fritteuse oder einem großen Topf auf 180 °C erhitzen – prüfen Sie die Temperatur mit einem Fettthermometer. Die Ente einlegen – die Öltemperatur sinkt dabei rapide, aber das macht nichts – und 15 Minuten frittieren, dabei vorsichtig wenden, damit sie gleichmäßig Farbe annimmt. Herausnehmen, auf Küchenpapier abtropfen lassen und inzwischen das Öl wieder auf 180 °C erhitzen. Die Ente nochmals 1–2 Minuten frittieren und dabei wenden, sodass die Haut ringsum goldbraun und knusprig wird. Wieder auf Küchenpapier abtropfen und 5 Minuten ruhen lassen.

Das Fleisch ablösen und in Scheiben schneiden oder mit zwei Gabeln in Streifen von den Knochen abreißen. Mit gedämpften, um Frühlingszwiebeln gewickelten chinesischen Pfannkuchen (siehe rechts), in dünne Stifte geschnittenen Gurken und Pflaumensauce servieren.

Kalte Nudeln mit würzigen Beigaben (TAIWAN)

Bei den Straßenständen Taiwans gehören diese Nudeln zum Standardangebot. Die Saucen und anderen würzigen Beigaben sind ringsum auf dem Teller verteilt, sodass man sie nach Gusto selbst mit den Nudeln mischen kann.

FÜR 4 PERSONEN

450 g chinesische Nudeln
1 TL Sichuanpfefferkörner
8 cm frische Ingwerwurzel, fein gehackt
12 Knoblauchzehen, grob gehackt
1 TL Salz
5 EL Wasser
4 TL Chiliflocken in Öl (siehe Seite 45)
4 EL fein gehackte Frühlingszwiebeln
4 EL asiatische Sesampaste (ersatzweise *tahin*)
8 EL helle Sojasauce
2 TL Zucker

Die Nudeln in einem Topf mit kochendem Wasser bedecken und in etwa 5 Minuten bissfest kochen. Abseihen und sofort kalt abbrausen.

Eine kleine Pfanne erhitzen. Die Pfefferkörner bei niedriger Temperatur ohne Fett 2–3 Minuten rösten, dabei öfters rütteln. Abkühlen lassen, in einer Gewürz- oder Kaffeemühle mahlen oder im Mörser fein zerstoßen.

Den Ingwer und den Knoblauch mit dem Salz im Mörser zu einer Paste zerreiben. Das Wasser einrühren.

Die Nudeln auf vier Teller verteilen und daneben je einen Löffel der Chiliflocken in Öl, des gerösteten Sichuanpfeffers, der Ingwer-Knoblauch-Paste, der Frühlingszwiebeln und der Sesampaste anrichten. Jede Portion mit 2 Esslöffeln Sojasauce beträufeln und mit ½ Teelöffel Zucker bestreuen.

Chinesische Pfannkuchen

ERGIBT ETWA 24 STÜCK

450 g Weizenmehl, plus mehr zum Bestäuben
1 TL Zucker
350 ml kochendes Wasser
Sesamöl zum Bestreichen

Das Mehl in eine große Schüssel sieben und den Zucker untermischen. Nach und nach das Wasser mit einem Holzlöffel unterrühren, bis ein fester Teig entsteht. Auf einer bemehlten Fläche kneten, bis er weich und elastisch ist. Mit einem Tuch abdecken und 30 Minuten ruhen lassen.

Den Teig in zwei Hälften teilen. Kneten, bis er geschmeidig ist, zu zwei langen Rollen formen und diese jeweils in zwölf Scheiben schneiden. Einzeln zu Kugeln rollen und mit einem Nudelholz zu Kreisen auswalzen.

Die Kreise mit Sesamöl bestreichen, jeweils paarweise aufeinander legen, zusammendrücken und auf einer bemehlten Fläche auf 15 cm Durchmesser ausrollen.

Eine beschichtete Pfanne bei mittlerer Temperatur erhitzen. Die »Doppeldecker« von beiden Seiten etwa 2 Minuten braten, bis sie etwas aufgegangen und leicht gesprenkelt sind.

Die beiden Pfannkuchen voneinander trennen, mit weiterem Öl bestreichen und, sofern sie nicht gleich verwendet werden, einmal zusammengeklappt aufeinander stapeln. Mit Klarsichtfolie abdecken und im Kühlschrank aufbewahren.

Portionsweise 3–4 Minuten dämpfen und heiß servieren.

Nudelsuppe mit Huhn (VIETNAM)

So populär wie die Suppe selbst ist in Vietnam auch *nuoc mam*, eine aromaintensive braune Sauce aus fermentierten und eingesalzenen Sardellen.

FÜR 4 PERSONEN

1,5 l Hühnerbrühe
4 Sternanis
5 cm Zimtstange oder Kassiarinde
20 Koriandersamen
5 cm frische Ingwerwurzel, gerieben
2 EL *nuoc mam* oder 3 EL *nam pla* (Fischsaucen)
1 TL brauner Zucker
½ TL Salz
Frisch gemahlener schwarzer Pfeffer
Sonnenblumen- oder Erdnussöl zum Anschwitzen
4 große Schalotten, in feine Scheiben geschnitten
450 g Reisnudeln
125 g Hühnerbrust, leicht pochiert und in feine Scheiben geschnitten
6–8 Frühlingszwiebeln, nur das Weiße in feine Scheiben geschnitten
1 kleine Zwiebel, in feine Ringe geschnitten
1 Hand voll Mungobohnensprossen, kurz in kochendes Wasser getaucht und abgetropft
1 frische rote Chilischote, sehr fein gehackt
Saft von 1 Limette
4 frische Korianderstängel, die Blätter gehackt
***Hoisin*- und Chilisauce zum Servieren**

Die Brühe mit dem Sternanis, dem Zimt oder Kassie, den Koriandersamen und dem Ingwer erhitzen und etwa 20 Minuten sanft köcheln lassen. Die Fischsauce, den Zucker, das Salz und etwas Pfeffer einrühren. Durch ein Sieb abseihen und warm stellen.

Etwas Öl in einer Pfanne kräftig erhitzen und die Schalotten bei niedriger Temperatur in etwa 10 Minuten hellgelb anschwitzen. Herausnehmen und beiseite stellen.

Die Nudeln in kochendem Wasser in 1–2 Minuten eben gar kochen. Abseihen und mit den Schalotten, dem Huhn, den Frühlingszwiebeln, den Zwiebelringen, den Bohnensprossen und obenauf der Chilischote gleichmäßig in vier große, vorgewärmte Suppenschalen verteilen. Mit der heißen Brühe aufgießen. Jede Portion mit etwas Limettensaft beträufeln und mit dem gehackten Koriandergrün bestreuen.

Dazu die *Hoisin*- und die Chilisauce entweder in der Flasche oder in kleinen Schalen auf den Tisch stellen.

Kalmar mit Chilis und schwarzen Bohnen (CHINA)

Höchst aufwendigen Zubereitungen als Vermächtnis der glanzvollen Kaiserzeit stehen in der chinesischen Küche Alltagsgerichte gegenüber, die bei aller Schlichtheit durchaus Raffinesse besitzen. Oft bestechen sie, wie in diesem Fall, durch reizvolle Kontraste in Farbe, Konsistenz und Geschmack. Schwarze – fermentierte und gesalzene – Sojabohnen setzen hier einen pikanten Akzent. Sie sind getrocknet oder in Lake eingelegt erhältlich.

FÜR 4 PERSONEN

750 g küchenfertig vorbereitete Kalmare mitsamt den Fangarmen
Sonnenblumen- oder Erdnussöl
2–3 Frühlingszwiebeln, nur das Weiße gehackt
2 Knoblauchzehen, fein gehackt
5 cm frische Ingwerwurzel, in feine Streifen geschnitten
2–4 frische rote und grüne Chilischoten (nach Belieben) Samen und Scheidewände entfernt, fein gehackt
1 Zwiebel, in Scheiben geschnitten
1 grüne Paprikaschote, Samen und Scheidewände entfernt, in 2–3 cm große Stücke geschnitten
1 EL schwarze Sojabohnen, abgespült und gehackt
½ TL Fünf-Gewürze-Pulver (siehe Seite 44)
1 gestrichener EL Maisstärke
100 ml Gemüse- oder andere Brühe
Frisch gemahlener schwarzer Pfeffer
1 TL Sesamöl (nach Belieben)

Die Kalmare in 4 cm große Stücke schneiden und das Fleisch mehrmals leicht einschneiden. In kochendes Wasser einlegen und, sobald es erneut aufsprudelt, wieder herausnehmen. In kaltes Wasser tauchen, abseihen und beiseite stellen.

In einem Wok oder einer weiten Pfanne 1 Esslöffel Öl bei hoher Temperatur kräftig erhitzen. Die Frühlingszwiebeln zufügen und etwa 30 Sekunden unter Rühren anschwitzen. Den Knoblauch, den Ingwer und die Chilis dazugeben und 15 Sekunden pfannenrühren – die Zutaten dürfen dabei nicht braun werden.

Die Zwiebel und die Paprikaschote zufügen, 1 Minute pfannenrühren und dann die Sojabohnen untermischen. Die Kalmare dazugeben und nur eben durchwärmen. Mit dem Fünf-Gewürze-Pulver würzen. Die Maisstärke darüber stäuben, gründlich einrühren und die Brühe dazugießen. Sobald die Sauce nach 1 Minute eindickt, das Gericht mit etwas Pfeffer und dem Sesamöl, falls verwendet, würzen.

Mit Nudeln oder gekochtem Reis sofort servieren.

Rezepte: Ferner Osten   39

Würzige Makrelen aus dem Ofen (CHINA)

Die Gewürze bilden bei diesem schmackhaften Gericht einen angenehmen Kontrast zu dem recht fetten Fleisch der Makrelen.

FÜR 4 PERSONEN

4 Makrelen, ausgenommen
Saft von 10 cm frisch geriebener und ausgedrückter Ingwerwurzel
1 TL Fünf-Gewürze-Pulver (siehe Seite 44)
Saft von ½ Zitrone
1 TL Salz
1 Bund Frühlingszwiebeln, geputzt

FÜR DIE SAUCE

4 Knoblauchzehen, gehackt
2 EL Sonnenblumen- oder Erdnussöl
3 frische rote Chilischoten, fein gehackt
1 EL schwarze Sojabohnen (siehe Seite 38), abgespült und gehackt, oder 2 EL dunkle Sojasauce
2 EL Reiswein oder halbtrockener Sherry
300 ml Fisch- oder Gemüsebrühe
1 EL *Hoisin*-Sauce

Die Makrelen auf beiden Seiten jeweils dreimal schräg und tief einschneiden. Den Ingwersaft und das Fünf-Gewürze-Pulver in die Einschnitte reiben. Die Fische innen mit dem Zitronensaft und dem Salz einreiben, anschließend 1 Stunde marinieren.

Den Backofen auf 190 °C vorheizen.

Inzwischen für die Sauce den Knoblauch im Wok oder in einem weiten Topf 30 Sekunden bei hoher Temperatur im Öl braten, bis er Farbe annimmt. Die Chilis etwa 15 Sekunden mitbraten und dann die schwarzen Sojabohnen, falls verwendet, zufügen. Noch 15 Sekunden rühren.

Den Reiswein oder Sherry zufügen. Sobald er nach 2–3 Minuten fast verdampft ist, die Brühe und, sofern keine Sojabohnen verwendet wurden, die dunkle Sojasauce dazugießen. Bei niedriger Temperatur etwa 10 Minuten köcheln lassen und zuletzt die *Hoisin*-Sauce einrühren.

Eine ofenfeste Form mit den Frühlingszwiebeln auslegen. Die Makrelen darauf legen, mit der heißen Sauce beträufeln und für 15 Minuten in den vorgeheizten Ofen schieben. Wenden, mit der Sauce beschöpfen. In der Form servieren.

Dazu gekochten Reis reichen.

In Sojamarinade gegarte Ente (CHINA)

Die Ente nimmt den Geschmack der Marinade mit jeder ihrer Fasern auf und gewinnt dabei ein wundervolles Aroma. Sie können die Marinade bedenkenlos einfrieren und für ein weiteres vergleichbares Gericht mit Ente oder auch Huhn verwenden. Sternanis würzt viele chinesische Schmorgerichte mit Schweinefleisch oder Ente.

FÜR 4 PERSONEN

1 Ente (etwa 1,5 kg), geviertelt
300 ml Erdnuss- oder Sonnenblumenöl
1 l Hühnerbrühe oder Wasser
1 l dunkle Sojasauce
275 ml helle Sojasauce
400 ml Reiswein oder 200 ml trockener Sherry, gemischt mit 200 ml Hühnerbrühe
100 g Zucker
3 Sternanis
3 Zimtstangen
Korianderblätter zum Garnieren

Die Entenviertel mit Küchenpapier trockentupfen.

Das Öl im Wok erhitzen, bis es zu rauchen beginnt. Zwei Entenviertel mit der Hautseite nach unten einlegen und bei niedriger Temperatur 15–20 Minuten braten, bis die Haut schön braun ist. Die Stücke mit dem Öl beschöpfen und dann, ohne sie zu wenden, herausnehmen. Auf Küchenpapier abtropfen lassen, während Sie die restlichen beiden Entenviertel genauso braten.

Für die Marinade die Hühnerbrühe oder das Wasser, die dunkle und helle Sojasauce sowie den Reiswein oder die Sherry-Mischung mit dem Zucker, Sternanis und Zimt in einen Topf füllen und zum Kochen bringen. Die Entenviertel einlegen und zugedeckt bei niedriger Temperatur etwa 1 Stunde köcheln lassen, bis das Fleisch schön weich ist.

Das Fett von der Oberfläche abschöpfen, anschließend die Entenviertel mit einer Schaumkelle herausnehmen und abkühlen lassen. In kleinere Stücke hacken, auf einer Platte anrichten und mit dem Koriander bestreuen.

Dazu passen Nudeln oder gekochter Reis.

Sushi (JAPAN)

Schärfe und eine leicht bittere Note kennzeichnen den mit unserem Meerrettich verwandten *wasabi*. Er bildet einen reizvollen Kontrapunkt zu den süßen und salzigen Sojasaucen, die zu *sashimi* (in Scheiben geschnittenem rohem Fisch) und Sushi serviert werden. *Wasabi* wird in Dosen als Pulver angeboten, das man mit Wasser verrührt, ist aber auch als senfähnliche Paste in Tuben erhältlich. Sushi-Fans kennen die Bambusmatten, mit deren Hilfe die japanische Spezialität gerollt wird. Genauso kann man aber den Reis zwischen den Handflächen zu Bällchen formen, in die man mit dem Finger ein Loch drückt. Hinein kommt die Füllung, und danach wird das Loch wieder geschlossen. Die Fische und Meeresfrüchte müssen, da sie roh gegessen werden, absolut frisch sein.

ERGIBT 24 STÜCK

**Je 125 g Lachs, Steinbutt, Jakobsmuscheln, Kalmare und
  Scampi
250 g japanischer Rundkornreis
250 ml Wasser
4 EL Reisessig
1 EL Zucker
1 TL Salz
1 TL *Wasabi*-Pulver, mit Wasser zu einer Paste verrührt,
  plus mehr zum Servieren
Einige japanische Rettiche *(daikon)*, in feine Scheiben
  geschnitten
1 Packung japanische eingelegte Ingwerscheiben
25 g Sesamsamen, geröstet (nach Belieben)
Sojasauce zum Dippen**

Die Fische und Meeresfrüchte für 2 Stunden in Eiswasser legen, wobei sie ein seidig schimmerndes Aussehen annehmen.

Inzwischen den Reis so oft in kaltem Wasser waschen, bis es klar bleibt. In einem Sieb 1 Stunde abtropfen lassen. Den Reis mit dem Wasser in einen Topf mit fest schließendem Deckel füllen. Einmal aufkochen und zugedeckt bei verminderter Temperatur 15 Minuten köcheln lassen, bis das Wasser aufgesogen ist – dabei den Deckel niemals lüften. Die Temperatur wieder erhöhen und den Topf nach 10 Sekunden vom Herd nehmen. Den Reis – immer noch zugedeckt – 15 Minuten ruhen lassen.

Unterdessen den Essig mit dem Zucker und dem Salz in einem Topf erhitzen, bis sich der Zucker gelöst hat.

Den Reis in eine flache Schüssel füllen, nach und nach mit dem Essig beträufeln und diesen bei jeder Zugabe mit einem Holzspatel hineinschneiden (nicht rühren!). Dabei gleichzeitig fächeln, um den Reis abzukühlen. Sie können ihn verarbeiten, sobald er kalt ist, aber ebenso, mit einem Tuch abgedeckt, mehrere Stunden stehen lassen. Da er klebrig ist, sollten Sie beim Herstellen der Sushis eine Schüssel mit Essigwasser zum Abspülen der Hände bereitstellen.

Auf einer 20 x 20 cm großen Bambusmatte ein Viertel des Reises 5 mm hoch verteilen. Entlang der Mittellinie ein Viertel der Fische und Meeresfrüchte mit einem Teil der *Wasabi*-Paste, *Daikon*- und Ingwerscheiben arrangieren. Die Matte vom Körper weg aufrollen und dabei den Reis behutsam zusammendrücken. Die Reisrolle erst nach 5 Minuten auswickeln, nach Belieben im Sesam wälzen und in sechs gleich lange Stücke schneiden. Wie zuvor drei weitere Rollen herstellen und aufschneiden.

Die Sushis mit *Wasabi*-Paste und Sojasauce servieren.

Sansho (JAPAN)

Generell ist die japanische Küche eher gewürzarm; sie gehört zu den wenigen Küchen in aller Welt, die ohne schwarzen oder weißen Pfeffer auskommen. Dafür verwendet sie *sansho*, auch Japanischer oder Bergpfeffer genannt und eng mit dem Sichuanpfeffer verwandt. Die getrockneten Beeren sind gemahlen in Spezialitätengeschäften erhältlich. Sie dienen zum Würzen schwerer und fetter Speisen wie Aal und Grillfleisch.

Gebratene Spareribs mit Chili (VIETNAM)

Chilis und Zitronengras verleihen diesen Spareribs, die auch gern auf dem Grill zubereitet werden, ein charakteristisches Aroma. Ein Schuss Fischsauce unterstreicht zusätzlich den herzhaften Geschmack.

FÜR 4 PERSONEN

2 Rippenstücke (Leiterchen) vom Schwein mit
    je 12 Rippen
Etwa 250 ml kochendes Wasser

FÜR DIE MARINADE
4 frische rote Chilischoten, fein gehackt
2 Stängel Zitronengras, nur der untere, helle Teil in
    feine Scheiben geschnitten
2 Knoblauchzehen, gehackt
2 EL Reiswein oder halbtrockener Sherry
1 EL Sojasauce
1 EL Fischsauce (nuoc mam oder nam pla)
1 TL Fünf-Gewürze-Pulver (siehe Seite 44)

Für die Marinade die Chilis, das Zitronengras und den Knoblauch im Mörser zerstoßen. Die restlichen Zutaten mit dem Stößel gründlich einarbeiten. Die Spareribs mit der Mischung bestreichen und mindestens 4 Stunden oder auch über Nacht im Kühlschrank marinieren.

Den Backofen auf 200 °C vorheizen.

Die Spareribs auf den Bratrost legen und auf der obersten Schiene in den Ofen schieben, darunter die Fettpfanne einhängen. 45 Minuten braten und zwischendurch mehrmals mit der Marinade bestreichen. Garprobe: Mit einem Spieß zwischen den Knochen einstechen, es darf kein Fleischsaft mehr herauslaufen.

Inzwischen das Wasser zum Kochen bringen, in die Fettpfanne gießen und den abgetropften Bratensatz kräftig losrühren, sodass eine sämige Sauce entsteht. Durch ein feines Sieb seihen.

Die Rippenstücke jeweils in zwei gleiche Hälften schneiden, jeder bekommt 6 Rippen. Mit der Sauce übergießen und mit gekochtem Reis servieren.

Geschmortes Rindfleisch mit weißen Rüben (CHINA)

Ein preiswertes Stück Rindfleisch ergibt, langsam geschmort, ein herzhaftes, wärmendes Wintergericht.

FÜR 4 PERSONEN

1,5 kg Rinderhesse
3 EL Erdnuss- oder Sonnenblumenöl
2 Zwiebeln, in feine Scheiben geschnitten
1 TL Fünf-Gewürze-Pulver (siehe Seite 44)
5 cm frische Ingwerwurzel, in feine Scheiben geschnitten
3 Sternanis
1 l Wasser
4 EL dunkle Sojasauce
2 TL extrafeiner Zucker
5 EL *Shaoxing*-Wein oder halbtrockener Sherry
450 g weiße Rüben, schräg in 3 cm große Stücke
    geschnitten
2 EL frisch gehackte Korianderblätter

Die Rinderhesse in kochendes Wasser einlegen und 10 Minuten blanchieren. In einen Durchschlag abgießen und kalt abspülen, dabei den Schaum sorgfältig entfernen, anschließend mit Küchenpapier trockentupfen. Das Fleisch in 2–3 cm große Würfel schneiden.

Das Öl in einem Wok erhitzen und das Fleisch pfannenrühren, bis es die Farbe verändert. Mit einer Schaumkelle herausnehmen und beiseite stellen. Im selben Fett die Zwiebeln pfannenrühren, bis sie nach etwa 7 Minuten weich sind. Das Fünf-Gewürze-Pulver, den Ingwer und Sternanis einrühren und gut durchwärmen.

Das abgemessene Wasser, die Sojasauce, den Zucker, den Wein oder Sherry hinzufügen, dann auch das Fleisch wieder in den Wok geben und alles zum Kochen bringen. Zugedeckt 1½ Stunden köcheln lassen. Immer wieder prüfen, ob noch genügend Flüssigkeit im Wok ist.

Den Backofen auf 200 °C vorheizen.

Die Rüben zufügen und bei Bedarf verdampftes Wasser ersetzen. Alles in eine ofenfeste Form umfüllen, einen Deckel auflegen und in den vorgeheizten Ofen schieben. 1½–2 Stunden schmoren, bis das Fleisch ganz weich ist. Zwischendurch ein- bis zweimal die Flüssigkeitsmenge prüfen – das Fleisch darf auf keinen Fall austrocknen.

Das Gericht mit dem gehackten Koriander bestreuen und mit gekochtem Reis servieren.

Pfannengerührter Reis (CHINA)

Über die Hälfte der Weltbevölkerung isst zwei- oder dreimal am Tag Reis und vielerorts in Fernost darf er bei keiner Mahlzeit fehlen. Entsprechend vielfältig wird er zubereitet. Dieses Rezept gelingt am besten mit Reis, der bereits am Vortag gekocht und im Kühlschrank aufbewahrt wurde.

FÜR 4 PERSONEN

500 g gekochter Reis, über Nacht kalt gestellt
2 EL Sonnenblumen- oder Erdnussöl
2 Frühlingszwiebeln, das Weiße und das Grün
 separat gehackt
2 Knoblauchzehen, gehackt
2 cm frische Ingwerwurzel, in feine Scheiben geschnitten
2 TL Kreuzkümmel
1 frische rote Chilischote, gehackt
100 g durchwachsener Räucherspeck, in 1 cm große Würfel
 geschnitten
2 EL tiefgefrorene Erbsen
1 Möhre, in streichholzfeine Stifte geschnitten
1 TL Salz
Frisch gemahlener schwarzer Pfeffer
2 EL Sojasauce
Frisch gehackte Korianderblätter zum Garnieren

Den Reis mit einem Holzlöffel auflockern. Den Wok oder eine Pfanne kräftig erhitzen und das Öl hineingießen. Das Weiße der Frühlingszwiebeln einrühren und, sobald es brutzelt, den Knoblauch, Ingwer und Kreuzkümmel sowie nach etwa 20 Sekunden die Chilschote mitrühren.

Den Speck dazugeben und etwa 1 Minute rühren, bis sich die Aromen schön verbinden. Die Erbsen und Möhren, dann den Reis untermischen und weitere 5 Minuten pfannenrühren, bis alles richtig heiß ist.

Mit dem Salz, Pfeffer und der Sojasauce abschmecken. Zuletzt mit dem Koriander und dem Grün der Frühlingszwiebeln bestreuen.

Sieben-Gewürze-Pulver (JAPAN)

Diese Tischwürze ist als *shichimi-togarashi* bekannt. *Shichimi* bedeutet »sieben Gewürze« und *togarashi* sind getrocknete rote Chilis. In Japan wird die Mischung bei Tisch auf Reis und suppenähnliche Nudelgerichte gestreut. Sie ist in Asia-Läden zu bekommen, manchmal noch zusätzlich mit Senf- und Rapssamen sowie *shiso* (Japanischer Minze) angereichert. Ihren Namen behält sie aber auch dann.

1 EL weiße Sesamsamen, leicht geröstet
1 EL zerkrümelte *nori* (getrocknete Meeresalgen)
1 TL gehackte getrocknete Tangerinenschale
1 TL gehackte getrocknete rote Chilis
1 TL *sansho* (siehe Seite 41) oder Sichuanpfefferkörner
½ TL schwarze Pfefferkörner
½ TL Mohnsamen, leicht geröstet

Alle Zutaten zusammen mahlen. In einem fest verschlossenen Glas aufbewahren.

Fünf-Gewürze-Pulver (CHINA)

Ihren Namen trägt diese goldbraune, auch fertig erhältliche Mischung vor allem wegen der Symbolkraft der Zahl Fünf. Tatsächlich enthält sie oft außer den klassischen Zutaten – Zimt oder Kassie, Nelken, Sternanis, Fenchelsamen und Sichuanpfeffer – noch Süßholz und Ingwer. Sie wird zum Aromatisieren von Marinaden, in Südchina und Vietnam auch zum Würzen von Fleisch vor dem Braten verwendet.

ERGIBT 1 KLEINES GLAS

2 Stück Sternanis
10 cm Zimtstange oder 1 EL Zimtpulver
1 TL Sichuanpfefferkörner
1 TL Fenchelsamen
1 TL Gewürznelken

Alle Zutaten in einer Pfanne ohne Fett etwa 30 Sekunden rösten, bis sie aromatisch duften. In einer Gewürz- oder Kaffeemühle mahlen oder im Mörser zerstoßen und in einem fest verschlossenen Glas aufbewahren.

Gomasio (JAPAN)

Die Tischwürze, gemischt aus zwei Teilen Sesam und einem Teil Salz, wird gern über gekochten Reis gestreut.

Schwarze Sesamsamen
Meersalz

Die Sesamsamen einige Minuten im vorgeheizten Ofen oder in einer Pfanne ohne Fett rösten, bis sie etwas Farbe annehmen. Mit dem Salz in einer Gewürz- oder Kaffeemühle mahlen oder im Mörser zerstoßen. In einem fest verschlossenen Glas aufbewahren.

Kim Chee (KOREA)

In Korea ist dieser eingesalzene, sehr pikante Kohl fast eine Art Volksdroge: Er wird beinahe zu jedem Essen serviert. Die meisten Familien legen ihn selbst ein und bewahren ihn in eingegrabenen Tontöpfen auf. Die dicken Blattstiele, die von den Kohlblättern entfernt werden, können Sie gut in einem pfannengerührten Gericht verwerten.

ERGIBT 1–2 GLÄSER

1 Chinakohl, die Blätter von den dicken Stielen und
  Rippen befreit
150 g Salz
2 TL Chilipulver oder Cayennepfeffer
8 Frühlingszwiebeln, nur das Weiße gehackt
10 cm frische Ingwerwurzel, gerieben
2–4 kleine frische rote Chilischoten, Samen und
  Scheidewände entfernt, fein gehackt
4 Knoblauchzehen, gerieben

Die Kohlblätter in große Quadrate schneiden, lagenweise in eine weite Schüssel füllen und zwischendrin großzügig mit dem Salz und dem Chilipulver oder Cayennepfeffer bestreuen. Mit einem Teller abdecken und diesen mit einem Gewicht beschweren. Den Kohl kühl stellen und 1 Woche ruhen lassen, wobei das Salz ihm das Wasser entzieht.

Den Kohl in einen Durchschlag schütten, das Salz abbrausen, ausdrücken. Die Blätter fein hacken und mit den Frühlingszwiebeln, dem Ingwer, den Chilischoten und dem Knoblauch vermischen. In ein geeignetes Gefäß füllen, dabei gut zusammendrücken und mit einem Teller beschweren. Das Gefäß mit Klarsichtfolie (als Geruchssiegel) verschließen und den Kohl 1 Woche im Kühlschrank reifen lassen. In fest verschließbare Gläser füllen und kühl lagern.

In kleinen Portionen zu jeder Art von Fleisch, Geflügel oder Fisch servieren.

Chiliflocken in Öl
(CHINA UND TAIWAN)

Diese höllisch scharfe, auch fertig erhältliche Mischung namens *lajiao you* würzt viele chinesische und taiwanesische Gerichte. Vor dem Gebrauch gründlich aufrühren. Wer die Schärfe mildern möchte, verwendet Chilischoten und entfernt Samen und Scheidewände.

ERGIBT 1 GLAS

3 EL Erdnuss- oder Sonnenblumenöl
50 g Chiliflocken oder getrocknete rote Chilischoten,
  fein gehackt
½ TL Salz

Das Öl erhitzen, bis es raucht. Vom Herd nehmen und nach etwa 5 Sekunden die Chilis zufügen. Wenn sich das aufschäumende Öl beruhigt hat, das Salz gründlich einrühren. Die Mischung in ein Glas füllen, fest verschließen und kühl lagern.

Südostasien

Auch in der Küche erzeugt der Drang nach besonderen **Kicks immer neue Moden. So ist einmal die französische Küche voll im Trend, dann vielleicht die italienische, und als Nächstes hat möglicherweise Indien oder Mexiko die Nase vorn. Stets aber nimmt die Küche Südostasiens und speziell die Thailands eine Sonderstellung ein, was wohl nicht allein an bestimmten Gerichten wie den roten und grünen Currys liegt, sondern am Umgang mit Gewürzen überhaupt, der heute mehr denn je die New-Wave-Köche in den internationalen Gourmet-Kapitalen wie London, Sydney und New York inspiriert.**

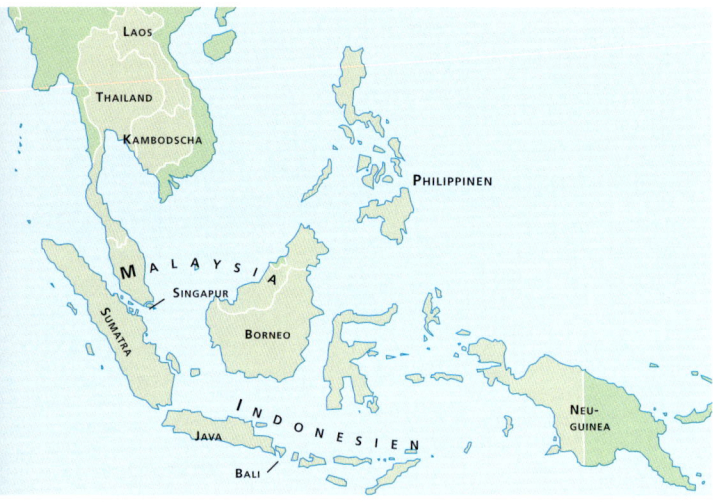

In London, wo es schon seit dem frühen 20. Jahrhundert indische und chinesische Restaurants gibt, versuchten ab den 1970er-Jahren auch Gastronomen aus anderen asiatischen Ländern ihr Glück. Auf gewisse Vorbehalte traf die indonesische Küche. Ihre Würze und Schärfe kannte man zwar von den indischen Gerichten, doch wirkten die Süße und eigentümliche Untertöne, hervorgerufen etwa durch *terasi* (getrocknete Garnelenpaste) und Fischsaucen, eher befremdlich.

Dagegen kamen einige Jahre später die ersten thailändischen Restaurants hervorragend an mit ihren ähnlich scharfen, auch süßsauren, manchmal sogar herben, aber in sich harmonischen Aromen, mit dem ausgewogenen Zusammenspiel von Farbe, Konsistenz und Geschmack und mit bis dato unbekannten Zutaten wie Zitronengras und Kaffir-Limettenblättern.

Vatcharin Bhumichitr, der in London gleich mehrere Restaurants unterhielt, veröffentlichte die ersten Bücher über diese Küche und ihre subtilen Feinheiten. Bangkok-Urlauber wussten bei ihrer Rückkehr über faszinierende Straßenmärkte zu berichten, auf denen jeder zweite Stand mit den herrlichsten Gaumenfreuden aufwartet.

Schon für wenig Geld bekommt man *pad thai*, also gebratene Bandnudeln oder dünne Glasnudeln, nach Belieben mit Rind- oder Schweinefleisch, Huhn oder Garnelen angereichert. Auf Schritt und Tritt schnuppert man rote und grüne Currys sowie wundervoll würzige Suppen *(tom yam)*. Im krassen Gegensatz zu diesen volkstümlichen Genüssen stehen erlesene Zubereitungen, die, von den Hofköchen im früheren Königreich Siam kreiert, noch den verwöhntesten Genießer ins Schwärmen bringen. Der in der klassischen Kochkunst ausgebildete Australier David Thompson nahm sich dieses lange der Allgemeinheit verborgenen Erbes an. Er lernte die Sprache der Thai, ließ sich von einstigen Palastköchen unterrichten und verfasste eine umfassende kulinarische Geschichte dieses einzigartigen Landes.

Faszinierendes Indonesien

Thailand ist zwar durchaus eine Größe im südostasiatischen Raum, flächenmäßig aber doch ein Zwerg gegenüber Indonesien, das nach China, Indien und den USA mit 200 Millionen Einwohnern die viertgrößte Bevölkerung der Welt vorzuweisen hat. Der Archipel umfasst etwa 1700 Inseln, von denen die größten Sumatra, Borneo und Java sind.

Die lokale Küche verrät starke chinesische Einflüsse, die nicht zuletzt in der Kunst der indonesischen Köche zum Ausdruck kommen, mit Geschick und Fantasie aus wenig viel zu machen. So zaubern sie aus einer Portion Reis oder Nudeln ein wahres Festessen, indem sie diese mit gewürfeltem Fleisch, Geflügel oder Fisch, Krabben, Garnelen und Gemüse braten, vielleicht noch Eier und knackige Erdnüsse hinzufügen und das Ganze mit pikanten Gewürzpasten, oft in Kombination mit getrockneter Garnelenpaste, abrunden.

Sate, also Spießchen mit Rind- oder Hühnerfleisch, die man mit einer pikanten Erdnusssauce genießt, erfreuen sich inzwischen in aller Welt großer Beliebtheit. Eine weitere indonesische Spezialität, zu der ebenfalls Erdnusssauce gehört, ist *gado gado*, knackig gedämpftes Gemüse.

In der Küche Malaysias treffen malaiische, chinesische und indische Elemente zusammen. Reis ist die Basis und bildet – wie die Kokosmilch – eine milde Unterlage für alle Currys und Wok-Gerichte, die von Fall zu Fall eine atemberaubende Schärfe oder betörende Würze mitbringen.

Wer nicht das nötige Kleingeld hat, um die einzelnen Feinschmecker-Dorados zu besuchen, könnte ersatzweise für ein paar Tage nach Singapur fliegen. Der kleine Stadtstaat gehört auf seine Weise, genau wie London und New York, zu den Gewürzzentren der Welt. Zwar werden dort keine Gewürze in kommerziellem Stil angebaut, doch kann man sie in großer und exotischer Vielfalt in den Parks bestaunen. Pfeffer, Muskatnussbaum, Ceylonzimtbaum und Zimtkassie erinnern an jene Zeiten, als derlei Schätze die ersten Abenteurer in diese Gegend der Welt lockten.

1819 machte sich Sir Stamford Raffles im Auftrag der Ostindischen Kompanie daran, Singapur zu einem strategischen Stützpunkt für die britischen Handelsschiffe auszubauen, die von England über Gibraltar, Malta, Suez, Aden und Colombo nach Hongkong unterwegs waren. Inmitten des herrlichen botanischen Gartens sind noch ein paar Hektar der Sumpf- und Regenwaldkulisse erhalten, die einst die Insel prägte. Heute präsentiert sich diese als ein New York en miniature mit über drei Millionen Einwohnern, Niederlassungen von Dutzenden angesehener Banken und namhafter Unternehmen, einer Kulturszene von internationalem Format und einer Gastronomie, die zu einem Streifzug durch ganz Südostasien einlädt.

Tatsächlich kann man angeblich in Singapur an 365 Tagen im Jahr immer wieder etwas anderes essen. Die chinesische und die indische Gemeinde sind mit eigenen Märkten vertreten, auf denen schier unzählige Garküchen jeweils eigene Spezialitäten wie chinesische Hühnersuppe oder gegrillte Fleischspieße mit Curry auf indische Art feilbieten. Liebhaber der thailändischen, vietnamesischen, indonesischen, birmanischen, japanischen und manch anderer Küche mehr kommen in Singapur ebenso auf ihre Kosten. Und sogar kühne Crossover-Kreationen gibt es zu entdecken, etwa im weltberühmten Raffles Hotel einen asiatischen Risotto.

Die Nonya-Küche

Neben all dem verfügt Indonesien noch über eine ganz eigene Kochtradition. Ihre Ursprünge liegen in den Mischehen zwischen Chinesen, die von den Briten für Kolonialdienste in ihrem Heimatland angeworben worden waren, und einheimischen malaiischen Frauen (die aus diesen Ehen hervorgegangenen Töchter heißen *nonya*). Diese verwendeten weiterhin die ihnen vertrauten tropischen Ingredienzen wie Zitronengras, Pandanblätter, feurige frische Chilis und Garnelenpaste, während die Chinesen auf ihre angestammten Zutaten wie Sojasauce, Ingwer, Knoblauch und Frühlingszwiebeln nicht verzichten wollten und ausgefeilte Gartechniken, etwa das Pfannenrühren im Wok, einführten. So entwickelte sich die Nonya-Küche, die den subtilen chinesischen Kochstil noch ahnen lässt, aber eine entschieden kraftvollere Würze aufweist.

Eine überwältigende Kostprobe bekam ich bei einem Besuch von Violet Oon, die sich als Expertin dieser Küche

einen Namen gemacht hat. Sie lebt weit außerhalb der Hochhausschluchten und muss nur ein paar Schritte in den Garten tun, um sich eine Hand voll Zitronengras und einige Kaffir-Limettenblätter zu besorgen. Sie warf einige frische Chilis in den zischend heißen Wok, aus dem sofort buchstäblich atemberaubende Dämpfe aufstiegen. Dann kamen in Stücke gehacktes Huhn, Zitronengras, Kaffir-Limettenblätter, Limettensaft und ungefähr eine halbe Flasche Sojasauce dazu. Das fertige Gericht, zu dem es schlichten Reis gab, schmeckte derart intensiv, wie ich es mir kaum hätte vorstellen können.

Gleichsam ein Synonym für das kulinarische Singapur und Inbegriff der Nonya-Küche sind *chili crabs*, so unglaublich scharfe Krabben in einer süßen Tomatensauce, dass sie einem unweigerlich den Schweiß auf die Stirn treiben.
Die südostasiatische Küche mag mit wenigen nach westlichen Maßstäben erlesenen Zutaten aufwarten. Umso mehr entfachen ihre Gewürze die Genießerleidenschaften. Jede Mahlzeit ist eine Inszenierung und jedes Gericht eine Performance.

Würzige Gemüsesuppe

Mit süßen, sauren und würzigen Nuancen provoziert diese
dünne Gemüsesuppe die Sinne. Kokosmilch besänftigt die
Chilischärfe.

FÜR 4 PERSONEN

4 EL getrocknete Kokosraspel
300 ml kochendes Wasser
1 EL Sonnenblumen- oder Erdnussöl
1 Zwiebel, in feine Scheiben geschnitten
1 Knoblauchzehe, zerdrückt
2–3 cm frische Ingwerwurzel, gerieben
2 grüne Chilischoten, fein gehackt
1 TL gemahlene Kurkuma
1,2 l Brühe
2 TL brauner Zucker
2 Möhren, in feine Scheiben geschnitten
2 Stangen Bleichsellerie, in feine Scheiben geschnitten
1 Lauchstange, in feine Scheiben geschnitten
1 Hand voll grüne Bohnen, gehackt
Salz oder Sojasauce nach Geschmack
Saft von 1 Zitrone

Die Kokosraspel mit dem kochenden Wasser übergießen und
15 Minuten ziehen lassen. Durch ein Sieb in eine Schüssel abseihen und die Rückstände im Sieb mit dem Rücken eines Holzlöffels
kräftig ausdrücken. Die Kokosmilch beiseite stellen.

Das Öl in einem Topf erhitzen und die Zwiebel in 2–3 Minuten
darin weich schwitzen. Den Knoblauch, den Ingwer, die Chilis
und die Kurkuma zufügen und ständig rühren, bis eine zähe
Masse entsteht.

Die Brühe und die Kokosmilch dazugießen und erhitzen. Den
Zucker, die Möhren, den Sellerie, den Lauch und die Bohnen
einrühren. Die Suppe 30 Minuten köcheln lassen. Mit Salz oder
Sojasauce abschmecken und unmittelbar vor dem Servieren den
Zitronensaft einrühren.

Laksa-Suppe (SINGAPUR)

Singapur ist quasi ein Sammelbecken so ziemlich aller kulinarischen Strömungen Asiens. Das Geschick chinesischer Küche
verbindet sich mit der für viele indische Gerichte charakteristischen Schärfe und zugleich mit den für die Region typischen, eindringlichen Aromen von Garnelenpaste, Ingwer
und Zitronengras. *Laksa* wird als Alltagsgericht par excel-
lence nach immer wieder anderen Rezepten zubereitet, die
jedoch wie ein roter Faden eine immer sehr ähnliche Kombination würzender Zutaten durchzieht.

FÜR 4 PERSONEN

1 Mangrovenkrabbe oder Taschenkrebs (etwa 500 g)
250 g rohe Riesengarnelen
250 g Miesmuscheln, abgebürstet
2 EL Sonnenblumenöl
1 Stängel Zitronengras, in 2 cm lange Stücke geschnitten
3 Kaffir-Limettenblätter
2 cm frische Ingwerwurzel, in feine Scheiben geschnitten
2 EL frisch gehackte Korianderblätter
400 ml Kokosmilch
600 ml Wasser
Salz
Saft von ½ Limette
350 g Reisnudeln
Petersilien-, Minze-, Basilikum- oder Korianderblätter

FÜR DIE *LAKSA*-PASTE

100 g Schalotten
3 Knoblauchzehen
8 Kemiri- oder Macadamianüsse oder Mandeln
1 Stängel Zitronengras, in feine Scheiben geschnitten
1 EL Sonnenblumenöl
3 frische oder getrocknete rote Chilischoten
½ TL getrocknete Garnelenpaste *(blachan)* oder
    1 EL Fischsauce *(nam pla)*
1 EL gemahlene Kurkuma
1 TL gemahlener Kreuzkümmel
1 EL Palmzucker *(jaggery)* oder brauner Zucker

Das Krabbenfleisch auslösen, das Fleisch und die Panzerteile separat beiseite legen. Von den Garnelen das Schwanzteil abdrehen,
schälen und den Darm herausziehen (die Schalen nicht wegwerfen). Die Muscheln in einem verschlossenen Topf mit 1 Glas Wasser garen, bis sie sich öffnen. Abseihen, dabei den Sud auffangen.
Die Krabbenpanzer und Garnelenschalen in dem Öl kurz anbraten,
dann das Zitronengras, die Kaffir-Limettenblätter, den Ingwer und
den Koriander zufügen. Den Muschelsud einrühren und fast völlig

verdampfen lassen. Die Hälfte der Kokosmilch und das gesamte Wasser zugießen und15 Minuten köcheln lassen. Abseihen.

Inzwischen für die *Laksa*-Paste die Schalotten, den Knoblauch und die Nüsse oder Mandeln im Mörser zerstoßen oder im Mixer fein zerkleinern. Das Zitronengras gründlich untermischen und das Ganze in einem Topf in 1 Esslöffel Öl braten, bis es aromatisch duftet. Die Chilis einrühren.

Die Garnelenpaste, falls verwendet, in Alufolie wickeln, in einer kleinen Pfanne ohne Fett einige Sekunden erhitzen, bis sie ihr Aroma entfaltet, und anschließend in den Topf krümeln. Die Kurkuma, den Kreuzkümmel, die Fischsauce, falls verwendet, und den Zucker zufügen. Alles zusammen kurz erhitzen, die abgeseihte Suppe dazugießen und 10 Minuten köcheln lassen. Die restliche Kokosmilch einrühren und zuletzt das Krabbenfleisch, die Garnelen und die Muscheln in ihren Schalen zufügen. Auf kleinster Stufe noch 5 Minuten köcheln lassen. Eventuell salzen, vom Herd nehmen und mit dem Limettensaft aromatisieren.

In einem zweiten Topf die Nudeln nach Packungsanweisung kochen und in vier tiefe Schalen verteilen. Mit der *Laksa*-Suppe auffüllen und mit Kräuterblättern garnieren.

Gegrillte Chili-Garnelen
(INDONESIEN)

Dass in einem Land mit weit über tausend Inseln, verteilt auf eine Fläche, die größer ist als Europa, Meeresfrüchte zum »täglichen Brot« gehören, versteht sich fast von selbst. Und bereichert wird das indonesische Seafood-Repertoire noch durch Süßwasserfische, die in den überfluteten Reisfeldern gezüchtet werden.

FÜR 4 PERSONEN ALS VORSPEISE

12–16 rohe Riesengarnelen
½ TL Garnelenpaste (*blachan*; nach Belieben)
1 EL Olivenöl
2 EL Limettensaft
3 Knoblauchzehen, zerdrückt
½ TL Chilipulver
1 TL brauner Zucker

Von den Garnelen das Schwanzteil abdrehen. Die Schwänze nur auf der Bauchseite, nicht aber auf dem Rücken schälen, auch die Schwanzfächer daran lassen. Der Länge nach bis zum Schwanzfächer aufschneiden und aufklappen, dabei den dunklen Darm vorsichtig herausziehen.

Die Garnelenpaste, falls verwendet, in Alufolie wickeln und in einer kleinen Pfanne ohne Fett einige Sekunden von beiden Seiten erhitzen, damit sie ihr Aroma entfaltet, anschließend im Mörser zerdrücken. In einer Schüssel das Olivenöl mit dem Limettensaft, dem Knoblauch, eventuell der Garnelenpaste, dem Chilipulver und dem Zucker verrühren.

Die Garnelen in der Mischung wenden, bis sie gleichmäßig überzogen sind, und mindestens 30 Minuten marinieren, dabei gelegentlich durchmischen.

Inzwischen den Grill auf höchster Stufe vorheizen.

Die Garnelen flach ausgebreitet etwa 7 Minuten grillen, dabei mehrmals wenden und mit der Marinade bestreichen.

Als Vorspeise servieren. Mit gekochtem Reis ergeben sie ein feines Hauptgericht.

Ländliche Hühnersuppe
(SÜDOSTASIEN)

In abgewandelten Versionen bekommt man diese leichte, schmackhafte Suppe überall in Thailand, Vietnam und Malaysia.

FÜR 6–8 PERSONEN

1 Eiweiß
3 TL Maisstärke
½ Huhn oder 2–3 Hühnerbrüste, enthäutet, ausgelöst und in Streifen geschnitten
2 Stängel Zitronengras, in 2 cm lange Stücke geschnitten
1 l Hühnerbrühe
10 kleine rote Chilischoten, grob gehackt
5 cm frische Galgantwurzel, in feine Scheiben geschnitten
750 ml Kokosmilch
1 TL Palmzucker (*jaggery*) oder brauner Zucker
1 Prise Salz
2 EL Fischsauce (*nam pla*)
175 ml Erdnussöl
Saft von 1 Limette oder Zitrone
Frisch gemahlener schwarzer Pfeffer
2 EL frisch gehackte Korianderblätter

Das Eiweiß mit der Maisstärke zu einer Paste verrühren und das Hühnerfleisch darin wenden, bis es gleichmäßig überzogen ist. Bis zu 1 Stunde kalt stellen.

Das Zitronengras mit einer breiten Messerklinge leicht anquetschen – so kann es sein Aroma besser abgeben. Die Hühnerbrühe mit den Chilis, dem Galgant und dem Zitronengras in einen Topf füllen und etwa 10 Minuten köcheln lassen. Die Kokosmilch, den Zucker, das Salz und die Fischsauce zufügen und den Kochvorgang wie zuvor weitere 20 Minuten fortsetzen.

Inzwischen das Öl in einem Wok erhitzen. Das Hühnerfleisch darin pfannenrühren, bis es nach 5–10 Minuten gar ist.

Den Limetten- oder Zitronensaft in die Suppe einrühren, mit Pfeffer würzen. Das Fleisch in tiefe Schalen verteilen, die Suppe darüber schöpfen und mit dem Koriander bestreuen.

Tom Yam Kung (THAILAND)

Das volle Geschmacksprogramm erwartet den Gaumen bei diesem Klassiker der Thai-Küche (*tom* bedeutet »Suppe«, *yam* »würzig«): Beißende Knoblauch- und Schalottenaromen treffen auf feurige Chilis, sauren Limettensaft, süßen Palmzucker, salzige Fischsauce, würziges Zitronengras und bittere Kaffir-Limettenblätter.

FÜR 4 PERSONEN

1 EL Erdnussöl
4 Schalotten, gehackt
3 Knoblauchzehen, gehackt
1 frische rote Chilischote, fein gehackt
1 TL Salz
1 l Fisch-, Hühner- oder Gemüsebrühe
1 Stängel Zitronengras, in 5 cm lange Stücke geschnitten
4 Kaffir-Limettenblätter
1 EL Fischsauce *(nam pla)*
1 EL Palmzucker *(jaggery)* oder brauner Zucker
500 g rohe Garnelen, geschält und der Darm entfernt (die zerstoßenen Schalen intensivieren, in der Brühe mitgekocht, deren Geschmack; vor der Weiterverwendung durchseihen)
Saft von ½ Limette oder Zitrone
2 EL frisch gehackte Korianderblätter zum Garnieren
2 Frühlingszwiebeln, gehackt, zum Garnieren

Das Öl in einer Pfanne erhitzen. Die Schalotten und den Knoblauch mit der Chilischote darin 2–3 Minuten sanft braten, bis sie etwas Farbe annehmen. Mit dem Salz im Mörser zu einer Paste zerreiben.

Die Brühe in einem Topf erhitzen. Die Würzpaste, das Zitronengras, die Kaffir-Limettenblätter, die Fischsauce und den Zucker einrühren. 5 Minuten köcheln lassen, danach probieren und eventuell mit Salz, Zucker und Fischsauce nachwürzen.

Die Garnelen einlegen und einige Minuten durchwärmen, bis sie Farbe annehmen. Die Suppe vom Herd nehmen. Den Limetten- oder Zitronensaft einrühren und zuletzt mit dem Koriander und den Frühlingszwiebeln garnieren.

Hühner-Sate (INDONESIEN)

Rind- und Schweinefleisch ist in Indonesien eher Mangelware, Geflügel dafür umso verbreiteter: Überall am Straßenrand und in Gärten sieht man Hühner herumlaufen. Zwei Saucen mit ganz unterschiedlichen Geschmacksrichtungen begleiten diese Spießchen.

FÜR 4 PERSONEN

3 Schalotten, zerdrückt
2 Knoblauchzehen, zerdrückt
1 TL gemahlener Ingwer
1 Prise Chilipulver oder frisch gemahlener schwarzer Pfeffer
½ TL Salz
2 EL dunkle Sojasauce
1 EL Limetten- oder Zitronensaft
1 Huhn (etwa 1 kg), ohne Knochen in mundgerechte Stücke geteilt

FÜR DIE CHILI-SOJA-SAUCE (SAMBAL KECAP)

2 grüne Chilischoten, Samen entfernt, gehackt
1 Knoblauchzehe, zerdrückt
2 EL dunkle Sojasauce
2 TL Limetten- oder Zitronensaft
1 EL kochendes Wasser

FÜR DIE ERDNUSSSAUCE (BUMBU KACANG)

125 g nicht enthäutete Erdnusskerne
2 EL Erdnussöl
2 Schalotten, in feine Scheiben geschnitten
2 Knoblauchzehen, gehackt
½ TL getrocknete Garnelenpaste *(blachan)*
½ TL gemahlener Ingwer
½ TL gemahlene Koriandersamen
½ TL Chilipulver
Salz
450 ml Wasser
1 TL brauner Zucker
Saft von ½ Zitrone

Die Schalotten, den Knoblauch, den Ingwer, Chilipulver oder Pfeffer und das Salz in einer großen Schüssel vermischen. Die Sojasauce und den Limetten- oder Zitronensaft einrühren. Die Hühnerstücke zufügen, gut durchmischen und zugedeckt mindestens 1 Stunde marinieren.

Für die Chili-Soja-Sauce sämtliche Zutaten in einer kleinen Schüssel vermischen. Mindestens 1 Stunde ziehen lassen.

Für die zweite Sauce die Erdnüsse 4–5 Minuten in 1 Esslöffel Öl braten, bis sie gleichmäßig Farbe angenommen haben. Abkühlen

lassen und im Mörser fein zerstoßen oder in einer Gewürz- oder Kaffeemühle mahlen.

Die Schalotten mit dem Knoblauch und der Garnelenpaste im Mörser oder im Mixer zu einer geschmeidigen Paste verarbeiten. Den Ingwer, den Koriander, das Chilipulver und Salz ganz nach Geschmack untermischen.

Das restliche Öl in einem Topf erhitzen und die Schalottenpaste einige Sekunden anschwitzen. Das Wasser zugießen und, sobald es kocht, die zermahlenen Erdnüsse und den Zucker einrühren. Die Sauce unter Rühren dick einkochen. Bei Bedarf nachsalzen. Unmittelbar vor dem Servieren den Zitronensaft einrühren.

Jeweils 3–6 der ausgiebig marinierten Hühnerstücke auf kleine Spieße ziehen. Auf einem Rost über Holzkohlenglut oder unter dem heißen Elektrogrill 6–8 Minuten grillen, dabei häufig wenden. Die Spießchen heiß servieren und die Saucen zum Dippen in Schalen dazu reichen.

Hühnerfleisch mit Sojasauce
(SINGAPUR)

Für den Ausbau Singapurs zu einem zentralen Handelsstützpunkt warben die Briten ab 1819 auf dem chinesischen Festland Hilfskräfte an. Frauen wurde die Einreise allerdings nicht gestattet. So kam es zu zahlreichen Eheschließungen zwischen den »Fremdarbeitern« und einheimischen malaiischen Frauen. Diese Verbindungen brachten eine spezielle Küche hervor, in der chinesische Zubereitungstechniken, etwa das Garen im Wok, mit lokalen Zutaten wie Chilis, Zitronengras, Limetten, *jaggery* (Palmzucker) und *blachan* (getrocknete Garnelenpaste) verschmolzen. Der besondere Kochstil erhielt dieselbe Bezeichnung wie die weiblichen Nachfahren der chinesisch-malaiischen Mischehen, nämlich »Nonya«. Das nachfolgend beschriebene Nonya-Gericht heißt in Singapur *ayam tempra*.

FÜR 4–6 PERSONEN

1 Huhn (etwa 1 kg), ohne Knochen in mundgerechte
   Stücke geteilt
6 EL dunkle Sojasauce
100 ml Erdnuss- oder Sonnenblumenöl
6 Zwiebeln, in feine Scheiben geschnitten
10 frische rote Chilischoten, schräg in Ringe geschnitten
5 EL Palmzucker *(jaggery)* oder brauner Zucker
100 ml Wasser
½ TL Salz
Saft von 2 Limetten oder 1 Zitrone

Die Hühnerstücke waschen und mit Küchenpapier trockentupfen. In 2 Esslöffel Sojasauce 15 Minuten marinieren.

Einen Wok bei hoher Temperatur aufsetzen und, wenn er heiß wird, das Öl hineingießen. Sobald es zu rauchen beginnt, die Zwiebeln darin etwa 30 Sekunden pfannenrühren – sie sollen noch leicht knackig sein. Die Chilis zufügen und etwa 30 Sekunden pfannenrühren (am besten schalten Sie wegen der aufsteigenden beißenden Dämpfe die Dunstabzugshaube ein oder öffnen das Fenster). Etwa ein Viertel der Mischung herausnehmen und als Garnitur beiseite legen.

Das Hühnerfleisch in den Wok geben und weitere 2 Minuten pfannenrühren. Den Zucker, das Wasser, die restliche Sojasauce und das Salz zufügen. Etwa 30 Minuten garen, bis das Fleisch weich ist, aber noch nicht zerfällt.

Sobald die Sauce eingedickt ist, den Herd abschalten und den Limetten- oder Zitronensaft einrühren – die Sauce darf jetzt nicht mehr kochen. Das Gericht in eine flache Schüssel füllen und mit der reservierten Zwiebel-Chili-Mischung garnieren.

Mit gekochtem Reis servieren.

Schweinefleisch mit Sojasauce (MALAYSIA)

Eine kräftige Würze und als Hauptzutat Schweinefleisch, das die vornehmlich muslimische Bevölkerung Malaysias verschmäht – mit diesen Attributen kann das in chinesischen Siedlerkreisen Malaysias sehr populäre Gericht eigentlich nur der Nonya-Küche entstammen.

FÜR 4 PERSONEN

2½ EL helle Sojasauce
2½ EL dunkle Sojasauce
1 EL Fünf-Gewürze-Pulver (siehe Seite 44)
350 g Schweinefleisch (Schulter oder Haxe), in 3 cm große
   Stücke geschnitten
2 EL Pflanzenöl
3 Knoblauchzehen, zerdrückt
6 schwarze Pfefferkörner, zerstoßen
1 Zimtstange
6 Gewürznelken
1 Stück Sternanis
300 ml Wasser
½ TL Zucker
100 g Tofu, gewürfelt
4 hart gekochte Eier, halbiert

Jeweils 2 Teelöffel der hellen und der dunklen Sojasauce mit dem Fünf-Gewürze-Pulver verrühren. Die Fleischstücke gründlich untermischen und 1 Stunde marinieren.

Das Öl in einem großen Topf erhitzen. Den Knoblauch, Pfeffer, Zimt, Nelken und Sternanis zufügen und bei mittlerer Temperatur rühren, bis nach etwa 5 Minuten ein würziger Duft aufsteigt.

Die Fleisch in einem Sieb abtropfen lassen. In den Topf geben und auf höherer Stufe 1–2 Minuten unter ständigem Rühren braten, bis die Stücke ringsum Farbe angenommen haben. Die restliche helle und dunkle Sojasauce, das Wasser und den Zucker untermischen und zum Kochen bringen. Bei verminderter Temperatur etwa 30 Minuten köcheln lassen, bis das Fleisch weich und die Sauce schön eingedickt ist. Dabei darf das Gericht nicht austrocknen, deshalb bei Bedarf noch etwas kochendes Wasser hinzugießen. Den Tofu und die Eihälften zufügen und etwa 5 Minuten durchwärmen.

Den Sternanis und die Zimtstange entfernen und das Gericht heiß mit gekochtem Reis servieren.

Chili Crabs (SINGAPUR)

Fingerfood in seiner köstlichsten Form bietet dieser Klassiker der südostasiatischen Küche. Am besten schmeckt er in einem der Restaurants im UMDC Seafood Centre an der East Coast Road. Hier, eine halbe Autostunde außerhalb des Stadtzentrums, kann man von einem Platz gleich an der Promenade die imposanten Ozeanfrachter bestaunen, deren Lichter den tropischen Nachthimmel erhellen, während eine leichte Brise die am Äquator stets drückende Schwüle etwas mildert. Weitere Kühlung verschafft dann diese schweißtreibend scharfe Spezialität. Tatsächlich braucht man mehr als eine Serviette zum Abtupfen der Stirn, abgesehen von den vielen weiteren, mit denen man zwischendrin immer wieder die klebrige Sauce von den Fingern wischen muss.

Die Chinesen, die hier über drei Viertel der Bevölkerung ausmachen, haben keinerlei Berührungsängste im Hinblick auf Fertigsaucen aus der Flasche. Besonders gern greifen sie zu Tomatenketchup.

FÜR 2 PERSONEN

- 2 mittelgroße Mangrovenkrabben oder Taschenkrebse (insgesamt etwa 1 kg)
- 2 EL Erdnuss- oder Sonnenblumenöl
- 3 Knoblauchzehen, gehackt
- 3 frische rote Chilischoten, in feine Ringe geschnitten
- 1 TL gesalzene schwarze Sojabohnen (siehe Seite 38), abgespült und gehackt, oder 1 EL Sojasauce
- 3 Frühlingszwiebeln, grob gehackt, zum Garnieren
- 3 EL frisch gehackte Korianderblätter zum Garnieren

FÜR DIE SAUCE

- 1 gestrichener EL Maisstärke
- 2 EL Sojasauce
- 5 EL Tomatenketchup
- 1 TL Palmzucker *(jaggery)* oder brauner Zucker
- 200 ml Wasser
- 1 Prise Salz
- Frisch gemahlener schwarzer Pfeffer
- Saft von ½ Limette oder 1 EL Reis- oder Weinessig

Sollten Sie lebende Krabben bekommen haben, diese nacheinander in lebhaft kochendes Wasser einlegen und nach 2 Minuten mit einem Schaumlöffel wieder herausheben.

Die Scheren und Beine der Krabben abdrehen und mit einem Fleischklopfer oder Hammer anknacken. Die Panzer mit einem Küchenbeil von der Unterseite her aufbrechen, um alles, was in der oberen Schale sitzt, sichtbar zu machen. Die Verdauungsorgane (»dead men's fingers«) – erkennbar an ihrem schwammigen, gräulich gelben Aussehen – entfernen. Die Hälften in mehrere Portionsstücke hacken.

Für die Sauce die Maisstärke in der Sojasauce auflösen. Die übrigen Zutaten außer Salz und Pfeffer sowie dem Limettensaft oder Essig einrühren, erhitzen und rühren, bis sie eine dickflüssige Konsistenz annimmt. Eventuell noch etwas Wasser einrühren und die fertige Sauce warm stellen.

Das Öl im Wok kräftig erhitzen. Den Knoblauch darin 15 Sekunden anbraten, dann die Chilis dazugeben – halten Sie dabei etwas Abstand vom Herd, um die Augen vor dem aufsteigenden beißenden Dampf zu schützen – und zuletzt die Sojabohnen, sofern verwendet, untermischen. Alle Krabbenteile zufügen und mehrmals im Öl wenden. Mit der Sauce übergießen und zugedeckt 7 Minuten garen. Das Gericht mit Salz und Pfeffer abschmecken und, falls Sie keine Sojabohnen verwendet haben, jetzt mit 1 Esslöffel Sojasauce abrunden.

Vom Herd nehmen. Den Limettensaft oder Essig einrühren. Die *chili crabs* mit den Frühlingszwiebeln und dem Koriander garnieren und heiß servieren.

Man isst sie mit den Fingern, wobei sich eine Gabel gelegentlich als hilfreich erweist. Zum Auftunken der Sauce sollten Sie Brot bereitstellen. Benötigt werden außerdem reichlich Papierservietten. Sinnvoll ist auch eine Schüssel mit Wasser und einem Stück Zitrone darin, um sich zwischendrin die Finger abzuspülen.

Fangfrische Krabben sind bei Genießern in aller Welt eine äußerst begehrte Delikatesse.

Rinderfilet mit Rendang-Gewürzpaste (BALI)

In den Bevölkerungsstatistiken liegt Indonesien hinter China, Indien und den USA. Es ist ein vorwiegend moslemisches Land – bis auf Bali, wo insgesamt vier Millionen strenggläubige Hindus leben. Nachdem das Rind für sie tabu ist, bereiten sie dieses Rezept mit Büffelfleisch zu, das jedoch endlos lang gegart werden muss. Im Four Seasons Resort in Sayan allerdings bekommt man die nachfolgende, edle Version.

Wegen seiner Gewürzschätze wurde Indonesien schon früh von Konquistadoren heimgesucht. Tatsächlich wächst hier jedes Kraut und Gewürz, das der balinesischen Köche Herz begehrt, in Hülle und Fülle. Diese Vielfalt kommt auch in der *Rendang*-Gewürzpaste zum Ausdruck.

FÜR 4 PERSONEN

4 Filetsteaks vom Rind (je 150–200 g)
Salz und frisch gemahlener schwarzer Pfeffer
1 EL Koriandersamen, ohne Fett geröstet und gemahlen
***Rendang*-Gewürzpaste (siehe Seite 63)**

Das Fleisch erst großzügig mit Salz und Pfeffer und dann mit dem Koriander einreiben. Nach 15 Minuten auf beiden Seiten mit der *Rendang*-Gewürzpaste bestreichen.

Den Grill auf höchster Stufe vorheizen oder eine Grillpfanne sehr stark erhitzen. Das Fleisch von jeder Seite etwa 4 Minuten garen – *medium* bis *well-done*, also halb durch bis durchgebraten – oder nur je 2 Minuten, wenn Sie es *rare* (blutig) wünschen.

Dazu passen ein Blattsalat, angemacht mit Olivenöl und dem Saft von ½ Limette oder Zitrone, und gekochter Reis.

Knackiger Salat mit Erdnuss-Dressing (JAVA)

Zwei kulinarische Favoriten der Indonesier, knackiges Gemüse und Erdnusssauce, sind in diesem Rezept vereint. Der Salat schmeckt gut als Beilage zu Fleisch und Reis, aber auch solo. *Sambal ulek*, hergestellt aus Chilis, Salz und Öl, bekommen Sie in Asia-Läden.

FÜR 4 PERSONEN

125 g Süßkartoffel, in streichholzfeine Stifte geschnitten
Salz
125 g grüne Bohnen, in 1,5 cm lange Stücke geschnitten
125 g Sojabohnensprossen
125 g Weißkohl, in Streifen geschnitten
4 kleine asiatische Auberginen, geviertelt
½ Gurke, geschält und in Scheiben geschnitten
2 EL frisch gehackte Minze, plus mehr zum Garnieren

FÜR DAS DRESSING
125 g nicht enthäutete Erdnusskerne
1 EL Erdnussöl
½ TL getrocknete Garnelenpaste *(blachan)*
1 Knoblauchzehe
1 TL *sambal ulek*
Salz
300 ml kochendes Wasser
1 TL Palmzucker *(jaggery)* oder brauner Zucker
Saft von ½ Limette

Die Süßkartoffelstifte mit 1 Teelöffel Salz in eine Schüssel füllen. Mit kaltem Wasser bedecken und beiseite stellen.

Für das Dressing eine Pfanne mit schwerem Boden erhitzen und die Erdnüsse ohne Fett etwa 5 Minuten rösten. Dabei häufig rühren, damit sie nicht anbrennen, sondern gleichmäßig braun werden. Im Mörser zerstoßen und in einen Topf füllen.

Das Öl in einer zweiten Pfanne erhitzen und die Garnelenpaste etwa 1 Minute darin braten, dabei einmal wenden. Mit dem Knoblauch, dem *sambal ulek* und etwas Salz im Mörser zu einer Paste verarbeiten und zu den Erdnüssen geben.

Das kochende Wasser, den Zucker und den Limettensaft zufügen. Bei mittlerer Temperatur etwa 2 Minuten unter ständigem Rühren köcheln lassen. Vom Herd nehmen und abkühlen lassen.

Die Süßkartoffelstifte abseihen. Zusammen mit den Bohnen, Sprossen, Kohlstreifen, Auberginen, Gurkenscheiben und der Minze in einer Schüssel oder auf einem Teller arrangieren. Das Dressing in die Mitte gießen und mit weiterer Minze garnieren.

Schweinfleisch in würziger Kokossauce (MALAYSIA)

Bei vielen Zubereitungen der Nonya-Küche (siehe Seite 47) besteht der erste Schritt darin, eine würzige Paste namens *rempah* kurz anzubraten. Diese enthält die einheimischen Kemirinüsse, auch Kerzennüsse genannt, an deren Stelle man aber auch Macadamia- oder Erdnüsse verwenden kann. Eine weitere typische Aromazutat sind Pandanblätter, die sich durch einige Tropfen Vanilleessenz ersetzen lassen.

FÜR 4 PERSONEN

½ TL *Rempah*-Paste (siehe Seite 63)
750 g Schweinebauch, in mundgerechte Stücke geschnitten
250 ml Kokosmilch
2 EL Pflanzenöl
1 TL Salz
4 TL Zucker
1 Stängel Zitronengras, angedrückt
3 Kaffir-Limettenblätter (oder die abgeriebene Schale von 1 Limette)

Die *Rempah*-Paste im Wok oder einem großen Topf erhitzen. Die restlichen Zutaten hinzufügen. Das Gericht etwa 5–10 Minuten köcheln lassen, bis das Fleisch gar und die Sauce schön sämig ist. Falls sie zu schnell eindickt, zwischendrin etwas heißes Wasser zugießen.

Das Zitronengras und die Kaffir-Limettenblätter, sofern verwendet, vor dem Servieren herausnehmen.

Zu diesem Gericht passt gekochter Reis.

Rote und grüne Currys (THAILAND)

In aller Welt gelten die intensiv und wundervoll aromatisch duftenden roten und grünen Currys, die ihre Farbe zum Teil den jeweils verwendeten Chilis verdanken, wohl als Inbegriff der thailändischen Küche schlechthin. Zwar hat jede Familie ihr eigenes Rezept, stets aber ist die Prozedur die gleiche: Geduldig werden die Zutaten eine nach der anderen – meist die trockenen als Erstes und die frischen zuletzt – zerstoßen, bis eine Paste entsteht, die man eventuell noch mit etwas Wasser geschmeidig rührt. Effizienter erledigt heutzutage ein Mixer die Feinarbeit. Die Gewürzpasten werden zunächst in etwas Öl gebraten, um ihnen den »rohen« Geschmack zu nehmen. Für mildere Currys gibt man im Verlauf der Zubereitung Kokosmilch dazu. Sie mildert die Schärfe und bringt die unterschiedlichen Aromen in Einklang.

Grünes Rindercurry mit Nudeln

FÜR 4 PERSONEN

250 g Rinderlende
1 gestrichener EL Maisstärke
2 EL Sojasauce
1 Eiweiß, verquirlt
1 Frühlingszwiebel, nur das Weiße fein gehackt
350 g frische oder getrocknete Eiernudeln
2 Möhren, in streichholzfeine Stifte geschnitten
2 Stangen Bleichsellerie, entfasert und schräg in feine
  Scheiben geschnitten
4 EL Erdnuss- oder Sonnenblumenöl
1 Knoblauchzehe, gehackt
2 cm frische Ingwerwurzel, in streichholzfeine Stifte
  geschnitten
1 EL grüne Currypaste (siehe Seite 62)
100 ml Rinderbrühe oder auch Hühner- oder
  Gemüsebrühe
1 TL Sesamöl

Das Fleisch quer zur Faser in sehr dünne Scheiben schneiden – am besten legen Sie es dafür vorher 30 Minuten ins Gefrierfach. Die Maisstärke mit 1 Esslöffel Sojasauce, dem Eiweiß und der Frühlingszwiebel vermischen. Das Fleisch einlegen, durchmischen und 30 Minuten ruhen lassen.

Die Nudeln in kochendes Wasser geben. Sobald es erneut aufsprudelt, 3 Minuten kochen lassen; getrocknete Nudeln nach Packungsanweisung kochen. Abseihen, in kaltes Wasser tauchen, um den Garprozess zu stoppen, und wieder abseihen.

Die Möhren und den Sellerie 2 Minuten in kochendem Wasser blanchieren, danach abseihen.

Das Öl in einem Wok kräftig erhitzen. Das Fleisch in einem Sieb abtropfen lassen und die Scheiben im Wok von einer Seite 1 Minute braten, ohne zu rühren, anschließend 1 Minute pfannenrühren. Auf Küchenpapier abtropfen lassen.

Das Öl bis auf 1 Esslöffel aus dem Wok abgießen. Den Knoblauch mit dem Ingwer 30 Sekunden darin braten. Sobald es aromatisch duftet, die Currypaste zufügen und rühren, bis sie brutzelt. Den Sellerie und die Möhren dazugeben und unter ständigem Rühren durchwärmen. Die Brühe zugießen und, sobald sie kocht, die Nudeln untermischen. Wenn sie gut durchgewärmt sind, das Fleisch zufügen und nochmals kräftig erwärmen. Das Gericht mit dem Sesamöl und der restlichen Sojasauce beträufeln und sofort servieren.

Rotes Hühnercurry mit Nudeln

FÜR 4 PERSONEN

300 g Hühnerbrüste, enthäutet
1 TL Maisstärke
2 EL Sojasauce
1 Eiweiß
250 g feine Reisnudeln
1 EL Erdnuss- oder Sonnenblumenöl
1 Knoblauchzehe, gehackt
1 EL rote Currypaste (siehe Seite 62)
100 ml Hühnerbrühe

Das Hühnerfleisch in feine Scheiben schneiden. Die Maisstärke mit 1 Esslöffel Sojasauce und dem Eiweiß gründlich verrühren. Das Fleisch einlegen, durchmischen und 1 Stunde ruhen lassen.

Die Nudeln in kochendes Wasser geben. Sobald es erneut aufsprudelt, abseihen, in kaltes Wasser tauchen, um den Garprozess zu stoppen, und wieder abseihen.

Das Öl in einem Wok erhitzen und den Knoblauch darin in 1–2 Minuten hellgelb anschwitzen. Die Currypaste zufügen und rühren, bis sie brutzelt. Das Fleisch 2–3 Minuten mitrühren. Wenn es gar ist, die Brühe dazugießen und zum Kochen bringen. Rasch die Nudeln untermischen, das Gericht mit der restlichen Sojasauce beträufeln und servieren.

Knackig gedünstetes Gemüse (INDONESIEN)

In Indonesien isst man sehr viel Gemüse, das man mit viel Geschick und Fantasie zubereitet, und immer wird es – nicht nur aus geschmacklichen Gründen, sondern auch wegen der Bekömmlichkeit – großzügig mit Kräutern und Gewürzen angereichert. Das Gemüse bleibt knackig im Biss, schmeckt süßsauer und kann heiß oder kalt serviert werden.

6 Cashewnüsse
1 Schalotte, gehackt
2 Knoblauchzehen, nur geschält
2 EL Erdnussöl
½ TL gemahlene Kurkuma
½ TL gemahlener Ingwer
1 frische rote oder grüne Chilischote, Samen und Scheidewände entfernt, geviertelt
10 sehr kleine Speise- oder Silberzwiebeln, geschält
4 EL Reisessig oder Weißweinessig
1 TL Salz
250 g Möhren, in 3 cm lange Stücke geschnitten
250 g Blumenkohlröschen
250 g grüne Bohnen, in 3 cm lange Stücke geschnitten
1 rote Paprikaschote, in Streifen geschnitten
1 grüne Paprikaschote, in Streifen geschnitten
300 ml Wasser
1 Gurke, geschält, in 3 cm große Stücke geschnitten
2 TL brauner Zucker
1 TL Dijon-Senf

Die Nüsse, Schalotte und Knoblauchzehen zusammen im Mörser zu einer Paste zerstoßen. Das Öl in einem Wok erhitzen und die Paste 1 Minute braten.

Die Kurkuma, den Ingwer, die Chilischote und die Zwiebeln gründlich untermischen, anschließend den Essig und das Salz einrühren. Zugedeckt etwa 3 Minuten köcheln lassen.

Die Möhren, den Blumenkohl, die Bohnen und die Paprikaschoten zufügen. Das Wasser dazugießen, den Deckel wieder auflegen und das Gemüse 8 Minuten dünsten. Die Gurke mit dem Zucker und dem Senf untermischen und zugedeckt 2 Minuten mitdünsten. Den Deckel abnehmen und das Gemüse unter ständigem Rühren in 3 Minuten fertig garen.

Nach Belieben heiß oder kalt mit Reis servieren.

Tropischer Salat mit Palmzuckersauce (MALAYSIA)

Nicht nur knackiges Gemüse, sondern auch Obst genießt man in Südostasien gern mit einer pikanten Sauce. Diese Version namens *rujak*, deren Rezept ich dem Four Seasons Resort in Sayan auf Bali verdanke, kombiniert reichlich Zucker mit saurer Tamarinde, salziger Garnelenpaste *(blachan)* und feurig scharfen Chilis. Anstelle der nachfolgend aufgelisteten Früchte eignen sich auch andere Arten, sofern sie eine interessante Konsistenz aufweisen und farblich schön kontrastieren, etwa gewürfelte Avocado.

FÜR 4 PERSONEN

150 g geschälte reife Papaya, in mundgerechte Stücke geschnitten
200 g geschälte Ananas, das harte Mittelstück entfernt, in Scheiben und diese in Stücke geschnitten
1 unreife (grüne) Mango, geschält, vom Stein gelöst und in Scheiben geschnitten
1 fester Apfel, geschält und in Spalten geschnitten

FÜR DIE PALMZUCKERSAUCE

½ TL getrocknete Garnelenpaste *(blachan)*
100 g Palmzucker *(jaggery)* oder brauner Zucker
200 ml Wasser
50 g getrocknetes Tamarindenmark, mit kochendem Wasser bedeckt, 30 Minuten eingeweicht und durch ein Sieb gestrichen, oder 2 TL Tamarindenkonzentrat
4 frische rote oder grüne Vogelaugen-Chilis, fein gehackt
1 kräftige Prise Salz

Für die Sauce die Garnelenpaste in Alufolie wickeln und in einer kleinen Pfanne ohne Fett etwa 2 Minuten erhitzen, damit sie ihr Aroma entfaltet. Wieder auswickeln und mit einem Löffelrücken zerkrümeln.

Den Zucker und das Wasser erhitzen und kochen lassen, bis sich der Zucker gelöst hat. Bei verminderter Temperatur die Garnelenpaste, das Tamarindenmark oder -konzentrat, die Chilis und das Salz in den Sirup einrühren. Sobald sich alles vollkommen vermischt hat, den Herd ausschalten und die Sauce auf der Herdplatte abkühlen lassen, anschießend in den Kühlschrank stellen.

Unmittelbar vor dem Servieren die Früchte in einer Schüssel erst miteinander und dann mit der Palmzuckersauce vermischen.

Geschmortes Schweinefleisch mit Pilzen (MALAYSIA)

In der Nonya-Küche hat dieses ursprünglich chinesische Gericht eine deutlich schärfere und auch würzigere Note gewonnen als das Original.

FÜR 4 PERSONEN

20 gemischte getrocknete Pilze (Mu-err-, Shiitake- und Steinpilze)
3 EL Sonnenblumen- oder Erdnussöl
5 Schalotten, gehackt
10 Knoblauchzehen, gehackt
5 grüne Chilischoten, grob gehackt
1 EL gesalzene schwarze Sojabohnen (siehe Seite 38), gehackt und zerstoßen
1 EL gemahlene Koriandersamen
500 g Schweineschulter, in 3 cm große Würfel geschnitten
2 EL dunkle Sojasauce
750 ml Wasser, einschließlich Einweichwasser der Pilze
1 EL extrafeiner Zucker
2 Gewürznelken
5 cm Zimtstange, einmal durchgebrochen
2 Sternanis, gemahlen
Salz und frisch gemahlener schwarzer Pfeffer

Die Pilze in heißem Wasser 1 Stunde einweichen. Abseihen, die Stiele wegwerfen, die Hüte ausdrücken, das Wasser zum Aromatisieren der Sauce verwenden.

Das Öl in einem Wok kräftig erhitzen und die Schalotten darin unter ständigem Rühren kurz anschwitzen. Den Knoblauch und die Chilis einrühren und bei reduzierter Temperatur 5 Minuten mitschwitzen. Rasch die schwarzen Sojabohnen und anschließend den Koriander einrühren.

Das Fleisch zufügen und etwa 5 Minuten pfannenrühren. Sobald es Farbe annimmt, die Pilze untermischen und weitere 5 Minuten rühren.

Die Sojasauce dazugießen und wieder einige Minuten rühren. Das Wasser mit dem Zucker, den Nelken, Zimt und Sternanis zufügen. Sobald es aufkocht, die Temperatur herunterschalten und das Fleisch in 1½ Stunden weich schmoren. Die Sauce soll dabei zwar eindicken, doch darf der Wokinhalt nicht austrocknen, deshalb bei Bedarf etwas kochendes Wasser nachgießen.

Das Gericht zuletzt mit Salz und Pfeffer abschmecken und mit gekochtem Reis servieren.

Grüne Currypaste (THAILAND)

1 TL Koriandersamen
½ TL Kreuzkümmel
3 Knoblauchzehen
6 kleine (möglichst thailändische rote) Schalotten
½ TL getrocknete Garnelenpaste *(kapee)*
10 frische grüne Chilischoten, Samen und Scheidewände entfernt, gehackt
1 TL weiße Pfefferkörner
2 Stängel Zitronengras, nur das verdickte Ende fein gehackt
2 cm frische Ingwerwurzel, gerieben
Abgeriebene Schale von ½ Kaffir-Limette bzw. Limette oder unbehandelten Zitrone
2 Kaffir-Limettenblätter, Stiele entfernt, fein gehackt
6 Blätter Thai-Basilikum oder »normales« Basilikum, gehackt
6 Korianderstängel mit Wurzeln, gehackt
1 Prise geriebene Muskatnuss
1 kräftige Prise Salz

Die Koriander- und Kreuzkümmelsamen in einer Pfanne ohne Fett rösten, bis sie intensiv duften. In einer Gewürz- oder Kaffeemühle mahlen oder im Mörser zerstoßen.

In derselben Pfanne den Knoblauch und die Schalotten ohne Fett einige Minuten rösten, bis sie Farbe annehmen, herausnehmen und hacken. Als Nächstes die Garnelenpaste in Alufolie wickeln und in der Pfanne 1–2 Minuten erhitzen (die Folie verhindert, dass sie dabei verbrennt und ein zu intensives Aroma verbreitet).

Sämtliche Zutaten nach und nach in den Mörser füllen und mit dem Stößel bearbeiten, bis eine gleichmäßige, grobe Paste entsteht – Sie können diesen Schritt auch im Mixer erledigen, wobei Sie bei Bedarf etwas Wasser zugeben (falls die Messer sich nicht drehen).

Die Currypaste kann sofort verwendet werden. Etwaige Reste werden in einem fest verschlossenen Gefäß im Kühlschrank aufbewahrt. Die etwa zweiwöchige Haltbarkeit lässt sich durch Einrühren von etwas Pflanzenöl verlängern, dennoch sind nach einem Monat Geschmackseinbußen unvermeidlich.

Rote Currypaste (THAILAND)

20 getrocknete rote Vogelaugen-Chilis oder 8 frische rote Chilischoten, Samen und Scheidewände entfernt, gehackt
1 TL Kreuzkümmel
2 TL Koriandersamen
½ TL getrocknete Garnelenpaste *(kapee)* oder 1 TL Fischsauce *(nam pla)*
4 Schalotten
2 Knoblauchzehen
12 weiße Pfefferkörner
2 Gewürznelken, zerstoßen
1 Prise geriebene Muskatnuss
5 cm frische Ingwerwurzel, gerieben
1 TL frisch geriebene Galgantwurzel oder 1 TL getrockneter Galgant, in Wasser eingeweicht, ausgedrückt und gehackt
1 TL Salz
2 Stängel Zitronengras, nur das verdickte Ende fein gehackt
2 Kaffir-Limettenblätter, Stiele entfernt, fein gehackt
Abgeriebene Schale von ½ Kaffir-Limette bzw. Limette oder unbehandelten Zitrone
2 Korianderstängel mit Wurzeln, gehackt
5 Blätter Thai-Basilikum oder »normales« Basilikum, gehackt

Getrocknete Chilis, sofern verwendet, 30 Minuten in heißem Wasser einweichen, ausdrücken und fein hacken.

Die Kreuzkümmel- und Koriandersamen in einer Pfanne ohne Fett rösten, bis sie intensiv duften. In einer Gewürz- oder Kaffeemühle mahlen oder im Mörser zerstoßen.

Als Nächstes die Garnelenpaste, sofern verwendet, in Alufolie wickeln und in der Pfanne 1–2 Minuten erhitzen, damit sie ihr Aroma entfaltet, danach herausnehmen. Schließlich die Schalotten und den Knoblauch einige Minuten in der Pfanne rösten, bis sie Farbe annehmen.

Die Pfefferkörner, Nelken, Muskatnuss, Garnelenpaste, Schalotten und Knoblauch im Mörser zerstoßen. Den Ingwer und Galgant, die getrockneten oder frischen Chilis und das Salz zufügen und alles mit dem Stößel zu einer Paste verarbeiten. Nun die restlichen Zutaten zufügen und alles zusammen weiter zerstoßen. Falls Sie mit einem Pürierstab arbeiten, die Mischung bei Bedarf mit etwas Wasser geschmeidig machen. Sofern Sie keine Garnelenpaste, sondern Fischsauce verwenden, diese jetzt untermischen.

Die Currypaste kann sofort verwendet werden. Etwaige Reste werden in einem fest verschlossenen Gefäß im Kühlschrank aufbewahrt. Die etwa zweiwöchige Haltbarkeit lässt sich durch Einrühren von etwas Pflanzenöl verlängern, dennoch sind nach einem Monat Geschmackseinbußen unvermeidlich.

Rendang-Gewürzpaste

(BALI)

2 EL Pflanzenöl
4 frische rote oder grüne Vogelaugen-Chilis, fein gehackt
1 cm frische Galgantwurzel, in Scheiben geschnitten
1 cm frische Ingwerwurzel, in Scheiben geschnitten
2 Schalotten, in Scheiben geschnitten
1 Knoblauchzehe, in Scheiben geschnitten
1 Stängel Zitronengras, nur das verdickte Ende in feine
   Scheiben geschnitten
2 Kemirinüsse oder 6 Macadamianüsse bzw. blanchierte
   und enthäutete Mandeln, gehackt
1 TL Koriandersamen, ohne Fett geröstet und gemahlen
1 TL Kreuzkümmel, ohne Fett geröstet und gemahlen
1 Kaffir-Limettenblatt, Stiel entfernt, in feine Streifen
   geschnitten
4 große frische rote Chilischoten, schräg in feine Ringe
   geschnitten
100 ml Wasser

Das Öl in einem kleinen Topf erhitzen. Die Vogelaugen-Chilis, den Galgant und Ingwer, die Schalotten, den Knoblauch, das Zitronengras und die Nüsse oder Mandeln darin bei niedriger Temperatur 4–5 Minuten pfannenrühren. Den Koriander und Kreuzkümmel sowie das Kaffir-Limettenblatt untermischen. Noch 1 Minute rühren und den Topf vom Herd nehmen.

Die Mischung im Mörser oder mit dem Pürierstab zu einer weichen Masse verarbeiten und wieder in den Topf füllen. Die Chiliringe und das Wasser zufügen.

Die Mischung zum Kochen bringen und bei niedriger Temperatur etwa 10 Minuten unter häufigem Rühren köcheln lassen, bis sie eindickt. Bei Bedarf noch etwas Wasser zufügen, damit die Mischung nicht ansetzt.

Die Gewürzpaste kann sofort verwendet werden. Etwaige Reste werden in einem fest verschlossenen Gefäß im Kühlschrank aufbewahrt. Die etwa zweiwöchige Haltbarkeit lässt sich durch Einrühren von etwas Pflanzenöl verlängern, dennoch sind nach einem Monat Geschmackseinbußen unvermeidlich.

Rempah-Paste (MALAYSIA)

5 Kemirinüsse oder 100 g Erdnüsse, enthäutet
3 frische grüne Chilischoten, gehackt
5 getrocknete rote oder grüne Vogelaugen-Chilis,
   zerkrümelt
½ TL getrocknete Garnelenpaste *(blachan)*
1 EL gemahlener Koriander
2 Pandanblätter oder einige Tropfen Pandan- oder
   Vanilleessenz
150 g Schalotten oder das Weiße von Frühlingszwiebeln,
   gehackt

Sämtliche Zutaten in der angegebenen Reihenfolge in den Mixer füllen und das Gerät laufen lassen, bis eine gleichmäßige Paste entsteht.

Das *rempah* kann sofort verwendet werden. Etwaige Reste werden in einem fest verschlossenen Gefäß im Kühlschrank aufbewahrt. Die etwa zweiwöchige Haltbarkeit lässt sich durch Einrühren von etwas Pflanzenöl verlängern, trotzdem sind nach einem Monat Geschmackseinbußen unvermeidlich.

Für Liebhaber der südostasiatischen Küche tun sich beim Besuch des Zentralmarktes in Kompong Cham Tom, Kambodscha, völlig neue Welten auf.

Orient

**Am Ende eines opulenten Festessens in Istanbul wird ein
französischer Gourmetkritiker gefragt, ob er noch einen
Wunsch habe. Er antwortete: »Ja, ich hätte gern ein Glas
Wasser, aber ohne Aubergine.«**

Das kulinarische Vermächtnis der osmanischen Sultane versetzt
Besucher der Türkei bis heute in Begeisterung. Überwältigend ist
schon allein das Vorspeisenangebot, angefangen bei den schmackhaften Salaten, Gemüsepürees und Pasten wie etwa *tarama salatası*
(aus geräuchertem Kabeljaurogen), *humus* (aus Kichererbsen und
Knoblauch) und *cacık* (aus Joghurt, Gurken, Knoblauch und Dill).

Mit beinahe akribischer Hingabe werden in türkischen Küchen
Zucchini ausgehöhlt oder auch andere Gemüsesorten, um sie
anschließend mit süßen und würzigen Farcen, Pistazien, Sultaninen
und Kräutern zu füllen. Geradezu meisterlich aber beherrschen die
Türken den Umgang mit der Aubergine, die, selbst nicht sehr
geschmacksintensiv, andere Aromen bereitwillig aufnimmt. Eine der
wohl gelungensten solcher »Fusionen« ist *imam bayıldı*. Für diese
Spezialität werden Auberginen mit gebratener Zwiebel, grüner
Paprikaschote, Tomaten, Rosinen und Petersilie gefüllt, mit Olivenöl
beträufelt und im Ofen gegart. Eine so umwerfende Wirkung wie
auf den Imam, der laut Rezepttitel vor Begeisterung in Ohnmacht
fiel, mag dieses berühmte Gericht nicht immer haben, köstlich aber
schmeckt es, kalt serviert, in jedem Fall – ganz gleich, in welcher
der vielfältigen Varianten, die in Umlauf sind.

Mezze in Hülle und Fülle
Erfordern bereits gefüllte Weinblätter *(yalancı dolma)* und gefüllte Baby-Kalmare einige Geduld und Fingerfertigkeit, gilt dies

**Auf einem Markt in
Istanbul, Türkei,
wecken Hülsenfrücht
und Gewürze mit
ihren warmen Erd-
farben die Kauflust.**

umso mehr für die gefüllten Miesmuscheln *(midye dolması)*. Für
diese äußerst raffinierte Vorspeise *(mezze)* werden lebende
Muscheln einzeln von Hand aufgebrochen, mit einer würzigen
Mischung aus vorgekochtem Reis, gebratenen Zwiebelwürfeln,
Pinienkernen, Korinthen und pikanten Gewürzen »ausgestopft«
und anschließend, mit Küchengarn säuberlich verschnürt, in
Wasser gegart.

Baba ghanush lautet der Name eines weiteren Auberginenklas-
sikers, diesmal aus dem Nahen Osten. Manche westliche Koch-
buchautoren empfehlen, die Früchte dafür einfach im Ofen zu
braten, zu kochen oder zu dämpfen, um sie anschließend zu enthäuten und dann im Mixer mit Öl und Knoblauch kurz und klein
zu hacken. So schnell, wie dieses Püree fertig ist, hat man es nach
dem Essen aber auch wieder vergessen: Es schmeckt und wirkt
schlicht fad.

Sieht man dagegen einem orientalischen Koch bei der Zubereitung zu, läuft einem schon währenddessen das Wasser im Mund
zusammen. Er grillt die Auberginen – im besten Fall über Holzkohlenglut –, bis die Haut schwarz verkohlt ist. Dabei gart das
Fruchtfleisch und nimmt gleichzeitig eine rauchige Note an, die
sich mit dem leicht bitteren Geschmack der Früchte wundervoll
verbindet. Dann packt er die Auberginen zwischen Daumen und
Zeigefinger am Stiel – die Hitze scheint ihn dabei nicht zu
berühren – und zieht die verkohlten Hautfetzen mit einem
scharfen Messer in raschen und knappen Bewegungen ab. Sobald

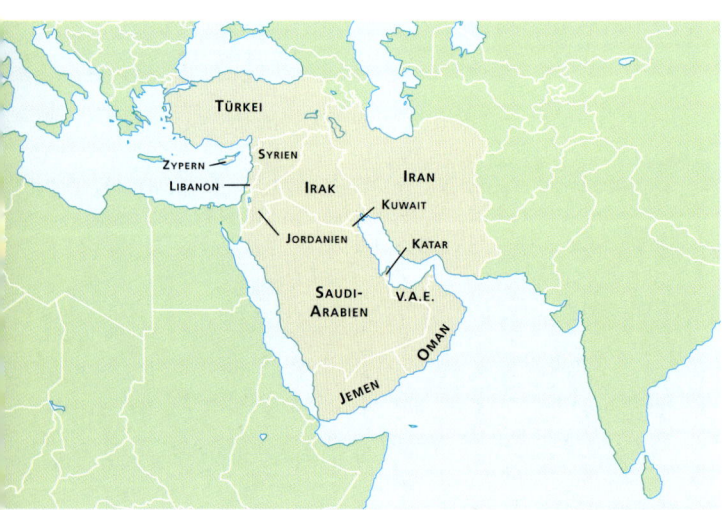

er das Fruchtfleisch komplett freigelegt hat, schneidet er die Frucht vom Stielansatz ab, worauf sie in eine darunter gestellte Schüssel plumpst, in der er zuvor einige Knoblauchzehen mit Salz zerdrückt und anschließend mit Zitronensaft verrührt hat.

Jetzt nimmt er in die eine Hand einen Schneebesen und in die andere eine Flasche mit goldgelbem Olivenöl, das er unter energischem Schlagen tropfenweise in das noch dampfend heiße Püree einrührt, bis es seidig glänzt und sich auch so anfühlt. Die liebliche Würze des Öls, die Säure der Zitrone, die leicht herbe Note der Auberginen, das Salz und die beißende Schärfe des Knoblauchs – alle beteiligten Aromen verbinden sich zu einem harmonischen Genuss und steigern sich dabei noch gegenseitig.

Eine Stadt, zwei Kontinente

Nicht nur wegen seiner Lage auf zwei Kontinenten, sondern vor allem als Spiegel einer wechselvollen Geschichte ist Istanbul eine ganz besondere Stadt. Im 7. Jahrhundert v. Chr. als griechische Kolonie gegründet, avancierte das damalige Byzantion bald zu einer wichtigen Drehscheibe des Gewürzhandels. Nachdem es bereits im 1. Jahrhundert n. Chr. dem Römischen Reich angegliedert worden war, erlebte es unter dessen erstem christlichen Kaiser, Konstantin dem Großen, den Ausbau und Aufstieg zur Reichshauptstadt. Seit 395 war Konstantinopel, wie es inzwischen hieß, Hauptstadt des Byzantinischen Reiches und blieb es bis zum Einfall der Türken 1453.

Die neuen osmanischen Herrscher hatten einen ausgeprägten Sinn für Kunst, Kultur und kulinarische Freuden. Unter Sultan Sulaiman dem Großen entstand der Topkapı Sarayı, eine prachtvolle Palastanlage mit über 1000 dienstbaren Geistern. Gelegentlich bereiteten die Köche Bankette für 10 000 Gäste vor. Ihr Repertoire

umfasste am Spieß gebratenes *kebab* ebenso wie den *pilav*, ein opulentes, köstlich gewürztes, mit Fleisch angereichertes und in Brühe gegartes Reisgericht, aber auch Pasteten, mit Sirup getränktes Gebäck wie *baklava*, Konfitüren und Süßigkeiten. Sechs Angehörige der großen Küchenbrigade waren ausschließlich mit der Herstellung verschiedener Varianten von *halva*, der auf Sesampaste, Zucker und Gewürzen basierenden Leckerei, beschäftigt.

Welch hohen Stellenwert das Essen nach wie vor in der türkischen Gesellschaft einnimmt, wird bei einem Besuch des Ägyptischen Basars in Istanbul deutlich. Hier findet man nicht nur alle möglichen Gewürze, sondern ebenso eine breite Käseauswahl, Joghurt, gebackene Speisen, Oliven, verschiedene Öle und Rosenwasser sowie Kräuter, Wurzeln und Rinden, auch für medizinische Zwecke.

Das Gebiet des Nahen Ostens umfasst das alte Babylonien und Assyrien (heute Iran, Irak und Syrien) und gilt als die Wiege der Zivilisation. Hier entstanden neben vielen anderen Errungenschaften beispielsweise die ersten Schulen, und es bildete sich eine eigene, durch typische Zutaten und Gewürze geprägte Esskultur heraus. Die Küche dieser Länder hat sich durch die Jahrhunderte in ihren Grundzügen kaum verändert.

Schon vor weit mehr als einem Jahrtausend führten die Perser aus China und anderen fernöstlichen Ländern die Orangen, Zitronen und Auberginen, den Reis und den Zucker ein. Kombinationen von Fleisch mit säuerlichen Früchten wie Aprikosen, Trauben und sogar Rhabarber sind bis heute charakteristisch für die Küche Irans.

Von dort, wo sich jetzt der Libanon erstreckt, schickten die Phönizier ihre kühnen Seefahrer aus, um in Richtung Atlantik das Mittelmeer zu durchqueren (so kam es zur Gründung von Cadiz) und weiter in den Norden Europas zu segeln. Ihr kostbarstes Handelsgut war Safran, der später nicht nur in der Türkei, sondern auch in Persien und Indien heimisch wurde.

Aus politischen Gründen ist von Reisen in bestimmte Länder des Nahen Ostens abzuraten. Wenigstens kulinarisch kann man sie aber auch in unseren Breiten erkunden, bieten doch inzwischen hierzulande in vielen größeren Städten Spezialrestaurants überzeugende Kostproben ihrer jeweiligen Landesküche.

Zwischen dem Mittelmeerraum, Afrika und Indien gelegen, wartet der Nahe Osten mit einer Fülle kulinarischer Schätze auf. Allerorten locken auf den Märkten Granatäpfel, errötet wie verlegene Teenager, pralle und vor Süße strotzende Datteln, in warmen Gelb-, Orange- und Rottönen leuchtende Melonen, Gemüse in den verschiedensten Formen und Farben, knackende Pistazien und Pinienkerne, zwischendrin Bündel frischer Kräuter und Säcke voller unwiderstehlich duftender Gewürze.

Bei einer solchen Vielfalt fällt es manchmal schwer, sich zurückzuhalten. Weniger ist allerdings bekanntlich oft mehr. An diesen Grundsatz halten sich auch die hiesigen Hausfrauen und Köche, während sie aus den schlichten, aber wundervoll frischen Zutaten Genüsse von perfekter Ausgewogenheit zaubern.

Im syrischen Hama bietet ein Händler eine reiche Auswahl an Gewürzen und getrockneten Kräutern feil.

Rote-Linsen-Suppe mit Reis

(JEMEN)

Im gesamten Orient bis hin nach Indien und anderen Teilen Asiens sind herzhaft gewürzte Linsen sehr beliebt. In diesem Rezept ergeben sie, zu Mus zerkocht, eine wärmende, nahrhafte Wintersuppe.

FÜR 4 PERSONEN

250 g rote Linsen
2 EL Pflanzenöl
1 Zwiebel, gehackt
1 Knoblauchzehe, zerdrückt
1 l Hühnerbrühe
Frisch gemahlener schwarzer Pfeffer
½ TL gemahlene Koriandersamen
½ TL gemahlener Kreuzkümmel
1 kleine getrocknete rote Chilischote, zerkrümelt
Salz
Saft von ½ Zitrone
3 EL Langkornreis oder muschelförmige Nudeln
   (nach Belieben)

Die Linsen auf Steinchen sowie beschädigte Exemplare durchsehen und diese entfernen. In kaltem Wasser gründlich waschen und abseihen.

Das Öl in einem Topf erhitzen und die Zwiebel darin goldgelb anschwitzen. Den Knoblauch zufügen und einige Minuten mitschwitzen. Die Linsen einrühren, die Brühe dazugießen und den Pfeffer, Koriander, Kreuzkümmel und die Chilischote zufügen.

Die Suppe einmal aufkochen und dann auf kleinster Stufe etwa 40 Minuten köcheln lassen. Mit Salz und Zitronensaft abschmecken.

Für eine gehaltvollere Suppe fügen Sie jetzt den Reis oder die Nudeln hinzu. Der Reis braucht weitere etwa 20 Minuten, die Nudeln sind nach 5–10 Minuten gar. Falls die Suppe bereits zu dick wird, müssen Sie etwas kochendes Wasser dazugießen.

Gefüllte Mangoldblätter

(TÜRKEI)

Überall im Orient bekommt man solche herzhaften Leckerbissen. Das Grundprinzip ist stets das Gleiche, nur kann die Füllung variieren und auch die Umhüllung wechseln: Oft sind es Weinblätter, während hier die kräftigen, im Geschmack an Spinat erinnernden Mangoldblätter verwendet werden. Alternativ könnten Sie auch Kohlblätter nehmen. In der nachfolgend vorgestellten vegetarischen Version schmecken die Röllchen mittags als kleine Stärkung ganz wunderbar.

FÜR 4 PERSONEN

450 g Mangold, die Blätter von den Stielen abgetrennt
4 Knoblauchzehen, in Scheiben geschnitten
Je 150 ml Olivenöl und Wasser
1 TL Zucker
Saft von 1 Zitrone

FÜR DIE FÜLLUNG
250 g Langkornreis
3 Tomaten, blanchiert, enthäutet und gehackt
1 große Zwiebel, fein gehackt
2 EL frisch gehackte Petersilie
4 EL frisch gehackte Minze
Je 1 Prise Zimtpulver und gemahlener Piment
Salz und frisch gemahlener schwarzer Pfeffer

Den Mangold 1 Minute in kochendem Wasser blanchieren, danach abseihen.

Für die Füllung den Reis gründlich waschen. Mit den Tomaten, der Zwiebel und den Kräutern vermengen. Die Mischung mit dem Zimt und dem Piment würzen, salzen und pfeffern.

Auf das untere Ende eines Mangoldblatts 1 Teelöffel der Füllung setzen. Die Seitenränder darüber schlagen und das Blatt wie eine Zigarre aufrollen. Auf diese Weise weitere Röllchen herstellen, bis die Füllung aufgebraucht ist.

Übrig gebliebene oder beschädigte Mangoldblätter ausgebreitet in einen Topf legen. Darauf dicht an dicht die Röllchen setzen und dazwischen die Knoblauchscheiben schieben.

Das Öl mit dem Wasser, dem Zucker und dem Zitronensaft verrühren und über die Röllchen gießen. Damit sie sich während des Garens nicht öffnen, mit einem Teller beschweren.

Den Topf mit einem Deckel verschließen und die gefüllten Mangoldblätter auf kleinster Stufe etwa 2 Stunden garen, dabei gelegentlich etwas Wasser nachfüllen, damit sie nicht anhängen. Im Topf abkühlen lassen und kalt servieren.

Gefüllte Zucchini

(TÜRKEI)

Gefülltes Gemüse wird fast überall im Orient in den Restaurants serviert und kommt auch häufig in den Familien auf den Tisch, wobei viele ihr eigenes, überliefertes Rezept dafür haben. Die Füllung eignet sich auch für andere Gemüse, etwa Auberginen, Kartoffeln oder Paprikaschoten.

FÜR 4 PERSONEN

12 kleine Zucchini
2 Tomaten, in feine Scheiben geschnitten
300 ml Wasser
2 EL Tomatenpüree
Saft von 1½ Zitronen
2 Knoblauchzehen
Salz
1 TL getrocknete Minze oder 2 TL gehackte frische Minze

FÜR DIE FÜLLUNG
75 g Langkornreis
225–250 g mageres Hackfleisch vom Lamm oder Rind
1 Tomate, blanchiert, enthäutet und gehackt
2 EL frisch gehackte Petersilie
½ TL Zimtpulver
½ TL gemahlener Piment
Salz und frisch gemahlener schwarzer Pfeffer

Von den Zucchini das Stielende abschneiden. An diesem Ende beginnend, mit einem Apfelausstecher das Fruchtfleisch herausholen, dabei das andere Ende jedoch nicht durchstoßen.

Für die Füllung den Reis waschen und abtropfen lassen. In einer Schüssel mit dem Hackfleisch, der gehackten Tomate, der Petersilie, dem Zimt und dem Piment sowie Salz und Pfeffer gut vermengen. Die Zucchini nur zur Hälfte mit der Mischung füllen – der Reis dehnt sich beim Garen noch aus.

Einen Topf mit den Tomatenscheiben auslegen. Die Zucchini nebeneinander und, falls erforderlich, auch in mehreren Lagen übereinander hineinlegen.

In einem kleinen Topf das Wasser mit dem Tomatenpüree und fast dem gesamten Zitronensaft – reservieren Sie 1 Esslöffel – zum Kochen bringen und etwa 2 Minuten köcheln lassen.

Die Zucchini mit dieser Sauce übergießen und im verschlossenen Topf auf kleinster Stufe etwa 1 Stunde garen. Dabei eventuell etwas Wasser nachfüllen, damit sie nicht ansetzen.

Den Knoblauch mit ½ Teelöffel Salz, der Minze und dem letzten Esslöffel Zitronensaft zerdrücken. Über die Zucchini verteilen und diese in weiteren 5 Minuten fertig garen.

Gefüllte Auberginen (TÜRKEI)

Dass der Imam – wohl vor lauter Entzücken über diesen aromatischen, saftigen Genuss – in Ohnmacht fiel, behauptet sein türkischer Name *imam bayıldı*. In der unten beschriebenen Variante reicht das Gericht als Vorspeise für acht Personen.

FÜR 4 PERSONEN

4 mittelgroße Auberginen
Salz
4 EL Olivenöl
2 Zwiebeln, in feine Scheiben geschnitten
2 grüne Paprikaschoten, Samen und Scheidewände entfernt, in feine Streifen geschnitten
4 Knoblauchzehen, fein gehackt
3 mittelgroße Tomaten, blanchiert, von Haut und Samen befreit, gehackt
50 g Sultaninen
3 EL frisch gehackte Petersilie, plus mehr zum Garnieren
1 TL gemahlener Piment
Frisch gemahlener schwarzer Pfeffer
150 ml Wasser
Saft von 1 Zitrone

Die Auberginen einmal der Länge nach, aber nicht ganz bis zu den Enden, tief einschneiden und 30 Minuten in stark gesalzenes Wasser einlegen.

In einer schweren Pfanne 2 Esslöffel Öl erhitzen. Die Zwiebeln, die Paprikaschoten und den Knoblauch bei mittlerer Temperatur in etwa 15 Minuten weich schwitzen. Die Tomaten, die Sultaninen, 2 Esslöffel Petersilie und den Piment einrühren, salzen und pfeffern. In einer Schüssel abkühlen lassen.

Den Backofen auf 160 °C vorheizen.

Die Auberginen abtropfen lassen, ausdrücken und mit Küchenpapier trockentupfen. Das restliche Öl in die Pfanne gießen. Die Auberginen darin weich braten, dabei gelegentlich so vorsichtig drehen, dass sie ihre Form behalten. Die Pfanne vom Herd nehmen und in jede Aubergine möglichst viel von der Gemüsemischung füllen. Den Rest obenauf verteilen und andrücken.

Die Auberginen in eine ofenfeste Form setzen und das Wasser, vermischt mit dem Zitronensaft, dazugießen. Im vorgeheizten Ofen 45 Minuten backen. Abkühlen lassen und anschließend kalt stellen. Vor dem Servieren mit der restlichen Petersilie bestreuen.

Variante

Die wie oben gewässerten Auberginen waagerecht durchschneiden. Das Fleisch mit einem Löffel herauslösen, hacken und in Öl braten. Unter die Füllung mischen und in die Hälften füllen. Mit Öl beträufeln und im vorgeheizten Ofen 30 Minuten backen.

Tabbouleh (LIBANON)

Reichlich Petersilie liefert die erfrischende Note in diesem Sommersalat, der auf der Grundlage von Bulgur (vorgekochtem, gedörrtem und geschrotetem Hartweizen) zubereitet wird. Ergiebiger gerät er, wenn Sie den Bulgur über Nacht in Tomatensaft quellen lassen.

FÜR 4 PERSONEN

150 g Bulgur
Salz
150 ml lauwarmes Wasser
6 Frühlingszwiebeln, fein gehackt
3 EL Olivenöl
1 EL gemahlener Sumach oder der Saft von ½ Zitrone
½ grüne Paprikaschote, Samen und Scheidewände entfernt, gehackt
1 Bund Petersilie, fein gehackt
4 oder 5 Minzezweiglein, die Blätter fein gehackt
450 g reife Tomaten, blanchiert, enthäutet und gehackt
Zitronenspalten zum Garnieren

Den Bulgur in einer Schüssel mit 1 Teelöffel Salz bestreuen. Das Wasser zufügen und den Bulgur zugedeckt 15 Minuten quellen lassen.

Mit einem Holzlöffel die Frühlingszwiebeln, anschließend das Öl, den Sumach oder Zitronensaft, die Paprikaschote, die Kräuter und Tomaten untermischen. Das *tabbouleh* für mindestens 30 Minuten kalt stellen. Vor dem Servieren probieren und bei Bedarf nachsalzen.

Juwelenreis (IRAN UND TÜRKEI)

Aus simplem Reis entsteht ein Gericht, das nicht von ungefähr gern als »König der persischen Küche« apostrophiert
wird. Während es sich, einst hervorgegangen aus der luxu-
riösen Mogulküche, über die ganze Türkei, den Vorderen
Orient und Nordwestindien verbreitete, erfuhr seine Zubereitung immer wieder kleine Veränderungen, genau wie
sein Name: In der Türkei heißt es *pilav*, in Zentralasien *plov*,
in Albanien *palaw*, in Indien *pillau* und in Iran *polow*.

Immer aber handelt es sich um Lagen von Reis, abwechselnd mit würzigen Zutaten, Fleisch, Fisch oder Gemüse in
den Topf gefüllt. Säuerliche Früchte wie Quitten, Sauerkir-
schen, Maulbeeren, Berberitzen und Granatapfelkerne setzen geschmacklich wie auch optisch reizvolle Akzente –
durch sie kam dieses Rezept zu seinem Namen.

Die herzhafte »Kruste«, die sich während des Garens am
Topfboden bildet, ist in Iran als *tah dig* sehr begehrt. Bei
nachfolgender Zubereitung handelt es sich im Grunde um
einen türkischen *pilav* mit iranisch inspiriertem Dekor.

300 g Basmati-Reis
20 Safranfäden oder 2 TL gemahlene Kurkuma
1½ EL brauner Zucker
4 EL kochendes Wasser
25 g Korinthen
25 g getrocknete Berberitzenbeeren (zu bekommen in türkischen Geschäften) oder Sultaninen
75 g Butter, plus mehr zum Braten
75 ml Sonnenblumenöl
1 kleine rote Zwiebel, in feine Scheiben geschnitten
2 TL Salz
450 g Möhren, gewürfelt
½ rote Paprikaschote, geröstet und enthäutet, Samen und Scheidewände entfernt, gewürfelt
600 ml Hühner- oder Kalbsbrühe oder auch Wasser
25 g Mandelblättchen
25 g Pistazienkerne, in Stifte geschnitten

FÜR DIE GEWÜRZMISCHUNG
1 TL Kreuzkümmel
1 TL Koriandersamen
5 Kardamomkapseln, die Samen ausgelöst
10 schwarze Pfefferkörner
1 Prise frisch geriebene Muskatnuss

Den Reis mehrmals in kaltem Wasser waschen, bis das Wasser klar bleibt – dabei wird die Stärke entfernt, die die Körner zusammenkleben lässt. Mit der dreifachen Volumenmenge Wasser in einen Topf füllen, mindestens 1 Stunde quellen lassen, danach abseihen.

Für die Gewürzmischung alle Zutaten zusammen einige Minuten in einer Pfanne ohne Fett rösten, bis sie aromatisch duften. In einer Gewürz- oder Kaffeemühle mahlen oder im Mörser fein zerstoßen.

Den Safran (nicht die Kurkuma, falls verwendet) ebenfalls ohne Fett rösten, wobei er auf keinen Fall verbrennen darf. Im Mörser mit ½ Teelöffel Zucker zerstoßen, im heißen Wasser verrühren und ziehen lassen, bis er nach 30 Minuten seine volle Färbe- und Würzkraft entwickelt hat.

Die Korinthen und Berberitzen oder Sultaninen in etwas von der Butter 1 Minute sanft braten, danach abtropfen lassen.

In einer großen Kasserolle die restliche Butter zerlassen und das Öl zufügen. Die Zwiebel darin hellbraun anschwitzen.

Die Gewürzmischung und das Salz einrühren und einige Minuten sanft mitschwitzen. Den restlichen Zucker darüber streuen und, sobald er sich gelöst hat, den Reis untermischen, bis die Körner gleichmäßig vom Fett überzogen sind. Die Korinthen und Berberitzen oder Sultaninen, die Möhren und die Paprikaschote kräftig einrühren.

Die Brühe oder das Wasser zugießen, zum Kochen bringen und ohne Deckel 5 Minuten kochen lassen, bis der Reis die gesamte Flüssigkeit aufgenommen hat. Die Kasserolle mit einem zusammengelegten Küchentuch und dem Deckel verschließen, diesen beschweren und den Reis auf kleinster Stufe noch 10 Minuten garen. Vom Herd nehmen und 15 Minuten im eigenen Dampf ausquellen lassen.

In einer Schüssel 1 Schöpfkelle Reis mit dem Safranwasser oder der Kurkuma vermischen. In einer kleinen Pfanne etwas Butter zerlassen und die Mandeln und Pistazien darin braun braten.

Vor dem Servieren den Reis mit einer Gabel auflockern und in eine große Servierschüssel füllen. Den mit Safran oder Kurkuma gefärbten Reis darüber verteilen. Mit den Mandeln und Pistazien bestreuen.

Lammfleischspieße (TÜRKEI)

Diese Spieße aus Lammhackfleisch sind bekömmlicher und geschmacklich noch interessanter als die mit Fleischwürfeln namens şiş kebabı, denn die Hackfleischbällchen (köfte) sind von Zimt-, Kreuzkümmel- und Korianderaromen durchdrungen. Damit sie schön saftig geraten, darf das Fleisch auf keinen Fall zu mager sein. Außerdem muss es sehr fein durchgedreht werden, sodass es an den – typischerweise flachen – Metallspießen gut haftet.

FÜR 4 PERSONEN

750 g Lammfleisch ohne Knochen, aber mit Fett, zweimal durchgedreht
1 Zwiebel, gerieben
1 EL frisch gehackte Petersilie
2 TL Zimtpulver
2 TL gemahlene Koriandersamen
1 TL gemahlener Kreuzkümmel
¼ TL Chilipulver
Salz und frisch gemahlener schwarzer Pfeffer
Olivenöl zum Bestreichen

Das Hackfleisch, die Zwiebel, die Petersilie, den Zimt, den Koriander, den Kreuzkümmel und das Chilipulver sowie Salz und Pfeffer gründlich mit den Händen vermengen.

Aus der Farce Kugeln rollen, auf flache Spieße stecken und dabei die Kugeln zu länglichen Würsten formen.

Mit Öl bestreichen und über Holzkohlenglut oder unter dem Elektrogrill von beiden Seiten bis zu 5 Minuten grillen, bis sie gleichmäßig gebräunt, aber innen noch saftig sind.

Dazu passen Tomaten und grüner Salat sowie heiße pitta oder anderes Fladenbrot.

Garnelen in Tamarindensauce

(IRAN)

Nicht nur die portugiesischen, holländischen und englischen Händler hinterließen entlang der Küste Ostafrikas bis hin zum Persischen Golf in den dortigen Kochtraditionen ihre Spuren, sondern vor allem auch die Inder. Sie brachten aus Cochin im südindischen Kerala ganze Schiffsladungen kostbarer Gewürze. Tamarinde verleiht diesem indisch angehauchten, curryähnlichen Gericht jene säuerliche Note, die den iranischen Gaumen so sehr anspricht.

FÜR 4 PERSONEN

100 g getrocknetes Tamarindenmark oder
   1 EL Tamarindenpaste
200 ml kochendes Wasser (bei Verwendung von
   getrocknetem Tamarindenmark)
4 EL Olivenöl
2 Zwiebeln, in feine Scheiben geschnitten
2 Knoblauchzehen, gehackt
1–2 gehäufte TL Currypulver oder -paste guter Qualität
3 Tomaten, blanchiert, von Haut und Samen befreit,
   fein gehackt, oder 2 EL Tomatenpüree,
   mit Wasser verrührt
Salz und frisch gemahlener schwarzer Pfeffer
6 Koriander- oder Petersilienstängel,
   die Blätter gehackt
8 große, rohe Garnelen, geschält und
   der Darm entfernt

Getrocknetes Tamarindenmark, falls verwendet, 30 Minuten im heißen Wasser einweichen. Über einer Schüssel durch ein Sieb streichen, um harte Fasern und Samen zu entfernen.

In einer Pfanne 2 Esslöffel Öl erhitzen und die Zwiebeln mit dem Knoblauch darin in etwa 3 Minuten hellgelb anschwitzen. Das Currypulver oder die Currypaste unter Rühren einige Minuten mitschwitzen, um den »rohen« Geschmack zu mildern.

Die Tomaten oder das Tomatenpüree, das Tamarindenwasser oder die fertige -paste untermischen. Kräftig erhitzen und dann zugedeckt 20–30 Minuten köcheln lassen, bis die Zwiebeln weich sind. Falls die Sauce jetzt noch zu flüssig ist, ohne Deckel einige Minuten einkochen lassen. Kräftig salzen und pfeffern und den Koriander oder die Petersilie untermischen.

In einer zweiten Pfanne das restliche Öl erhitzen und die Garnelen von beiden Seiten einige Minuten braten, bis sie ihre Farbe wechseln. Unter die Sauce mischen und nochmals gut durchwärmen.

Dazu passt gekochter Reis.

Mit würzigem Reis gefüllte Muscheln (TÜRKEI)

Viele Straßenstände bieten diese klassische *mezze* (Vorspeise) an. Sie gehört zum Feinsten, was man mit Miesmuscheln anstellen kann. Die Mühe lohnt sich also!

FÜR 4 PERSONEN ALS VORSPEISE

4 EL Olivenöl, plus mehr zum Bestreichen
2 Zwiebeln, fein gehackt
150 g Langkornreis
1 EL Pinienkerne
1 EL Korinthen
1 TL gemahlener Piment
1 Prise Zimtpulver
1 Prise Chilipulver
2 TL extrafeiner Zucker
400 ml Wasser
Salz und frisch gemahlener schwarzer Pfeffer
24 große Miesmuscheln
Zitronenspalten zum Garnieren

Das Öl in einem schweren Topf erhitzen und die Zwiebeln darin etwa 10 Minuten sanft anschwitzen, bis sie etwas Farbe annehmen. Den Reis mit den Pinienkernen zufügen und einige Minuten rühren, bis die Körner gleichmäßig vom Öl überzogen sind.

Die Korinthen, den Piment, den Zimt, das Chilipulver und den Zucker untermischen und die Hälfte des Wassers zugießen. Das Ganze salzen und pfeffern und zugedeckt etwa 10 Minuten köcheln lassen, bis der Reis das gesamte Wasser aufgenommen hat – er ist jetzt beinahe gar. Den Topf vom Herd nehmen und den Reis abkühlen lassen.

Die Muscheln waschen, gründlich abbürsten und entbarten. Exemplare, die bereits geöffnet sind oder beschädigte Schalen aufweisen, aussortieren und wegwerfen. Die Übrigen einzeln mit einem Tuch zwischen Daumen und Zeigefinger nehmen und mit einem starken, scharfen Messer, das Sie zwischen die beiden Schalenhälften schieben, öffnen – wenn Sie gleichzeitig mit den Fingern Druck ausüben, klappt das überraschend leicht.

In jede Muschel 1 Teelöffel der Reismischung füllen. Die Schalen wieder zusammendrücken und die Muscheln mit Küchengarn umwickeln.

Dicht an dicht in einen Topf legen und das restliche Wasser zugießen. Zum Kochen bringen und zugedeckt bei verminderter Temperatur 15 Minuten köcheln lassen. Aus dem Sud nehmen, das Küchengarn entfernen, abkühlen lassen.

Die Muscheln mit Olivenöl bestreichen und mit den Zitronenspalten servieren.

Lamm-Kidneybohnen-Topf

(IRAN)

In Iran sind Eintöpfe, die man dort unter dem Namen *khoresht* kennt, oft mit säuerlichen Früchten wie Aprikosen, Blaubeeren oder unreifen Trauben angereichert. Gebratene Zwiebeln unterstreichen den herzhaften Charakter – trotz ihrer süßlichen Note, die durch frische oder getrocknete Kräuter, in diesem Fall herben Bockshornklee, ausgeglichen wird. Getrocknete Limetten oder Limettenpulver, eine für die iranische Küche typische Zutat, bekommen Sie in arabischen Spezialitätengeschäften.

FÜR 4 PERSONEN

150 g getrocknete rote Kidneybohnen, über Nacht
    eingeweicht
3 EL Olivenöl
2 Zwiebeln, in Scheiben geschnitten
4 Lauchstangen, nur das Weiße gehackt
500 g Lammfleisch ohne Knochen, in 6 cm große Stücke
    geschnitten
150 g Petersilie, gehackt
100 g Korianderblätter, gehackt
25 g Dill, gehackt, oder 1 TL Anissamen
25 g frische oder 2 EL getrocknete Bockshornkleeblätter
3 getrocknete Limetten, mit einem Spieß mehrmals
    eingestochen, oder 2 EL Limettenpulver
Saft von 1 Zitrone
Salz

Die Bohnen abgießen und in ungesalzenem Wasser 10 Minuten kräftig kochen. Abseihen und abspülen. Mit frischem Wasser bedecken, erneut zum Kochen bringen und nochmals 30 Minuten garen. Wieder abseihen.

In einer großen Pfanne 2 Esslöffel Öl erhitzen. Die Zwiebeln und den Lauch darin in etwa 5 Minuten weich dünsten. Das Fleisch zufügen und 2–3 Minuten braten, bis es gut gebräunt ist.

Inzwischen das restliche Öl in einer zweiten Pfanne erhitzen. Die Petersilie, den Koriander, den Dill oder die Anissamen und den Bockshornklee bei niedriger Temperatur etwa 5 Minuten braten, bis ein aromatischer Duft aufsteigt. Zum Fleisch geben. Die Bohnen zufügen und das Ganze mit Wasser bedecken. Auf kleinster Stufe zugedeckt 1 Stunde köcheln lassen.

Die getrockneten Limetten oder das Limettenpulver zufügen und das Gericht weitere 45 Minuten sanft köcheln lassen, bis die Bohnen richtig gar sind. Mit dem Zitronensaft aromatisieren und mit Salz abschmecken.

Dazu passt gekochter Reis.

Safranhuhn

(IRAN)

Verglichen mit spanischem Safran besitzt sein Pendant aus Iran ein etwas raucigeres Aroma, das er – neben seiner Farbe natürlich – vielen Gerichten mitteilt.

FÜR 4 PERSONEN

2 EL Olivenöl
1 Zwiebel, in Scheiben geschnitten
Salz und frisch gemahlener schwarzer Pfeffer
100 ml Hühner- oder Gemüsebrühe
4 Hühnerbrüste
3 TL Safranwasser (siehe unten)

Das Öl in einer Pfanne erhitzen. Die Zwiebel in etwa 10 Minuten darin weich schwitzen, salzen und pfeffern. Die Brühe dazugießen und die Hühnerbrüste einlegen. Zugedeckt etwa 20 Minuten köcheln lassen, bis das Fleisch gar ist.

Das Safranwasser in die Pfanne gießen und das Gericht ohne Deckel noch 10 Minuten köcheln lassen. Dabei die Hühnerbrüste mehrmals wenden, um sie vollständig mit der Sauce zu überziehen.

Mit gekochtem Reis servieren.

Safranwasser

(IRAN)

Da Safran in der iranischen Küche oft verwendet wird, wird er in vielen Haushalten in der hier vorgestellten Form vorbereitet und ist stets »einsatzbereit«.

ERGIBT ETWA 60 MILLILITER

Etwa 40 Safranfäden
½ TL extrafeiner Zucker
4 EL kochendes Wasser

Den Safran in einer Pfanne ohne Fett bei niedriger Temperatur rösten, wobei er auf keinen Fall verbrennen darf. Mit dem Zucker im Mörser zu Pulver zerstoßen. Das kochende Wasser gründlich einrühren und 1 Stunde ziehen lassen, bis der Safran seine orangegelbe Farbe und das raucige Aroma entwickelt hat.

In ein kleines Glas füllen. Fest verschlossen im Kühlschrank aufbewahrt, hält sich das Safranwasser etwa 2 Wochen. Man verwendet es zum Färben und Würzen von Reis sowie Gerichten mit weißfleischigem Fisch oder Huhn.

Kandierte Möhren mit Orange

(TÜRKEI BIS INDIEN)

Früchte wie Aprikosen und Quitten, aber auch grüne Walnüsse, Pistazien, Baby-Auberginen und Melonenschalen, eingelegt in einen dicken, exotisch gewürzten Zuckersirup, sind als (klebriges) Dessert sehr beliebt. Auf einem ähnlichen Rezept beruhen diese eingemachten Möhren, die nachmittags als Beigabe zu Kleingebäck und einem Kräutertee oder bitterer schwarzen Kaffee wundervoll schmecken.

ERGIBT ETWA 3 GLÄSER

2 unbehandelte Orangen
750 ml Wasser
750 g extrafeiner Zucker
2 kg Möhren, in Scheiben geschnitten
1 EL Rosenwasser
3 Kardamomkapseln, die Samen ausgelöst und
   fein zestoßen
25 g Pistazienkerne
25 g Mandelblättchen

Die Orangen dünn abschälen. Die Schalen in streichholzfeine Stifte schneiden und, um sie zu entbittern, dreimal nacheinander in 100 Milliliter frischem Wasser aufsetzen, zum Kochen bringen und abseihen. Die Orangen auspressen.

Das restliche Wasser mit dem Zucker in einem Topf zum Kochen bringen und bei verminderter Temperatur in 5 Minuten zu einem Sirup einköcheln lassen.

Die Möhrenscheiben mit den Orangenschalen zufügen und etwa 10 Minuten stark kochen lassen, bis sie weich sind und der Sirup eindickt. Das Rosenwasser, den Orangensaft, den Kardamom, die Pistazien und die Mandeln untermischen. Das Ganze weiterkochen lassen, bis das Zuckerthermometer 110 °C anzeigt. Falls Sie kein Zuckerthermometer besitzen, geben Sie zur Probe einen kleinen Löffel des Sirups auf einen eisgekühlten Teller: Die Oberfläche muss sich bei Berührung mit einem Finger runzelig zusammenziehen.

Den Topf vom Herd nehmen und den Inhalt 10 Minuten abkühlen lassen. In sterilisierte Gläser füllen und fest verschließen.

Mini-Auberginen in Kardamomsirup (LIBANON)

Auberginen nehmen wie ein Schwamm die Aromen anderer Zutaten auf. In der hier beschriebenen Zubereitung erfreuen sie aber nicht nur den Gaumen, sondern sind auch schon farblich schön anzusehen. Am besten funktioniert das Rezept mit nur etwas mehr als daumengroßen Früchten, den so genannten Pea-Auberginen, die man mit etwas Glück in arabischen Lebensmittelgeschäften findet. Aber die verbreiteteren Mini-Auberginen tun's auch.

ERGIBT 3 GLÄSER

1 kg Mini-Auberginen, von Stiel und Kelch befreit
500 g Einmachzucker
500 ml Wasser
2 Kardamomkapseln
5 Gewürznelken
5 cm Zimtstange
1 EL Rosenwasser

Die Auberginen mit einem scharfen Messer jeweils zweimal einschneiden. In einem Topf mit kochendem Wasser bedecken und 15 Minuten sanft garen. Abgießen und, sobald man sich nicht mehr die Finger an ihnen verbrennt, behutsam die überschüssige Flüssigkeit ausdrücken.

Den Zucker mit dem abgemessenen Wasser in einen sauberen Topf füllen. Zum Kochen bringen und kochen, bis sich der Zucker gelöst hat.

Die Auberginen mit den Kardamomkapseln, den Nelken und dem Zimt in den Sirup einlegen und etwa 1 Stunde köcheln lassen, bis der Sirup eindickt. Vom Herd nehmen, die Gewürze entfernen und das Rosenwasser einrühren. Leicht abkühlen lassen, die Auberginen mit dem Sirup in vorgewärmte sterilisierte Gläser füllen und fest verschließen.

Grießbrei (SYRIEN)

In Damaskus genießt man den mit Milch und Butter zubereiteten und mit Zimt aromatisierten Grießbrei zum Frühstück. Besonders cremig schmeckt er mit 600 Milliliter Milch,
also ohne Wasser.

FÜR 4 PERSONEN

100 g Butter
150 g Weizengrieß
350 ml Milch
250 ml Wasser
175 g extrafeiner Zucker
Zimtpulver zum Bestäuben
Gehackte Mandeln (nach Belieben)

Die Butter in einem großen Topf bei mittlerer Temperatur zerlassen. Den Grieß zufügen und bei niedriger Temperatur etwa
5 Minuten rühren.

Inzwischen in einem zweiten Topf die Milch mit dem Wasser
erhitzen. Den Zucker einstreuen und rühren, bis er sich gelöst hat.

Die Flüssigkeit zum Grieß gießen und diesen weiterrühren,
bis er zu einem Brei eindickt. Vom Herd nehmen und 15 Minuten
ruhen lassen. Großzügig mit Zimt bestäuben und nach Belieben
mit gehackten Mandeln bestreuen.

Eiscreme mit Pinienkernen
(TÜRKEI)

Mastix ist das aus dem Stamm des Mastixbaumes, einer Pista-
zienart, gewonnene und getrocknete Harz, das ein duftend
blumiges Aroma mitbringt und außergewöhnlich intensiv
schmeckt. Im Orient wird es zum Binden und Aromatisieren
von Milchdesserts und Eiscreme verwendet. *Salep*, ein bei
uns kaum erhältliches, aus den Wurzeln einer Orchidee
gewonnenes Pulver, ersetzt in der Türkei die Maisstärke.

FÜR 4 PERSONEN

1 EL Maisstärke, in 1 EL Milch aufgelöst
1 Mastixklümpchen, mit ¼ TL extrafeinem Zucker zu
   feinem Pulver zerstoßen
500 ml Vollmilch
150 g Sahne
100 g extrafeiner Zucker
100 g Pinien- oder auch Pistazienkerne oder Mandeln,
   fein gehackt

Die aufgelöste Maisstärke mit dem zerstoßenen Mastix vermischen. In einem Topf die Milch mit der Sahne und dem Zucker
zum Kochen bringen und dabei ständig rühren, bis sich der
Zucker gelöst hat. Vom Herd nehmen.

Die Maisstärke-Mastix-Mischung gründlich einrühren, sanft
erhitzen und 5–10 Minuten rühren, bis die Mischung eindickt.
Durch ein Sieb in eine Schüssel gießen und abkühlen lassen.
Die Pinienkerne, Pistazien oder Mandeln einrühren und im Kühlschrank völlig erkalten lassen.

In der Eismaschine nach Anweisung des Herstellers weiterverarbeiten. Alternativ in geeignete Schalen gießen und bis zu
6 Stunden ins Gefrierfach stellen, dabei stündlich mit einer Gabel
durchrühren, um die Bildung dicker Eiskristalle zu verhindern.
Vor dem Servieren etwa 15 Minuten in den Kühlschrank stellen.

Rosenwasserwürfel (TÜRKEI)

Mastix verleiht diesem türkischen Konfekt, dessen einheimi-
scher Name *lokum* lautet, nicht nur ihre frische Geschmacks-
note, sondern auch die geleeartige Konsistenz. Die Haltbarkeit beträgt mehrere Wochen.

ERGIBT ETWA 24 WÜRFEL

650 ml Wasser
500 g extrafeiner Zucker
75 g Maisstärke, in 100 ml Wasser verrührt
4 TL Mastixkristalle, mit derselben Volumenmenge Zucker
   zu feinem Pulver zerstoßen
50 ml Rosenwasser
Einige Tropfen rosa oder rote Lebensmittelfarbe
Butter zum Einfetten
Puderzucker, gesiebt, zum Bestäuben

Das Wasser mit dem Zucker in einem Topf erhitzen und unter
häufigem Rühren kochen lassen, bis sich der Zucker gelöst hat.

Maisstärke, Mastix, Rosenwasser und Lebensmittelfarbe vermischen. Nach und nach 3–4 Löffel des Zuckersirups einrühren.

Die Mischung in den Topf mit dem Sirup gießen. Erneut zum
Kochen bringen und bei niedriger Temperatur etwa 10 Minuten
ständig rühren, bis die Mischung eindickt. Die richtige Konzentration ist erreicht, wenn sich ein kleiner Löffel davon, in eine Tasse
mit kaltem Wasser getropft, zu einer Kugel ballt.

Eine kleine, rechteckige, flache Backform mit gebuttertem Backpapier auslegen. Die Mischung hineingießen und erkalten lassen.

Auf ein mit Puderzucker bestäubtes Brett stürzen und in 24 Würfel schneiden. In einer Schüssel mit weiterem Puderzucker wenden.

In eine Dose mit fest schließendem Deckel schichten und
jeweils weiteren Puderzucker darüber sieben.

Zhug (JEMEN)

Die feurig scharfe Paste, quasi ein Pesto von grünen Chilis und Kräutern, schmeckt gut als Aufstrich auf *pitta* und ähnlichen Fladenbroten.

ERGIBT 1 GLAS

5 milde grüne Chilischoten
1 frische scharfe rote Chilischote
3 Knoblauchzehen, zerdrückt
6 Petersilienstängel, die Blätter gehackt
6 Korianderstängel, die Blätter gehackt
1 EL Kreuzkümmel, in einer Pfanne ohne Fett
 leicht geröstet und fein zerstoßen
12 schwarze Pfefferkörner, fein zerstoßen
12 Kardamomkapseln, die Samen ausgelöst und
 fein zerstoßen
Bis zu 4 EL Oliven- oder Sonnenblumenöl
Salz

Alle Chilis aufschneiden, die Samen und Scheidewände entfernen und die Schoten fein hacken.

Sämtliche Zutaten außer dem Öl und Salz im Mixer vermischen. Nach und nach das Öl einrühren, bis eine dicke Paste entsteht. Salzen und nach Belieben sofort verwenden.

In einem fest verschlossenen Glas hält sich die Paste im Kühlschrank einige Wochen, wenn man sie mit einem Ölfilm bedeckt, den man nach jeder Entnahme erneuert.

Za'atar (JORDANIEN)

Säuerlicher Sumach, nussiger Sesam und aromatischer Thymian verbinden sich in dieser Mischung, die im gesamten Vorderen Orient bekannt ist. Sie wird oft noch vor dem Backen auf Fladenbrote und gelegentlich auf eine mit Käse *(halloumi)* belegte »Pizza« namens *mankoushi* gestreut.

ERGIBT 1 GLÄSCHEN

½ EL Sesamsamen
2 EL getrockneter Thymian, zerrieben
1 EL grob gemahlener Sumach
½ TL Salz

Den Sesam in einer Pfanne ohne Fett rösten, bis er Farbe annimmt und nussig duftet. Vom Herd nehmen, etwas abkühlen lassen und mit den übrigen Zutaten mischen. Das *za'atar* gleich verwenden oder in ein luftdicht verschließbares Glas füllen.

Süßes Advieh (IRAN)

Wie das indische *garam masala* wird diese süß-aromatische Mischung ganz zuletzt über die Gerichte gestreut. Die Rosenblütenblätter bekommt man bei arabischen Lebensmittelhändlern.

ERGIBT 1 GLAS

30 Safranfäden
100 g Rohzucker
1 gute Prise von zerriebenen getrockneten
   Rosenblütenblättern
100 g Pistazien, geschält und gemahlen
50 g gemahlene Koriandersamen
25 g frisch gemahlener Zimt
10 Kardamomkapseln, geschält und zerstoßen

Den Safran in einer Pfanne ohne Fett bei niedriger Temperatur rösten, wobei er auf keinen Fall verbrennen darf. Mit ¼ Teelöffel Zucker im Mörser zu Pulver zerstoßen und anschließend mit allen übrigen Zutaten vermischen. In einem luftdicht verschlossenen Glas möglichst im Kühlschrank aufbewahren.

Pikantes Advieh (IRAN)

Ihre Wurzeln hat diese würzige Mischung in der persischen Medizin. Sie wird von traditionsbewussten Familien selbst hergestellt, ist aber in aromatisch duftenden oder kräftigen bis pikanten Varianten auch fertig erhältlich. Die hier vorgestellte Version ist beispielsweise ideal, um den talgigen Geschmack von Hammelfleisch zu mildern.

ERGIBT 1 GLAS

20 schwarze Pfefferkörner, fein zerstoßen
50 g gemahlener Kreuzkümmel
50 g gemahlene Koriandersamen
50 g gemahlene Kurkuma
25 g Zimtstange, fein zerstoßen
10 Kardamomkapseln, geschält und zerstoßen
3 Gewürznelken, fein zerstoßen

Alle Zutaten gründlich vermischen. Das pikante *advieh* kann gleich verwendet werden. Aufbewahrt wird es in einem luftdicht verschlossenen Glas und möglichst im Kühlschrank.

Mixed Pickles (IRAN UND TÜRKEI)

Gemüse in würzigen Essigsud einzulegen ist eine allgemein gebräuchliche Konservierungsmethode, mit der sich eine überreiche Ernte geschickt verwerten lässt.

Dabei verwendet man im Orient bis hin nach Indien nicht nur Trauben- oder Weinessig, sondern auch Apfel- und Dattelessig, meist im Verhältnis 1:1 mit Wasser gemischt. Stark wasserhaltiges Gemüse wird oft zunächst eingesalzen, um ihm die überschüssige Feuchtigkeit zu entziehen; bestimmte Sorten lässt man auch in Lake ziehen. Manchmal werden alle Zutaten 5 Minuten in einer Essigmischung gekocht, bevor sie abgekühlt in Gläser wandern.

ERGIBT 2 GROSSE EINMACHGLÄSER

1 großer Blumenkohl, in Röschen geteilt und diese jeweils
   in 2 oder 3 Stücke geschnitten
3 rote oder grüne Paprikaschoten, Samen und Scheide-
   wände entfernt, in 2–3 cm große Stücke geschnitten
250 g Möhren, in 2–3 cm große Stücke geschnitten
250 g Bleichsellerie, die Stangen entfasert und in
   2–3 cm lange Stücke geschnitten
4 kleine Einlegegurken, längs geviertelt und die Stücke
   quer halbiert
100 g grüne Bohnen, von den Enden befreit und in
   3 cm lange Stücke geschnitten
4 Knoblauchzehen, halbiert
3 Dillstängel, zerpflückt
750 ml Wasser
300 ml Weißwein- oder Apfelessig
50 g Salz
2 EL Koriandersamen
2 EL Schwarzkümmelsamen
1 TL getrocknete Minze

Das Gemüse und den Knoblauch in sterilisierte Einmachgläser füllen, dazwischen den Dill einlegen.

Das Wasser mit dem Essig, dem Salz, Koriander, Schwarzkümmel und der Minze in einem Topf aufkochen und bei verminderter Temperatur 5 Minuten köcheln lassen. Heiß in die Gläser gießen, das Gemüse soll bedeckt sein. Die Gläser fest verschließen, die Pickles an einem kühlen Ort 6 Wochen durchziehen lassen.

Afrika

Die Vielfalt der afrikanischen Küche mag beachtlich sein, erstaunlich ist sie aber nicht. Immerhin 53 Länder umfasst dieser Kontinent, der über drei Meere blickt: im Westen über den Atlantik nach Amerika, im Osten über den Indischen Ozean in den Fernen Osten und im Norden über das Mittelmeer auf das alte Europa und in den Orient. Mehr noch als durch die geographischen und landschaftlichen Gegebenheiten wurde die facettenreiche Kultur des modernen Afrika jedoch durch die geschichtlichen Ereignisse geprägt.

Aufgrund seiner Lage war Afrika über Jahrtausende ein bedeutender Umschlagplatz. Kairo bildete eine zentrale Anlaufstelle für die Karawanen aus dem Morgenland, die Gewürze aus Indien und Persien herbeibrachten. Ihre Abnehmer waren Kaufleute aus dem Mittelmeerraum, die die Waren erst in Griechenland, dann auch in Rom und später über die großen Gewürzhäfen Venedig und Genua absetzten.

Nordafrika nimmt eine Ausnahmestellung ein. Nachdem es erst in die Machtsphären der Griechen und Römer eingebunden war, ging es im 8. Jahrhundert n. Chr. in einem neuen islamischen

Reich auf, das sich über Tunesien, Algerien und Marokko bis nach Spanien erstreckte.

Unter dem Einfluss der arabischen Invasoren setzte sich in den zuvor genannten nordafrikanischen Ländern jener ursprünglich persische, würzige und zugleich feine Kochstil durch, der bis heute die Küche des Maghreb kennzeichnet. Honig und Zucker, Datteln, Mandeln und Trockenfrüchte, frische Kräuter wie Minze und wärmende Gewürze geben den Ton an. Manche der hiesigen Gerichte sind inzwischen internationale Klassiker, etwa Couscous mit Fleisch, Huhn oder Gemüse und einer fast betäubend scharfen *Harissa*-Sauce oder die herzhaften, stundenlang gegarten Fleischeintöpfe namens *tagine*. Köstlich schmecken auch die pikanten Pasteten wie gebratenes *borek* (in das manchmal ein rohes Ei eingeschlossen ist) oder *b'stilla*, abwechselnd mit würzig zubereiteter Taube aufgeschichtete Teiglagen, die zuletzt mit Puderzucker bestäubt werden. Eine breite Palette pikanter Salate aus gemischten gekochten und rohen Gemüsesorten sowie Tomaten, Oliven und Kräutern, angemacht mit Öl und Zitronensaft, komplettiert das Angebot herzhafter Genüsse. Für pikante Sinnesreize sorgen komplexe Gewürzmischungen wie *chermoula*, mit dem man Fisch einreibt, bevor er auf den Grill kommt, oder auch *ras-el-hanout*, das Dutzende von Ingredienzen enthalten kann.

Die Küstenregionen

Trotz seiner immensen Ausdehnung war Afrika selbst niemals ein bedeutender Gewürzproduzent. Unfruchtbares, für den Anbau von Nutzpflanzen ungeeignetes Gelände nimmt weite Teile des Kontinents ein, und auf Höhe des Äquators erstreckt sich ein breiter Gürtel nahezu undurchdringlichen tropischen Regenwalds. Eine Ausnahme bildet die Westküste. Hier entdeckten die europäischen Seefahrer die aromatischen Paradieskörner (auch Guinea- oder Meleguetapfeffer genannt), die in Rom als preiswerter Ersatz für den damals kostspieligen Pfeffer gut ankamen, dann den bis ins 17. Jahrhundert in England beliebten Würzwein

Geschickt bearbeitet der ägyptische Jung den Teig für ein trad tionelles Fladenbrot.

Hippocras aromatisierten und bis heute in der Rezeptur des dänischen Akvavit enthalten sind.

Nachdem Oman seinen Herrschaftsbereich bis zur Ostküste Afrikas ausgedehnt und sich dabei auch Sansibar einverleibt hatte, wurde die Insel, die heute zu Tansania gehört, zu einem Ausgangspunkt für Beutezüge in den Kongo, mit denen sich das Sultanat Elfenbein und Sklaven verschaffte. Beide waren profitable Handelsgüter. Letztere aber wurden auch für die riesigen Gewürznelkenplantagen benötigt, die Sultan Seyyid Said auf der Insel hatte anlegen lassen, um der niederländischen Ostindischen Kompanie das Nelkenmonopol streitig zu machen. Bis heute ist Sansibar nicht nur ein wichtiger Erzeuger dieses und anderer exotischer Gewürze wie Muskatnuss, Ingwer und Kardamom.

In jedem afrikanischen Land begegnet man heute den Chilischoten, die untrennbar mit dem Sklavenhandel verbunden sind. Über drei Millionen wurden als Arbeiter auf den Zuckerrohrplantagen nach Nord- und Südamerika – nach Louisiana, Brasilien und in die Karibik – verkauft. Aus ihrer Heimat nahmen sie die vertrauten Nahrungspflanzen mit, die sich unter ähnlichen Klimabedingungen auch andernorts ohne Aufwand ziehen ließen: Süßkartoffel, Yamswurzel, Maniok, Okra und Bohnen. Die gegenläufige Strömung blieb nicht aus. Und so gelangten nicht nur Truthahn, Schokolade, Vanille, Tomaten und Mais nach Afrika, sondern vor allem die Chilis, die bald den ziemlich belanglosen, suppenähnlichen Eintöpfen aus mageren Hühnern, Fisch und Gemüse ebenso wie den bis dahin geschmacklich eher faden Maismehlbällchen, dem vergorenen Maniokbrei *(fou fou)* und den gestampften Kochbananen *(foutou)* den entscheidenden kulinarischen Kick gaben.

Südafrika

Die einfache Kost der Eingeborenen aus Getreide (Hirse), kleinen Vögeln und sogar Insekten wurde schnell durch die solide, aber wenig aufregende Küche der niederländischen, französischen und später britischen Einwanderer überlagert. Farbe in das kulinarische Bild brachten die Malaien und Inder, die als Sklaven bzw. als Kontraktarbeiter ins Land kamen. Ihnen verdankt die heutige südafrikanische Küche Spezialitäten wie *bobotie*, eine süß-pikante Hackfleischpastete mit Eierguss, *sosaties* (würzige Fleischspieße), Gemüsecurrys und scharfe Relishes, die in der Gemeinde der so genannten Kap-Malaien als *sambal* bezeichnet werden. In den Straßen Kapstadts haben die Kap-Malaien die Imbisssszene fest im Griff: Fast alle Essensstände werden von ihnen betrieben. Steht Ihnen unterwegs etwa der Sinn nach einem dampfend heißen *paratha* mit würziger Kartoffel- oder Gemüsefüllung? Kein Problem! Schon an der nächsten Ecke ist es zu haben – in fantastischer Qualität.

Das an der Ostküste gelegene Durban ist quasi ein »Little India«: Es beherbergt die weltweit größte indische Gemeinschaft außerhalb des Subkontinents und so kommen Liebhaber von dessen Küche hier voll auf ihre Kosten. Auch weiter nördlich auf

Sansibar sind die indischen Einflüsse unübersehbar, diesmal jedoch durchmischt mit arabischen Elementen (erst 1964 wurden hier die letzten Omaner aus ihren Ämtern vertrieben) sowie mit Anklängen an die Zeiten portugiesischer und britischer Herrschaft. Ziemlich ursprünglich sind dagegen die Kochtraditionen Sudans und Äthiopiens, wo sich der Gaumen auf heftige Attacken durch die mörderisch scharfe Chilipaste namens *berberi* gefasst machen muss.

Unvergesslich ist ein Besuch Ägyptens mit seinen grandiosen Hinterlassenschaften der Pharaonen. Auf einem Ausflugsboot auf dem Nil kann man sonntags Seite an Seite mit einheimischen Familien, die hier ihr Mittagessen genießen, das traditionelle Bohnengericht *ful mesdames* probieren und gleichzeitig das Gefühl auskosten, Teil einer fünf Jahrtausende alten Tradition zu sein.

Auf dem Kairoer Basar Khan el-Khalili wartet ein Gewürzhändler auf Kundschaft.

Sechs Salate aus Marokko

Die marokkanische Küche kennt ein breites Repertoire von Salaten aus rohen und gegarten Zutaten – manchmal auch aus beiden kombiniert –, die meist großzügig mit frischen Kräutern und Gewürzen angereichert werden. Bis zu einem Dutzend solcher Salate werden häufig in kleinen Schüsseln zu Beginn eines Essens serviert.

Zitronensalat mit Oliven

Mit seiner pikanten und erfrischenden Art regt dieser Salat zuverlässig den Appetit an. Wahrscheinlich muss er nicht zusätzlich gesalzen werden, da die Oliven schon für ausreichende Würze sorgen.

FÜR 4–6 PERSONEN

4 Zitronen
12 schwarze Oliven, entsteint
12 grüne Oliven, entsteint
½ Weinglas natives Olivenöl extra
1 TL gemahlener Kreuzkümmel
½ TL Chilipulver
1 EL frisch gehackte Petersilie zum Garnieren

Die Zitronen schälen. Das Fruchtfleisch hacken und mit den schwarzen und grünen Oliven, dem Öl, dem Kreuzkümmel und dem Chilipulver vermischen.

Den Salat erst unmittelbar vor dem Servieren mit der Petersilie bestreuen.

Würziger Möhrensalat

Denkbar einfache Zutaten ergeben einen überraschend aparten Genuss.

FÜR 4 PERSONEN

500 g Möhren, geschabt
2 EL Olivenöl
Saft von 1 Zitrone
½ TL Chilipulver oder Cayennepfeffer
1 TL Zimtpulver
1 TL Zucker
1 Knoblauchzehe, gehackt und mit 1 TL Salz zerstoßen
½ TL gemahlener Ingwer
Frisch gehackte Petersilie zum Garnieren

Die ganzen Möhren in einem Topf mit Wasser bedecken, zum Kochen bringen und in etwa 20 Minuten weich garen. Im Kochwasser 1 Stunde abkühlen lassen. Abgießen und, sobald man sich an ihnen nicht mehr die Finger verbrennt, in Scheiben oder Stücke beliebiger Größe schneiden.

Mit den übrigen Zutaten außer der Petersilie wieder in den Topf füllen und einige Minuten durchwärmen, damit sich die Aromen schön verbinden. Abkühlen lassen.

Vor dem Servieren mit Petersilie bestreuen.

Orangensalat mit Oliven

Salzig, süß, sauer und bitter – alle vier Geschmacksrichtungen sind gleichberechtigt vertreten in diesem erfrischenden Salat. Er wird in Marokko, wo besonders aromatische Oliven und herrlich süße Orangen heranreifen, häufig zubereitet.

FÜR 4–6 PERSONEN

6–8 möglichst kernlose Orangen
Mindestens 20 violette Oliven (beispielsweise aus Kalamata), entsteint
Saft von ½ Zitrone
1 kräftige Prise gemahlener Kreuzkümmel
1 Prise Chilipulver
1 TL extrafeiner Zucker
1 Prise Salz

Die Orangen »bis aufs Fleisch« schälen, also auch die innere weiße Haut vollständig entfernen. Mit einem feinen Messer mit gesägter Klinge die Filets zwischen den weißen Trennhäuten herauslösen, dabei den austretenden Saft auffangen.

Die Filets, nach Belieben auch in kleinere Stücke geschnitten, mit den Oliven in eine Schüssel füllen. Mit dem Orangen- und dem Zitronensaft, dem Kreuzkümmel, dem Chilipulver, Zucker und Salz vermischen.

Den Salat gekühlt servieren.

Rote-Bete-Salat

Der farbenfrohe, herzhafte Salat kann auch als Hauptmahlzeit serviert werden.

FÜR 4–6 PERSONEN

1 kg Rote Beten
500 g reife Tomaten, blanchiert, von Haut und Samen
    befreit, gewürfelt
1 rote Zwiebel oder ½ weiße Zwiebel, fein gehackt
1 EL frisch gehackte glatte Petersilie
Saft von 1 Zitrone
4 EL natives Olivenöl extra
½ TL gemahlener Kreuzkümmel
Salz und frisch gemahlener schwarzer Pfeffer
1 TL Zucker
1 Prise Chilipulver (nach Belieben)
500 g neue Kartoffeln, gekocht, gepellt und in Scheiben
    oder Würfel geschnitten
Schwarze Oliven ohne Stein zum Garnieren

Die Roten Beten ungeschält in kochendem Wasser in etwa
30 Minuten weich garen – die Garzeit variiert je nach der Größe
der Rüben. Nach kurzem Abkühlen die Haut abziehen und das
Fruchtfleisch würfeln. In einer Schüssel mit sämtlichen Zutaten
außer den Kartoffeln und den Oliven vermischen.

Die Kartoffeln am Rand einer großen Servierplatte kreisförmig
anordnen und den Salat in die Mitte häufen. Mit Oliven garnieren.

Möhren-Orangen-Salat

Etwas Orangenblütenwasser verstärkt noch das Aroma.

FÜR 4–6 PERSONEN

2 Orangen
500 g Möhren, gerieben
Saft von ½ Zitrone
1 TL Zimtpulver
1 EL extrafeiner Zucker

Die Orangen »bis aufs Fleisch« schälen, also auch die innere
weiße Haut vollständig entfernen. Mit einem feinen Messer mit
gesägter Klinge die Filets zwischen den weißen Trennhäuten
herauslösen, dabei den austretenden Saft auffangen.

Die Orangen mit den Möhren, dem Orangen- und dem Zitronensaft, dem Zimt und dem Zucker vermischen.

Den Salat gekühlt servieren.

Ceylonzimt (oben die
ganzen Stangen,
unten links Zimt-
pulver) spielt in der
afrikanischen Küche
eine bedeutende
Rolle.

Salat von gerösteten Paprikaschoten und Tomaten

Für diesen in Marokko überaus beliebten Salat wird das Gemüse gegart – geröstet, gegrillt oder gebraten. In jedem Fall genießt man den Salat jedoch kalt.

FÜR 4–6 PERSONEN

4 grüne Paprikaschoten
8 große reife Tomaten
4 Frühlingszwiebeln, gehackt
2 EL Olivenöl
Saft von 1 Zitrone
1 kräftige Prise gemahlener Kreuzkümmel
Salz und frisch gemahlener schwarzer Pfeffer
1 EL frisch gehackte glatte Petersilie
Schwarze Oliven zum Garnieren

Den Backofen auf 200 °C vorheizen.

Die Paprikaschoten und die Tomaten auf ein Backblech legen und in etwa 30 Minuten gar rösten. Die Tomaten enthäuten und die Samen auslösen. Die Paprikaschoten 5 Minuten in einem verschlossenen Plastikbeutel schwitzen lassen – danach lässt sich auch ihre Haut mühelos abziehen. (Alternativ die Schoten über einer Gasflamme rösten und dabei immer wieder drehen, bis die Haut gleichmäßig angekohlt ist, anschließend die Schoten enthäuten.) Das Fruchtfleisch der Tomaten und Paprikaschoten fein würfeln.

Zusammen mit den Frühlingszwiebeln in eine Schüssel füllen und mit dem Olivenöl, dem Zitronensaft und dem Kreuzkümmel sowie Salz und Pfeffer nach Geschmack vermischen. Mit der Petersilie bestreuen und mit Oliven garnieren.

Knusprige Kichererbsenbällchen (SÜDAFRIKA)

Die knusprig frittierten, pikant abgeschmeckten *dhaltjies* geben köstliche Appetithappen ab. Das Rezept gelangte durch indische Immigranten nach Südafrika.

ERGIBT ETWA 24 STÜCK

175 g Kichererbsenmehl *(gram flour)*, gesiebt
75 g Weizenmehl
1 TL Backpulver
150 ml Wasser
½ TL Cayennepfeffer
1 TL gemahlene Kurkuma
1 cm frische Ingwerwurzel, gerieben
1 TL gemahlener Kreuzkümmel
1 TL *garam masala* (siehe Seite 31)
2 Eier, verquirlt
3 Korianderstängel, gehackt
1 kräftige Prise Salz
1 l Maiskeimöl zum Frittieren

Die beiden Mehlsorten und das Backpulver in einer großen Schüssel vermengen. Das Wasser mit einem Schneebesen einrühren. Den Cayennepfeffer, die Kurkuma, den Ingwer, den Kreuzkümmel, das *garam masala* und die Eier untermischen. Zuletzt den Koriander und das Salz einrühren.

Das Öl in einer Fritteuse oder einem hohen Topf auf 180 °C erhitzen – die Temperatur ist erreicht, wenn feiner blauer Rauch aufsteigt (zuverlässiger ist natürlich die Messung mit einem Fettthermometer). Jeweils etwa sechs Esslöffel Teig einzeln ins heiße Öl gleiten lassen und frittieren – die Bällchen sind fertig, wenn sie an die Oberfläche steigen und eine gleichmäßig goldbraune Farbe angenommen haben. Mit einer Schaumkelle herausnehmen und auf Küchenpapier abtropfen lassen.

Heiß servieren.

Lammspieße mit Aprikosen-sauce (SÜDAFRIKA)

Die ursprüngliche Heimat dieser in Südafrika traditionellen Lammspieße ist Malaysia – dort heißen sie *kebab*, in Südafrika dagegen *sosatie*. Sie werden mit einer süßen Aprikosensauce beträufelt. Legen Sie das Fleisch bereits am Vorabend in die Marinade ein.

FÜR 4 PERSONEN

1 kg Lammkeule ohne Knochen
2 Zwiebeln, in feine Scheiben geschnitten
2 Knoblauchzehen, gehackt
2 cm frische Ingwerwurzel, gerieben
2 Lorbeerblätter, zerkrümelt
4 Gewürznelken
1 EL *garam masala* (siehe Seite 31)
1 TL gemahlene Kurkuma
2 EL weicher dunkelbrauner Zucker
1 kräftige Prise Salz
300 ml Malzessig
16 getrocknete Aprikosenhälften, 1 Stunde in heißem
    Wasser eingeweicht
1 TL Maisstärke
4 EL Wasser
2 EL Aprikosenkonfitüre

Das Fleisch in 2–3 cm große Würfel schneiden – insgesamt benötigen Sie 24 Würfel, 3 je Spieß. Mit den Zwiebeln, dem Knoblauch, dem Ingwer, den Lorbeerblättern, den Nelken, dem *garam masala* und der Kurkuma in eine Schüssel füllen.

Den Zucker und das Salz in dem Essig auflösen. Zum Fleisch gießen und durchmischen. Mit Klarsichtfolie abdecken und über Nacht im Kühlschrank marinieren.

Die Fleischstücke abwechselnd mit den abgetropften Aprikosen auf acht Holzspieße stecken (diese müssen zuvor gründlich gewässert werden, damit sie beim Grillen nicht verbrennen). Die Spieße unter dem inzwischen vorgeheizten Grill 10–15 Minuten grillen und dabei mehrmals wenden.

Die Maisstärke in 2 Esslöffel Wasser auflösen. In einem Topf die Konfitüre mit dem restlichen Wasser verrühren. Die Maisstärke gründlich einrühren und die Mischung unter ständigem Rühren langsam erwärmen, bis sie eindickt. Über die Spieße träufeln.

Mit gekochtem Reis servieren.

Süßkartoffel-Weißkohl-Topf mit Erdnüssen (GHANA)

Viele der Agrarprodukte Ghanas sind sehr stärkereich. Trotzdem schmecken die aus ihnen zubereiteten Gerichte stets würzig und besitzen meist eine pikante Schärfe.

FÜR 4–6 PERSONEN

3 EL Sonnenblumen- oder Erdnussöl
2 Zwiebeln, in feine Scheiben geschnitten
2 Knoblauchzehen, gehackt
5 cm frische Ingwerwurzel, gerieben
750 g Süßkartoffeln, gewürfelt
½ Kopf Weißkohl, in 2,5 cm große Stücke
    geschnitten
1–2 TL Chilipulver (nach Geschmack)
1 EL Paprikapulver, plus mehr zum Garnieren
1 TL Salz
4 Tomaten, blanchiert, von Haut und Samen befreit,
    gehackt
1 EL Tomatenmark
350 ml Hühner- oder andere Brühe
200 g Erdnüsse oder ½ Glas Erdnussbutter »crunchy«
Ananaswürfel zum Garnieren
Bananenscheiben zum Garnieren
Korianderblätter zum Garnieren

Das Öl in einem Topf bei niedriger Temperatur erhitzen und die Zwiebeln darin in 10–15 Minuten goldbraun schwitzen. Den Knoblauch und den Ingwer untermischen und unter Rühren 1 Minute mitschwitzen.

Die Süßkartoffeln, den Kohl, das Chili- und Paprikapulver sowie das Salz dazugeben und alles 1 Minute pfannenrühren, damit sich die Aromen schön verbinden. Die Tomaten, das Tomatenmark und die Brühe zufügen. 20 Minuten köcheln lassen, bis die Süßkartoffeln weich sind.

In einer Pfanne die Erdnüsse, sofern verwendet, ohne Fett rösten, bis sich die Haut löst. Noch heiß in ein Küchentuch einschlagen und die Haut abreiben, danach im Mixer oder Mörser grobkörnig zerstoßen. Die Nüsse oder, falls verwendet, die Erdnussbutter in das Gemüse einrühren und dieses noch 2–3 Minuten köcheln lassen. Probieren und eventuell nachsalzen. Mit den Ananaswürfeln und Bananenscheiben garnieren. Vor dem Servieren mit Korianderblättern und Paprikapulver bestreuen.

Tagine vom Huhn mit Zitronen

(MAROKKO)

Dezent säuerlich eingelegte Zitronen, dazu Oliven und eine Vielfalt an Gewürzen machen diesen nordafrikanischen Klassiker, dessen Name *tagine* auf ein typisches Kochgeschirr verweist, zu einem echten Genuss. Am besten schmeckt der Eintopf, wenn Sie das Fleisch über Nacht marinieren.

FÜR 4 PERSONEN

1 Huhn, geviertelt
2 Zwiebeln, gehackt
2 EL frisch gehackte glatte Petersilie
2 EL frisch gehackte Korianderblätter
1 Zimtstange
2 eingelegte Zitronen, in Viertel oder Spalten geschnitten
250 g grüne oder violette Oliven, abgespült und entsteint
Saft von ½ Zitrone

FÜR DIE MARINADE
2 Knoblauchzehen, fein gehackt
1 Prise Safranfäden
½ TL gemahlener Ingwer
½ TL gemahlener Kreuzkümmel
½ TL Paprikapulver
½ TL Salz
¼ TL frisch gemahlener weißer oder schwarzer Pfeffer
4 EL Sonnenblumen- oder Olivenöl

Sämtliche Marinadezutaten in einer Schüssel vermischen. Die Hühnerstücke damit bestreichen und zugedeckt mehrere Stunden oder über Nacht im Kühlschrank ziehen lassen.

Das Fleisch mit der Marinade, den Zwiebeln, der Petersilie, dem Koriander und der Zimtstange in einen großen Topf füllen. Bis auf halbe Höhe der Zutaten Wasser dazugießen. Zum Kochen bringen und zugedeckt etwa 30 Minuten köcheln lassen, dabei die Hühnerstücke häufig wenden. Falls die Flüssigkeit einkocht, heißes Wasser nachgießen. Nur halb zugedeckt weitere 20 Minuten köcheln lassen, bis das Fleisch beinahe von den Knochen fällt.

Die Zitronen und Oliven untermischen und noch 10 Minuten mitköcheln lassen, damit sich die Aromen schön verbinden.

Die Hühnerstücke mit den Zitronen und Oliven auf einer Servierplatte anrichten und abdecken, damit sie nicht auskühlen.

Die Zimtstange aus dem Topf nehmen und wegwerfen. Die Sauce bei hoher Temperatur ohne Deckel auf etwa 250 Milliliter einkochen lassen. Mit dem Zitronensaft, Salz und Pfeffer abschmecken.

Über die Hühnerstücke gießen und sofort servieren.

Lammfleisch-Kürbis-Topf
(SÜDAFRIKA)

Bei diesem Fleisch-Gemüse-Topf namens *bredie* handelt es sich um das südafrikanische Gegenstück zum nordafrikanischen *tagine* (siehe linke Seite). Gewöhnlich wird er mit Lammfleisch zubereitet, doch schmeckt er ebenso mit Rindfleisch. Entscheidend für das Gelingen ist es jedoch, ihn in zwei Durchgängen zuzubereiten. Zur Abwechslung können Sie den hier verwendeten Kürbis durch Weißkohl, Blumenkohl, Erbsen, Bohnen, Spinat, Linsen oder Tomaten ersetzen.

FÜR 4 PERSONEN

3 EL Sonnenblumen- oder Erdnussöl
3 Zwiebeln, in Scheiben geschnitten
1 kg Lammkeule ohne Knochen, in 3 cm große Stücke geschnitten
2 getrocknete Chilischoten, gehackt
1 kräftige Prise Salz
1 EL brauner Zucker
100 ml Wasser
1 kg Riesen- oder Butternusskürbis, in 2–3 cm große Würfel geschnitten
2–3 cm frische Ingwerwurzel, gerieben
1 EL *garam masala* (siehe Seite 31)

Das Öl in einem großen Topf erhitzen und die Zwiebeln darin bei mittlerer Temperatur in etwa 10 Minuten weich schwitzen. Die Temperatur hoch schalten, das Fleisch zufügen und etwa 15 Minuten braten, bis es seine Farbe verändert.

Die Chilis, das Salz und den Zucker gründlich untermischen, damit sich die Aromen schön verbinden. Das Wasser dazugießen, zum Kochen bringen, einen Deckel auflegen und etwa 1 Stunde köcheln lassen. Bei Bedarf die verdampfende Flüssigkeit durch kochendes Wasser ersetzen.

Wenn das Fleisch gar ist, den Topf vom Herd nehmen. Abkühlen lassen und über Nacht kalt stellen.

Den Kürbis und den Ingwer unter das wieder erhitzte Fleisch mischen und 1 Stunde köcheln lassen, bis der Kürbis gar ist. Dabei etwas kochendes Wasser zugießen, falls der Topfinhalt zu stark austrocknet. Zuletzt das *garam masala* untermischen.

Gemischter Salat mit knusprigen Brotwürfeln
(ÄGYPTEN)

Im alten Ägypten häuften die Pharaonen immense Reichtümer an. Da ihr Land sowohl von den Karawanen aus dem Osten wie auch von den Schiffen aus dem Mittelmeerraum angesteuert wurde, konnten sie den internationalen Gewürzhandel kontrollieren. Geographisch gehört Ägypten zwar zu Afrika, kulinarisch orientiert es sich jedoch an seinem arabischen Nachbarn Libanon. Von dort kommen die besten Köche, die heute in Kairo noch die verwöhntesten Genießer begeistern. Minze wird nicht nur bei jeder Gelegenheit in Form von Tee serviert, sondern würzt auch frische Salate wie den hier vorgestellten, der in Ägypten als *fattoush* bekannt ist.

FÜR 4 PERSONEN

1 große Gurke, geschält und gewürfelt
4 Tomaten, in große Würfel geschnitten
1 grüne Paprikaschote, Samen und Scheidewände entfernt, gewürfelt
8 knackige grüne Salatblätter, in Stücke zerpflückt
Saft von 1 Zitrone
4 EL natives Olivenöl extra
1 TL gemahlener Sumach
Salz und frisch gemahlener Pfeffer

ZUM GARNIEREN

2 Minzestängel, die Blätter grob gehackt
2 Petersilienstängel, die Blätter grob gehackt
2 Scheiben Weißbrot, in Olivenöl knusprig gebraten und in kleine Würfel geschnitten

In einer großen Schüssel die Gurke, die Tomaten, die Paprikaschote und den grünen Salat vermischen. Den Zitronensaft mit dem Öl, Sumach, Salz und Pfeffer vermischen und den Salat mit der Marinade anmachen. Mit der Minze, der Petersilie und den knusprigen Brotwürfeln garnieren.

Couscous mit sieben Gemüsen (MAROKKO)

Sehr oft sind nordafrikanische Gerichte extrem scharf, und gewöhnlich ist eine feurige Chilipaste namens *harissa* der Urheber dafür. In diesem Fall wird sie separat dazu gereicht, sodass jeder Gast selbst entscheiden kann, was er seinem Gaumen zusätzlich zu der ohnehin schon pikanten Würze des Gerichtes zumuten will. Farblich dominieren in dem Rezept aus Fez die Rot- und Orangetöne von Paprikaschoten, Tomaten, Kürbis und Möhren, doch können Sie auch andere Gemüsesorten Ihrer Wahl verwenden. Ein Großteil der Zubereitung lässt sich gut bereits am Vorabend erledigen.

FÜR 4 PERSONEN

25 g Butter
1 EL Olivenöl
1 Huhn, in 8 Stücke zerteilt
4 große Zwiebeln, geviertelt
8 Möhren, quer geviertelt
2 grüne Chilischoten, eingestochen, aber nicht
    aufgeschnitten
1 Bund Koriandergrün, gehackt
1 Zimtstange oder 2 Stücke Kassiarinde
½ TL gemahlene Kurkuma
Salz und frisch gemahlener schwarzer Pfeffer
1 Prise Safranfäden
1,5 l Wasser oder Hühnerbrühe
250 g getrocknete Kichererbsen, vorgekocht, oder
    Kichererbsen aus der Dose, abgetropft
2 weiße Rüben, geviertelt
1 rote Paprikaschote, Samen und Scheidewände entfernt,
    in 8 Stücke geschnitten
4 Tomaten, blanchiert, enthäutet und geviertelt
3 Zucchini, in 3 cm lange Stücke geschnitten
200 g Kürbisfruchtfleisch, in 3 cm große Stücke geschnitten
425 g Couscous, nach Packungsanweisung gegart

FÜR DIE *HARISSA*-SAUCE
1 TL *harissa* (siehe Seite 98)
Saft von ½ Zitrone
1 EL Olivenöl
Koriander- oder Petersilienblätter, frisch gehackt,
    zum Garnieren

In einem schweren, möglichst gusseisernen Topf die Butter mit dem Öl zerlassen. Die Hühnerstücke darin in etwa 5 Minuten braun anbraten.

Die Hälfte der Zwiebeln und Möhren, die Chilis, das Koriandergrün, den Zimt oder die Kassie und die Kurkuma unter das Fleisch mischen, salzen und pfeffern. Den Safran in einer Tasse mit etwas kochendem Wasser übergießen und mit einem Löffelrücken ausdrücken, um die Farb- und Aromastoffe freizusetzen. Einrühren und zugedeckt bei niedriger Temperatur 10 Minuten garen.

Das Wasser oder die Brühe zugießen, zum Kochen bringen und bei verminderter Temperatur 1 Stunde köcheln lassen. (Bis hierher lässt sich das Gericht am Vorabend vorbereiten.)

Das Fett abschöpfen und das Fleisch erneut erhitzen. Die Kichererbsen und das übrige Gemüse entsprechend seinen Garzeiten zufügen und garen: Als Erstes kommen die restlichen Möhren und Zwiebeln hinzu, als Letztes die Zucchini und der Kürbis.

Inzwischen für die *Harissa*-Sauce in einem kleinen Topf das *harissa*, den Zitronensaft und das Olivenöl mit 4–6 Esslöffeln der Flüssigkeit aus der Kasserolle verrühren und erhitzen. In eine Schüssel füllen und mit den gehackten Kräutern bestreuen.

Den punktgenau fertig gegarten Couscous mit dem Huhn-Gemüse-Topf auf einer großen Platte anrichten. Die *Harissa*-Sauce separat servieren.

Weizenbrei mit gehacktem Rindfleisch (SANSIBAR)

Auf Sansibar, einem Schmelztiegel afrikanischer und indischer Esstraditionen, wird dieses deftige Gericht namens *bokoboko* in den Familien und auch in Restaurants gern gegessen. Den Weizen bekommen Sie im Bioladen.

FÜR 4–6 PERSONEN

1 kg Weizenkörner
100 g *ghee* (siehe Seite 14) oder geklärte Butter
1 kg Hackfleisch vom Rind
5 Kardamomkapseln, die Samen ausgelöst und zerstoßen
2 Zimtstangen von je 5 cm, in Stückchen gebrochen

Den Weizen in einer Getreidemühle mahlen (in vielen Bioläden steht eine Getreidemühle bereit). Mit kochendem Wasser bedecken und 30 Minuten quellen lassen.

Das *ghee* oder die Butter erhitzen und das Hackfleisch etwa 5 Minuten braten, bis es grau wird und krümelig auseinander fällt. Den Kardamom und den Zimt einrühren und einige Minuten weiterbraten.

In einen großen Topf umfüllen und den Weizen mit dem Wasser untermischen. Bei niedriger Temperatur 2–3 Stunden garen, dabei nach Bedarf kochendes Wasser zugießen, das Gericht darf nicht zu trocken werden.

Falafel (ÄGYPTEN)

Längst sind die ursprünglich aus Ägypten stammenden knusprig frittierten Bällchen auch in Israel zum beliebten Straßensnack avanciert. Man isst sie gewöhnlich aus der Hand, mit klein geschnittenem Salat und *tahin* (Sesampaste) in Fladenbrote gefüllt. In ihrer Heimat werden sie aus Dicken Bohnen zubereitet, in Israel, Libanon, Syrien und Jordanien hingegen aus Kichererbsen.

FÜR 4 PERSONEN

450 g getrocknete Dicke Bohnen oder Kichererbsen,
   24 Stunden eingeweicht
1 Zwiebel, gerieben
6 Frühlingszwiebeln, fein gehackt
2 Knoblauchzehen, zerdrückt
2 TL gemahlener Kreuzkümmel
2 TL gemahlene Koriandersamen
1 Prise Cayennepfeffer oder Chilipulver

1 Bund Koriandergrün oder Petersilie,
   die Blätter gehackt
Salz und frisch gemahlener schwarzer Pfeffer
Erdnussöl zum Frittieren
Sesamsamen zum Garnieren (nach Belieben)

Die Dicken Bohnen oder Kichererbsen, die inzwischen ganz weich sein sollten, abseihen und im Mixer oder Mörser zu einem pastenartigen Püree verarbeiten.

Die Zwiebel, die Frühlingszwiebeln und den Knoblauch, die Gewürze und das Koriandergrün oder die Petersilie sowie Salz und Pfeffer nach Geschmack gründlich untermischen. Mindestens 30 Minuten ruhen lassen.

Aus der Masse kleine Bällchen oder abgeflachte Küchlein mit 3 cm Durchmesser formen.

In einem schweren Topf reichlich Öl erhitzen und die *falafel* portionsweise goldbraun frittieren.

Auf Küchenpapier abtropfen lassen und nach Belieben in Sesam wälzen. Mit einem Salat und *pitta* oder anderem Fladenbrot servieren.

Hackfleischpastete
(SÜDAFRIKA)

Fast könnte man *bobotie* als eine Art Nationalgericht Südafrikas bezeichnen. Das Besondere ist nicht nur die Kombination aromatischer Zutaten – unter anderem gebratene
Zwiebeln, Currygewürze und Aprikosenkonfitüre –, sondern
auch der Eierguss mit aufgestreuten Mandeln.

FÜR 8 PERSONEN

1 EL Sonnenblumen- oder Erdnussöl
2 Zwiebeln, in feine Scheiben geschnitten
1 Knoblauchzehe, gehackt
1 kg Hackfleisch vom Rind
2 EL Currypulver
1 TL *garam masala* (siehe Seite 31)
3 Scheiben altbackenes Weißbrot, eingeweicht und
   zerpflückt
25 ml Malzessig
2 Eier, verquirlt
15 g Rosinen
3 EL Aprikosenkonfitüre
1 kräftige Prise Salz
Butter für die Form
20 blanchierte Mandeln, in Scheiben geschnitten

FÜR DEN GUSS
2 Eier
300 ml Milch

Den Backofen auf 180 °C vorheizen.

Das Öl in einer Pfanne erhitzen und die Zwiebeln mit dem
Knoblauch etwa 3 Minuten pfannenrühren. Sobald sie weich werden, das Hackfleisch zufügen und etwa 3 Minuten unter Rühren
braten, bis es grau wird und krümelig zerfällt. Das Currypulver
und das *garam masala* untermischen.

Das Brot, den Essig, die verquirlten Eier, die Rosinen, die Konfitüre und das Salz einrühren und 30 Minuten köcheln lassen.

Eine etwa 8 cm hohe Kastenform dünn mit Butter ausstreichen.
Die Fleischmasse einfüllen, glatt streichen und 30 Minuten im
vorgeheizten Ofen backen.

Für den Guss die Eier mit der Milch gründlich verquirlen, über
das Hackfleisch gießen und mit den Mandeln bestreuen. Weitere
20 Minuten backen, bis der Eierguss leicht aufgegangen und
goldbraun ist.

Die Hackfleischpastete aufschneiden und heiß servieren.

Braune Dicke Bohnen mit würzigen Beigaben (ÄGYPTEN)

Ursprünglich wurde *ful mesdames* – so der ägyptische Name
dieses traditionellen, suppenähnlichen Gerichts aus braunen
Dicken Bohnen – über Nacht gekocht und als wirkungsvoller
Energiespender von den Landarbeitern zum Frühstück
gegessen. Aber auch mittags weckt schon eine kleine Portion
garantiert die Lebensgeister. Denken Sie daran, die Bohnen
rechtzeitig einzuweichen.

FÜR 4 PERSONEN

450 g getrocknete braune Dicke Bohnen, über Nacht
   eingeweicht
Salz und frisch gemahlener schwarzer Pfeffer

ZUM SERVIEREN
Olivenöl
2 frische oder eingelegte Zitronen, geviertelt
1 TL Kreuzkümmel, ohne Fett in einer Pfanne geröstet,
   in einer Gewürz- oder Kaffeemühle gemahlen oder
   im Mörser zerstoßen
2 TL Koriandersamen, ohne Fett in einer Pfanne geröstet,
   in einer Gewürz- oder Kaffeemühle gemahlen oder im
   Mörser zerstoßen
Frisch gehackte Petersilie
2 Knoblauchzehen, gehackt
1 Bund Frühlingszwiebeln, gehackt

Die Bohnen abseihen und in einem Topf mit frischem Wasser
bedecken. Zum Kochen bringen und zugedeckt mindestens
2 Stunden köcheln lassen, bis sie weich sind. Erst jetzt salzen und
mit Pfeffer würzen.

Die Bohnen in einzelnen Suppenschalen anrichten und heiß
servieren. Das Olivenöl und die übrigen Beigaben in separaten
kleinen Schüsseln auf den Tisch stellen, sodass jeder Gast seine
Portion selbst abschmecken kann.

Dazu passt *pitta* oder ein ähnliches Fladenbrot.

Klippfischcurry (TANSANIA)

Weltweit wird Fisch mit Salz konserviert. Nach Tansania kam diese Methode durch die portugiesischen Gewürzhändler (Portugal ist bekannt für seinen Klippfisch oder *bacalhau*).

FÜR 4 PERSONEN

500 g Klippfisch, 3 Stunden gewässert, das Wasser
  zweimal gewechselt
2 EL Sonnenblumen- oder Erdnussöl
1 Zwiebel, in feine Scheiben geschnitten
2 Knoblauchzehen, gehackt
2 Kartoffeln, gewürfelt
1 grüne Paprikaschote, Samen und Scheidewände
  entfernt, gehackt
1 Tomate, blanchiert, von Haut und Samen befreit,
  gehackt
1 EL gemahlene Koriandersamen
2 TL gemahlener Kardamom
1 TL gemahlene Kurkuma
½ TL Chilipulver

Den Fisch abgießen, in einem Topf mit frischem Wasser bedecken und 15 Minuten leise köcheln lassen. Abgießen, die Haut und die Gräten entfernen (bei Bedarf eine Pinzette zu Hilfe nehmen) und das Fleisch zerpflücken.

Das Öl in einem weiten Topf erhitzen und sämtliche Zutaten außer dem Fisch 10 Minuten darin rühren.

Zuletzt den Fisch untermischen und noch 5 Minuten sanft mitgaren, bis die Kartoffeln weich sind.

Das Gericht mit gekochtem Reis servieren.

Würziger Lammtopf (ÄTHIOPIEN)

Die deftigen Eintöpfe Äthiopiens – sie sind unter dem Namen *wot* bekannt, und diese Version heißt *yebeg wot* – kommen selten ohne die feurige Chilipaste namens *berberi* (ausgesprochen ›bari-bari‹) aus. Wenn der Hunger besonders groß ist, gibt man zum Schluss noch hart gekochte Eier hinein.

FÜR 4–6 PERSONEN

2 EL Erdnuss- oder Sonnenblumenöl
2 Zwiebeln, fein gehackt
50 ml *berberi* (siehe Seite 96)
50 ml geklärte Würzbutter (siehe Seite 99)
2–3 cm frische Ingwerwurzel, gerieben
1 Knoblauchzehe, gehackt
6 große Tomaten, blanchiert, enthäutet und gehackt
Salz und frisch gemahlener schwarzer Pfeffer
1 kg Lammkeule ohne Knochen, in 3 cm große Stücke
  geschnitten

Das Öl in einem schweren Topf erhitzen und die Zwiebeln darin weich schwitzen. Das *berberi* einrühren und einige Minuten mitschwitzen. Die Würzbutter zufügen und die Zwiebeln weitere 10 Minuten garen.

Den Ingwer und den Knoblauch untermischen und 5 Minuten sanft mitdünsten. Die Tomaten zufügen, salzen, pfeffern und 15 Minuten köcheln lassen.

Das Fleisch in den Topf geben und bei niedriger Temperatur in 1 Stunde sanft garen, bis es schön weich ist, dabei gelegentlich rühren und bei Bedarf etwas Wasser zufügen.

Den Lammtopf mit gekochtem Reis servieren.

Palmöl zum Kochen und noch ein paar andere Waren hat diese Händlerin im Angebot, die auf dem Kongo unterwegs ist

Masala-Fischsteaks aus dem Ofen (SÜDAFRIKA)

Die Gewürze für diese Zubereitung sind unverkennbar indisch, wurden aber auch von den moslemischen Kap-Malaien verwendet. Sie benötigen Fisch mit festem Fleisch wie Kabeljau, Lachs, Meerbarbe, Seeteufel oder auch Schellfisch.

FÜR 4 PERSONEN

4 Fischsteaks, je etwa 250 g, enthäutet
Sonnenblumen- oder Erdnussöl zum Braten

FÜR DIE MASALA-PASTE
2 TL *garam masala* (siehe Seite 31)
2–3 cm frische Ingwerwurzel, gerieben
1 grüne Chilischote, Samen entfernt, fein gehackt
1 Knoblauchzehe, zerdrückt
Saft von 1 Limette oder Zitrone
1 kräftige Prise Salz
2 EL Sonnenblumen- oder Erdnussöl

Für die *Masala*-Paste sämtliche Zutaten im Mixer oder im Mörser mit einem Stößel zu einer homogenen Paste verarbeiten.

Die Fischsteaks auf beiden Seiten gleichmäßig mit der Paste bestreichen und ½–1 Stunde marinieren.

Den Backofen auf 200 °C vorheizen.

In einer schweren, ofenfesten Pfanne etwas Öl erhitzen und die Fischsteaks von beiden Seiten jeweils 1 Minute anbraten. In der Pfanne in den Ofen schieben und in 8 Minuten fertig braten. (Die Pfanne mit einem Topflappen-Handschuh aus dem Ofen nehmen und den Griff mit einem Tuch umwickeln, damit Sie sich nicht die Hände verbrennen. Es gibt auch Pfannen mit abnehmbarem Griff – extra für den Ofen.)

Mit gekochtem Reis und Zwiebel-Sambal (siehe Seite 98) servieren.

Tarte mit Vanillecreme (SÜDAFRIKA)

Getrocknete Tangerinenschalen bilden bei diesem klassischen Dessert der Küche Südafrikas – dort heißt es *melktert*, also »Milchtorte« – einen reizvollen Kontrast zu der süßlichen Zimtnote. Um die Zutat selbst herzustellen, dörren Sie einfach die fein gehackten Zitrusschalen einige Stunden bei niedriger Temperatur im Ofen, bis sie knusprig sind. Was Sie für dieses Rezept nicht benötigen, lässt sich in einem luftdicht verschlossenen Glas gut aufbewahren.

FÜR 6–8 PERSONEN

Butter für die Form
350 g selbst gemachter oder aufgetauter tiefgefrorener Mürbteig
Mehl zum Bestäuben
4 Eier, verquirlt
4 EL extrafeiner Zucker
1 TL Vanilleessenz
2 EL Weizenmehl
600 ml Milch
2 TL Zimtpulver
1 EL getrocknete Tangerinenschalen, zerstoßen

Den Backofen auf 220 °C vorheizen.

Eine Tortenbodenform mit 23 cm Durchmesser und herausnehmbarem Boden oder eine entsprechend große Pieform mit Butter ausstreichen. Den Teig auf einer bemehlten Arbeitsfläche ausrollen und die Form damit auskleiden. Den Teigboden mit Alufolie abdecken, mit getrockneten Bohnenkernen füllen und 15 Minuten blind backen – bei dieser Methode bewahrt der Teigboden später seine Form. Aus dem Ofen nehmen und die Temperatur auf 200 °C herunterschalten.

Die Eier, den Zucker und die Vanilleessenz mit einem Schneebesen energisch verrühren.

Das Mehl in etwas Milch verrühren und mit der restlichen Milch in einen Topf gießen. Unter ständigem Rühren erhitzen, bis die Milch eindickt. Den Zimt und die Tangerinenschalen unterziehen.

Den Topf vom Herd nehmen. Die Ei-Zucker-Vanille-Mischung mit dem Schneebesen unterrühren, bis eine dicke Creme entsteht.

Die Bohnen und die Folie vom Teigboden entfernen, die Creme einfüllen und glatt streichen. Die Tarte zurück in den Ofen schieben und 20 Minuten, eventuell auch etwas länger backen, bis die Oberfläche gleichmäßig goldgelb ist.

Besonders gut schmeckt sie warm.

Ras-el-hanout (MAROKKO)

In manchen Versionen enthält das *ras-el-hanout* weit über ein Dutzend unterschiedlicher Zutaten. Kardamom, Muskatnuss, Muskatblüte, Zimt, Piment, Pfefferkörner, Ingwer und Gewürznelken gehören zu den Grundkomponenten. Dazu kommen von Fall zu Fall noch Chilis, Kurkuma, Galgant, Kubebenpfeffer, Koriandersamen und Paradieskörner, getrockneter Knoblauch, Lavendelblüten und Safran sowie Kräuter und Gewürze, die außerhalb Nordafrikas kaum bekannt sind. Nachfolgend ein einfaches, aber dennoch typisches Rezept für die Gewürzmischung, die Wild- und Lammgerichte und insbesondere *tagines* abrundet, aber auch über Reis und Couscous gestreut wird.

ERGIBT 1 KLEINES GLAS

12 Kardamomkapseln, die Samen ausgelöst
1 TL schwarze Pfefferkörner
2 Gewürznelken
1 Zimtstange, zerkrümelt
1 Muskatnuss, gerieben
1 TL gemahlene Muskatblüte
1 TL gemahlener Piment
1 TL gemahlene Kurkuma
1 EL gemahlener Ingwer
1 TL Chilipulver

Die Kardamomsamen, Pfefferkörner, Nelken und Zimtstückchen in einer schweren Pfanne ohne Fett rösten, bis ein intensiver Duft aufsteigt. In einer Gewürz- oder Kaffeemühle mahlen oder im Mörser zerstoßen.

Mit den restlichen Zutaten vermischen und in ein luftdicht verschließbares Glas füllen.

Berberi (ÄTHIOPIEN)

Diese rote Paste peppt in Äthiopien nicht nur die meisten Eintöpfe auf, sondern dient auch als Tischwürze. Manchmal erhält sie durch einen noch größeren Chilianteil eine geradezu explosive Schärfe. Im Kühlschrank hält sie monatelang.

ERGIBT 1 GLAS

1 EL Chilipulver
1 EL Paprikapulver
1 TL Koriandersamen, ohne Fett in einer Pfanne geröstet und in einer Gewürz- oder Kaffeemühle gemahlen oder im Mörser zerstoßen
1 TL frisch gemahlener schwarzer Pfeffer
1 Prise frisch geriebene Muskatnuss
4 Gewürznelken
1 Prise Zimtpulver
1 Prise gemahlener Piment
1 TL gemahlener Kardamom
4 Schalotten, gehackt
2 Knoblauchzehen, gehackt
1 EL Salz
250 ml kochendes Wasser
Olivenöl zum Bedecken

Alle Zutaten außer dem Wasser und Olivenöl in den Mixer füllen. Einschalten und nach und nach so viel von dem Wasser einlaufen lassen, bis eine geschmeidige Paste entsteht.

In ein Glas mit Schraubdeckel füllen, mit etwas Öl bedecken und im Kühlschrank aufbewahren.

Gurken-Sambal (SÜDAFRIKA)

Als Kap-Malaien sind die Nachfahren der Sklaven bekannt, die ab Mitte des 17. Jahrhunderts aus den südostasiatischen Kolonien der Niederlande nach Südafrika verschleppt worden waren. Ein fester Bestandteil ihrer Küche sind pikante *sambals*, die auch aus Möhren, Tomaten, Zwiebeln oder sogar Äpfeln bereitet werden. Sie ähneln Relishes oder Pickles und werden wie diese als Beigabe zu den Hauptgerichten gereicht.

FÜR 4–6 PERSONEN

1 Gurke, geschält und in dünne Scheiben geschnitten
3 TL Salz
1 grüne Chilischote, fein gehackt
1 Knoblauchzehe, fein gehackt
1 TL Malz- oder Weinessig
1 TL extrafeiner Zucker

Die Gurkenscheiben in einer flachen Schüssel mit dem Salz bestreuen und 1 Stunde ziehen lassen. Abseihen, kalt abspülen, abtropfen lassen und mit Küchenpapier trockentupfen.
  Vor dem Servieren mit den übrigen Zutaten vermischen.

Zwiebel-Sambal (SÜDAFRIKA)

Auch dieses knackig frische Zwiebel-Relish ist typisch für die Küche der Kap-Malaien.

FÜR 4–6 PERSONEN

2 Zwiebeln, in dünne Scheiben geschnitten
2 grüne Chilischoten, Samen und Scheidewände entfernt, fein gehackt
1 Knoblauchzehe, fein gehackt
1 EL Malzessig oder der Saft von 1 Zitrone oder Limette
1 TL Zucker
1 kräftige Prise Salz

Die Zwiebelscheiben in einer Schüssel mit kochendem Wasser bedecken und 30 Minuten ziehen lassen, um ihnen den dominanten rohen Geschmack zu nehmen. Abseihen, kalt abspülen, abtropfen lassen und mit Küchenpapier trockentupfen.
  Mit den übrigen Zutaten vermischen und wie ein Relish oder Pickles verwenden.

Harissa (NORDAFRIKA)

Die Paste gibt es in Tuben oder Dosen fertig zu kaufen, doch haben Sie mit dem Mixer ruck, zuck eine Menge selbst hergestellt, mit der Sie monatelang auskommen. Ganze Gewürzsamen, falls verwendet, zunächst in einer Pfanne ohne Fett rösten, bis sie aromatisch duften, und dann in einer Gewürz- oder Kaffeemühle mahlen oder im Mörser fein zerstoßen.

ERGIBT 1 KLEINES GLAS

25 g getrocknete rote Chilischoten
1 Knoblauchzehe
1 TL Kümmel
½ TL gemahlene Koriandersamen
½ TL gemahlener Kreuzkümmel
½ TL Tomatenmark
½ TL Salz
4 EL Olivenöl

Die Chilis in einer Tasse mit kochendem Wasser bedecken und 1 Stunde ziehen lassen, danach abseihen und fein hacken. Mit dem Knoblauch, den Gewürzen, dem Tomatenmark, dem Salz und 2 Esslöffeln von dem Öl in den Mixer füllen und zu einer Paste verarbeiten.
  In ein kleines Glas füllen, mit dem restlichen Öl bedecken und im Kühlschrank aufbewahren. Wenn die Oberfläche stets dünn mit Öl bedeckt ist, hält sich das *harissa* mindestens zwei Monate und verbessert sich dabei geschmacklich sogar noch.

Feurige Gewürzmischung

(NIGERIA UND GHANA)

In Westafrika gibt dieser Mix Fleisch- und Gemüseeintöpfen eine temperamentvolle Würze.

ERGIBT 1 GLAS

1 EL getrocknete rote Chilischoten, fein gehackt
¼ frische scharfe rote Chilischote, fein gehackt
1 EL gemahlene Paradieskörner
10 cm frische Ingwerwurzel, gerieben
1 TL gemahlener Kubebenpfeffer (falls erhältlich)

Alle Zutaten in einer Gewürz- oder Kaffeemühle zu Pulver mahlen oder im Mörser fein zerstoßen. Die Mischung in einem luftdicht verschlossenen Glas aufbewahren.

Geklärte Würzbutter

(ÄTHIOPIEN)

ERGIBT 1 GLAS

100 g Butter
50 ml Wasser
1 kleine Zwiebel, gehackt
1 Knoblauchzehe, gehackt
2–3 cm frische Ingwerwurzel, gerieben

Die Butter mit dem Wasser in einem Topf erhitzen, bis sie schmilzt. Die Zwiebel, den Knoblauch und den Ingwer unter Rühren zufügen. Sobald die Butter so stark kocht, dass sie aufschäumt, vom Herd nehmen. Setzen und abkühlen lassen. Vorsichtig durch ein Sieb in ein sterilisiertes Glas gießen, sodass alle festen Bestandteile zurückbleiben.
   Fest verschlossen hält sie im Kühlschrank mehrere Monate.

Pili Pili (NIGERIA UND GHANA)

Die Küche Westafrikas wäre deutlich ärmer ohne »Scharfmacher« wie diese Sauce. Erst sie geben manchem gekochten oder auch rohen Gericht den entscheidenden Kick.

ERGIBT 1 GROSSES GLAS

4 reife Tomaten, blanchiert, von Haut und Samen befreit, gehackt
½ frische scharfe rote Chilischote, Samen entfernt, fein gehackt
½ Zwiebel, fein gehackt
2 Knoblauchzehen, fein gehackt
1 walnussgroßes Stück frischer Meerrettich, geschält und gerieben
2 EL Sonnenblumen- oder Erdnussöl

Sämtliche Zutaten mit dem elektrischen Pürierstab gründlich vermischen. Die fertige Sauce in einem luftdicht verschlossenen Glas im Kühlschrank aufbewahren.

Mango-Pickle (SANSIBAR)

An der Ostküste Afrikas sind die indischen Einflüsse unverkennbar. Dieses herb-saure Pickle rundet Fleisch- und Fischgerichte apart ab.

FÜR 4–6 PERSONEN

6 unreife (grüne) Mangos, geschält, vom Stein gelöst und in dünne Scheiben geschnitten
1 Zwiebel, in feine Scheiben geschnitten
2 grüne Paprikaschoten, Samen und Scheidewände entfernt, gehackt
5 cm frische Ingwerwurzel, gerieben
2 Knoblauchzehen, gehackt
2 TL Salz

Sämtliche Zutaten in einer Schüssel vermischen. In ein Glas füllen und, luftdicht verschlossen, vor der Verwendung 2 Wochen im Kühlschrank ziehen lassen.

Perfekt präsentiert ist diese Gewürzauswahl in einem Laden auf Djerba, Tunesien.

Lateinamerika und Karibik

Wie ein roter Faden durchzieht eine pikante Schärfe die herzhafte Küche der Karibik und Lateinamerikas. Sie prägt etwa die _Jerk_-Paste und den Pfeffertopf Westindiens ebenso wie beispielsweise auch die brasilianischen Garnelengerichte speziell in Bahia, dem an der Ostküste gelegenen Bundesstaat, in dem die afrikanische Kultur noch besonders lebendig ist. In Mexiko schließlich gibt es kaum ein Rezept, das auf Chilis verzichtet.

Die Kochtradition der Karibik ist stark von den einheimischen Gewürzen geprägt, allen voran vom Piment, der hier auch _pimiento de Jamaica_ (Jamaikapfeffer) genannt wird. Er ist eine entscheidende Zutat im Angostura Bitter, der seit 1875 auf Trinidad produziert wird.

Einem westlichen Vorurteil zufolge ist die karibische Küche vor allem abenteuerlich scharf. Tatsächlich ist sie aber auch wundervoll würzig. Aus Grenada kommen die besten Muskatnüsse der Welt, und auch sonst gedeihen im tropischen Klima alle wichtigen Gewürzpflanzen der Welt.

Die Ankunft der Eroberer

Als Kolumbus 1492 die Anker lichtete, ging es ihm nicht so sehr um die Entdeckung Amerikas als vielmehr um Gold, das er in fernen Landen zu finden hoffte. Von seinen königlichen Sponsoren bekam er einen Wunschzettel mit auf den Weg, auf dem kostbare Gewürze wie Zimt und Mastix aufgelistet waren. Keines von ihnen konnte er auftreiben, stieß aber dafür auf den Piment, den er aufgrund der Form der Beeren für Pfeffer hielt. Damit irrte er zwar, trotzdem hatte er einen wertvollen Fund gemacht. Nicht von ungefähr ist der Piment auch als Allgewürz bekannt, denn er verströmt einen nelkenähnlichen Duft und erinnert im Geschmack an Muskatnuss, Zimt und Pfeffer. So erklärt sich ein weiterer Name dieses Gewürzes, nämlich Nelkenpfeffer.

Neben den Kräutern und Gewürzen, die seit jeher hier heimisch sind, und anderen wie Ingwer, Zimt und Muskatnuss, die von spanischen, portugiesischen und britischen Händlern eingeführt wurden, spielen zahlreiche scharfe Chilisorten eine beherrschende Rolle in den Spezialitäten der Karibik. Hierzu gehört die intensive _Jerk_-Paste, mit der Schweinefleisch, aber auch Huhn oder Meeresfrüchte vor dem Grillen kräftig eingestrichen werden.

Ein bedeutendes mittelamerikanisches Gewürz ist die Vanille, deren Heimat die Regenwälder Mexikos sind. Auch der Kakao ist hier den Gewürzen zuzurechnen, denn er rundet so manche _mole_ ab, eine gehaltvolle, mit zwölf bis sechzehn verschiedenen Gewürzen angereicherte Sauce. _Mole poblano_ zum Beispiel enthält mit Zimt gewürzte Schokoladentaler.

Annatto wird – hauptsächlich allerdings als Färbemittel und weniger wegen des leicht sauren Geschmacks – viel verwendet. Manchmal werden Saucen damit gefärbt, in Mexiko reibt man mit der aus aus den Samen gewonnenen Paste _(achiote)_ Fisch ein, bevor er auf den Grill kommt. In Chile erhitzt man die Samen in Schweineschmalz oder Öl, siebt das Fett anschließend durch und erhält so das stark färbende _color chileno_.

Ihre kulinarische Vormachtstellung behaupten die Chilis in ganz Lateinamerika. Fast bei jedem Essen stehen Flaschen mit Chilisauce oder Teller mit frischen grünen Chilis, begleitet von Limettenscheiben, auf dem Tisch. In Mexiko nehmen ihren Platz Schalen mit sämigen Saucen, einem pikanten Avocado-Dip namens _guacamole_ oder _frijoles refritos_, gebratenem chilischarfem Bohnenpüree, ein. Vor allem in Mexiko bieten die Märkte bis zu 60 verschiedene Sorten frischer und getrockneter Chilis an, deren Schärfe zwischen harmlos und höllisch scharf variiert. Zu den milden Sorten gehören _ancho_ und _mulato_, zu den »Extremisten« hingegen _habanero_ und Scotch Bonnet.

Mehr noch als die Schärfe interessiert mexikanische Hausfrauen und Köche jedoch das Aroma. Viele getrocknete und manchmal auch geräucherte Chilis, wie etwa die _chipotle_, bringen intensive Anklänge an tropische Früchte mit. Diese den Schoten zu entlocken ist eine der großen Herausforderungen bei der Zubereitung mexikanischer Gerichte.

Die 31 Staaten Mexikos überraschen durch ihre unterschiedlichen Kochstile. Zu den besonderen Delikatessen von Guerrero an der südlichen Westküste gehören zum Beispiel Fisch- und Garne-

lengerichte. Snapper wird vor dem Grillen häufiger mit einer Paste aus vier Sorten unterschiedlich scharfer getrockneter Chilis wie *ancho, pasilla, mulato* und de *árbol* bestrichen und dann noch mit Annatto überzogen.

Im Osten von Guerrero und ebenfalls am Pazifischen Ozean liegt Oaxaca (›wah-haca‹ ausgesprochen). Hier gedeihen einige Chilisorten, die es in keiner anderen Gegend gibt. Sie verleihen so manchem Rezept seine Einzigartigkeit. Die Bevölkerung – vorwiegend *mestizos*, hervorgegangen also aus indianisch-spanischen Verbindungen – ist stolz auf ihre sieben *moles* und fordert für sie das Urheberrecht ein. Denn angeblich entstammt der Name dieser Spezialität der Aztekensprache »Náhuatl« (*mole* = Mischung, Sauce). Eine Kombination aus verschiedenen Kräutern und Gewürzen, Samen, oft auch getrockneten Früchten und natürlich Chilis wird ausgiebig gekocht und die Sauce anschließend über einfach pochiertes Fleisch oder Geflügel, manchmal auch über Fisch gegossen.

Die mexikanischen *moles*

Die Königin der *moles* von Oaxaca ist die *mole negro*, die durch eine lokal angebaute rundliche Chili namens *chilhuacle* ihre charakteristische Note erhält. Weitere Versionen sind die ziegelrote *mole coloradito*, die *mole rojo* (rot, mit getrockneten Chilis) und die *mole verde* (grün, mit Kräutern und *chiles jalapeños*). Die *mole amarillo* (mit gelben Chilis) ist oft als Füllung in *empanadas* und Maisblatt-*tamales* enthalten. Die sechste *mole* ist unter dem Namen *mancha manteles*, übersetzt »Tischtuchkleckser«, bekannt, und die Letzte im Bunde ist die *chichilo mole*. Ihr Name verweist wiederum auf eine lokale Chilisorte, deren Samen über einer Flamme dunkel geröstet und dann mit anderen Würzzutaten gemischt werden.

Das »tägliche Brot« des Durchschnittsmexikaners bildet die *tortilla*, ein Maismehlfladen, der in verschiedenen Formen auf den Tisch kommt. Reis und Bohnen gehören, wie auch in den meisten anderen lateinamerikanischen Ländern, ebenfalls zu den Grundnahrungsmitteln. Je weiter man aber nach Süden gelangt, desto mehr setzt sich die Kartoffel durch. Schließlich stammt die Knolle vom *altiplano* Perus, wo sie seit 2500 Jahren eine wichtige Nahrungsquelle darstellt. Großer Beliebtheit erfreut sie sich auch in

Kolumbien, einem Land, das gleichzeitig an den Atlantik und den Pazifik grenzt. In den Küstenregionen bekommt man delikate Fischgerichte mit Kokosmilch, in den Bergen bestimmen gehaltvolle Eintöpfe mit Fleisch und Geflügel den Speiseplan.

Chile wartet mit den feinsten Meeresfrüchten auf, etwa Abalonen (*locos*), Venusmuscheln (*machas*) und *piures*, eine besondere Muschelart, die etliche Meter unter der Meeresoberfläche von den Felsen abgesammelt werden. Für Fisch muss man auf dem Zentralmarkt von Santiago de Chile, der allein wegen der eleganten Eisenkonstruktion seiner Halle einen Besuch lohnt, stattliche Preise zahlen. Auf anderen Märkten in der Umgebung kann man dagegen schon für wenig Geld Getreide und getrocknete Bohnen erstehen und sich an den Essensständen an einfachen, mit Chili gewürzten Suppen oder Lamm- und Kutteleintöpfen laben.

Argentinien besticht mit seinen atemberaubenden Kulissen und endlosen Weideflächen. Gegrilltes oder am Spieß gebratenes Rindfleisch, gewürzt mit pikanter Chilisauce, ist gewissermaßen ein Inbegriff der Landesküche.

Mit einem Gebiet vergleichbar dem der USA und einer Bevölkerung von 200 Millionen ist Brasilien der größte Staat Lateinamerikas. Seit hier vor 500 Jahren die Portugiesen landeten, hat sich ein buntes kulinarisches Kaleidoskop entwickelt. Eine besonders farbenfrohe Angelegenheit ist das Nationalgericht *feijoada*, ein feuriger Eintopf aus schwarzen Bohnen, einem Dutzend Sorten von getrocknetem, gepökeltem und geräuchertem Fleisch, grünem *couve* (Kohl), weißem Reis, goldgelb geröstetem *farofa*-Mehl (gewonnen aus Maniokknollen), Orangenscheiben und Chilis.

In São Paulo findet man neben einigen der besten *ristoranti* außerhalb Italiens auch Hunderte von Sushi-Bars, denn unter den 16 Millionen Einwohnern stellen die Japaner eine große Fraktion. Ein Gigant ist auch die 12-Millionen-Stadt Rio de Janeiro, in der man exzellentes Seafood und Fleisch, unter anderem die typischen *gaucho*-Braten des Südens, bekommt. Ein besonders lohnendes Ziel für Genießer ist schließlich der Bundesstaat Bahia. 90 Prozent der hier lebenden Menschen sind Nachfahren der Million westafrikanischer Sklaven, die sich auf den Zuckerrohrplantagen Brasiliens schinden mussten. Die schöne Seite dieses hässlichen Kapitels der Geschichte sind solche Köstlichkeiten wie *xinxim* (Hühnchen-Garnelen-Topf), *casqwuinhos recheados* (würzig gefüllter Krebs), *moqueca* (Garnelentopf mit Chilisauce) und nicht zuletzt die *acarajes* (frittierte Bohnenküchlein), die am Straßenrand von farbenprächtig herausgeputzten Frauen verkauft werden.

Weitere Beispiele solcher kleinen Snacks oder *salgadinhos*, die man sich in Brasilien gern zwischendrin gönnt, sind gebratene oder gebackene Pasteten wie *empanadas*, frittierte Bällchen (*bolinhos*), Toasts (*torradhinos*), zahllose süße Naschereien aus Kürbis und Süßkartoffel sowie verlockende Desserts – ein Vermächtnis der portugiesischen Nonnen. Und die Chili ist ein Extra, von dem man bei Tisch gern Gebrauch macht – als pikante Sauce oder gehackte Schoten, separat auf einem Teller gereicht.

Chilis aller erdenklichen Sorten bietet dieser mexikanische Verkaufsstand.

Kartoffeln mit Käsesauce

(MEXIKO)

Kombiniert mit einer würzigen Käsesauce mit Chilis, verwandeln sich simple Kartoffeln in einen herzhaften Genuss.

FÜR 4 PERSONEN

Saft von ½ Zitrone
3 getrocknete scharfe rote Chilischoten, Samen entfernt, zerkrümelt
Salz und frisch gemahlener schwarzer Pfeffer
1 Zwiebel, in Ringe geschnitten
8 Kartoffeln, geschält
1 frische grüne oder rote Chilischote, in feine Streifen geschnitten
2 hart gekochte Eier, halbiert, zum Garnieren
12 schwarze Oliven, entsteint, zum Garnieren

FÜR DIE SAUCE
175 g gut schmelzender Käse, grob gerieben
225 ml Sahne
1 TL gemahlene Kurkuma
1 frische grüne oder rote Chilischote, fein gehackt
3 EL Olivenöl

Den Zitronensaft mit den getrockneten Chilis sowie Salz und Pfeffer nach Geschmack in einer Schüssel verrühren. Die Zwiebelringe untermischen und ziehen lassen. Die Kartoffeln in leicht gesalzenem Wasser in etwa 20 Minuten gar kochen.

Inzwischen für die Sauce sämtliche Zutaten außer dem Öl in einer Schüssel verrühren. Das Öl in einem Topf erhitzen und die Käse-Sahne-Mischung zufügen. Etwa 5 Minuten köcheln lassen, bis die Sauce eindickt.

Die Kartoffeln abgießen, in einer vorgewärmten Servierschüssel anrichten und mit der Sauce übergießen.

Die marinierten Zwiebelringe abgießen und zusammen mit den Chilistreifen auf den Kartoffeln verteilen.

Mit den Eihälften und Oliven garnieren und heiß servieren.

Augenbohnenküchlein

(BRASILIEN)

Im 16. Jahrhundert gelangten diese pikanten Küchlein, die an die ägyptischen *falafel* erinnern, durch afrikanische Sklaven nach Brasilien. Dort erhielten sie durch die Zugabe von gehackten Garnelen und Chilis einen unverkennbar brasilianischen Touch. In Bahia werden diese *acarajes* als Straßensnack verkauft. Getrocknete Garnelen sind mit ihrem penetranten Geschmack nicht jedermanns Sache. Man kann sie auch weglassen.

ERGIBT 20 STÜCK

450 g getrocknete Augenbohnen
50 g getrocknete Garnelen (nach Belieben)
2 EL Olivenöl (nur für die Garnelen)
1 Zwiebel, gehackt
¼ TL Cayennepfeffer oder Chilipulver
Salz
Palmöl *(azeite de dendê)* oder Maiskeimöl zum Frittieren

Die Bohnen im Mixer mit dem Momentschalter nur anknacken. Mindestens 4 Stunden in Wasser einweichen.

Abseihen, in einer großen Schüssel großzügig mit kaltem Wasser bedecken und kräftig zwischen den Händen reiben, um die Häute zu lösen. Diese mit einer Schaumkelle von der Oberfläche abschöpfen und wegwerfen. Dasselbe mit heißem, nicht kochendem Wasser wiederholen. Die Bohnen abseihen.

Die Garnelen, falls verwendet, in einem kleinen Topf mit Wasser bedecken. Einmal aufkochen und 1 Minute köcheln lassen. Abseihen, kalt abbrausen und auf Küchenpapier abtropfen lassen. In dem Olivenöl in 1–2 Minuten knusprig braten und anschließend grob hacken.

Die Garnelen und die Zwiebel mit den Bohnen vermengen. Portionsweise im Mixer zu einem dicken Püree verarbeiten. Mit dem Cayennepfeffer oder Chilipulver würzen und leicht salzen.

Das Frittieröl etwa 8 cm hoch in einem nicht zu flachen Topf auf 180 °C erhitzen – die Temperatur mit dem Fettthermometer prüfen.

Mit einem Dessertlöffel Bällchen von dem Bohnenpüree abstechen, mit den Händen zu ovalen Küchlein formen. Jeweils fünf Küchlein in etwa 4 Minuten goldbraun frittieren. Vor dem Frittieren der nächsten Portion warten, bis die 180 °C wieder erreicht sind, und an der Oberfläche schwimmende Bröckchen abnehmen. Die fertigen Küchlein auf Küchenpapier abtropfen lassen und warm stellen.

Die Küchlein im Ganzen oder aufgeschnitten mit Chili-Salsa (siehe Seite 115) servieren.

Guacamole (MEXIKO)

Während manches Rezept aus Mexiko viel Geschick und Geduld erfordert, ist dieser Avocado-Dip im Handumdrehen hergestellt. Mit seinen reizvollen geschmacklichen und farblichen Kontrasten ist er typisch für die mexikanische Küche. Kosten Sie während der Zubereitung immer wieder, bis die Mischung für Sie stimmt. Genießen Sie die *guacamole* zu *tacos, tortillas* oder Fladenbrot oder auch auf einem üppigen Salatbett.

FÜR 4 PERSONEN

2 reife Avocados
Saft von ½ Limette oder Zitrone
1 EL Olivenöl
1 reife Tomate, blanchiert, von Haut und Samen befreit,
  fein gewürfelt

1 grüne Chilischote, Samen entfernt, fein gehackt
4 Frühlingszwiebeln, Weißes und Grünes separat gehackt
2 oder 3 Korianderstängel, fein gehackt bis auf einige
  ganze Blätter (zum Garnieren)
1 Knoblauchzehe
½ TL Meersalz
¼ TL Cayennepfeffer oder Paprikapulver zum Garnieren

Das Avocadofruchtfleisch mit einer Gabel grob zerdrücken (nicht im Mixer!). Den Limetten- oder Zitronensaft und das Öl zufügen. Behutsam die Tomate, die Chili, das Weiße der Frühlingszwiebeln und den gehackten Koriander untermischen. Den Knoblauch in dem Meersalz mit einer breiten Messerklinge fein zerdrücken und ebenfalls untermischen.

In die Schalenhälften der Avocados oder in eine Schüssel füllen. Mit Cayennepfeffer oder Paprika, dem Grün der Frühlingszwiebeln und den reservierten Korianderblättern garnieren.

Würziger Red Snapper vom Grill (MEXIKO)

Ein unverzichtbares Utensil der Strandrestaurants von Acapulco und generell an der pazifischen Westküste ist die *talla*, eine Grillplatte. Unter Palmendächern sitzen die Gäste auf Bänken an langen Holztischen und genießen den Blick über eine Lagune, in der Garnelenfischer ihre Netze auswerfen. Aus dem fangfrischen Angebot suchen sie sich einen Fisch aus, der dann speziell für sie gegrillt wird. Bis er zubereitet ist, was ein vorheriges, etwa 20-minütiges Marinieren einschließt, genießt man üblicherweise eine feurig scharfe Suppe aus roten Chilis. Besonders häufig kommt hier frisch oder auch getrocknet die schlanke, etwa 5 cm lange rote *chile de árbol* zur Verwendung, die an einem etwas höheren Busch reift. Die Marinade enthält in diesem Fall *achiote*, eine in Mexiko sehr gebräuchliche Gewürzpaste, die den Speisen eine rötliche Farbe und ein säuerliches Aroma verleiht.

FÜR 4 PERSONEN

4 Red Snappers oder andere festfleischige Fische wie Brassen, nicht geschuppt

FÜR DIE MARINADE
Saft von 2 Limetten
1 EL *achiote*
1 EL Salz

FÜR DIE SAUCE
8 getrocknete *chiles guajillos*
4 getrocknete *chiles anchos* oder auch *chiles pasillas* oder *de árbol*
500 g Tomaten, blanchiert und enthäutet, Samen entfernt
1 EL Weißweinessig
250 ml Wasser
1 rote Zwiebel, gehackt
3 Schalotten, gehackt
3 Knoblauchzehen, gehackt
1 TL gemahlener Kreuzkümmel
1 TL getrockneter Oregano
1 TL getrockneter Thymian
1 TL getrockneter Majoran
2 EL Sonnenblumenöl
Salz und frisch gemahlener schwarzer Pfeffer
50 g Butter, zerlassen

Die Fische mit einem scharfen Messer am Bauch aufschneiden und aufklappen, die Mittelgräte nicht entfernen. (Vielleicht erledigt der Fischhändler diese Vorbereitung für Sie.)

Die Marinadezutaten mit dem Stabmixer verrühren. Die Fische innen mit der Paste einreiben und 20 Minuten marinieren. Inzwischen die Sauce zubereiten.

Dafür die getrockneten Chilis in einer Schüssel mit kochendem Wasser bedecken und 10 Minuten einweichen, danach abgießen. Mit den Tomaten, dem Essig, dem Wasser, der Zwiebel, den Schalotten, dem Knoblauch, dem Kreuzkümmel und den getrockneten Kräutern im Mixer pürieren – die fertige Mischung hat die Konsistenz einer sämigen Paste.

Das Öl in einem schweren Topf erhitzen. Die Mischung zufügen und nach dem ersten Aufkochen bei niedriger Temperatur in 15 Minuten zu einer dickeren Sauce einköcheln lassen. Mit Salz und Pfeffer abschmecken und abkühlen lassen.

Die Fische mit der Hautseite nach unten grillen – etwa 10 Minuten auf dem vorbereiteten Holzkohlengrill oder unter dem vorgeheizten Elektrogrill –, dabei mehrmals mit der Sauce bestreichen. Wenden, mit der Butter einpinseln und in 5–10 Minuten fertig grillen.

Mit gekochtem Reis und einem grünen Salat servieren.

Bohnentopf (MEXIKO)

In mexikanischen Familien steht regelmäßig eine *olla* – ein großer Tontopf – auf dem Herd, in dem Bohnen *(frijoles)* stundenlang vor sich hin köcheln. Zwei unverzichtbare Gewürze für die *frijoles de olla* sind Chilis und *epazote*. Dieses »Mexikanische Teekraut« entfaltet einen senfartigen, Rucola-ähnlichen Geschmack und riecht nach Medizin, was sich beim Kochen aber verliert. Als Ersatz wird oft Lorbeer empfohlen, doch tut es auch etwas Senf.

Dieses Rezept ergibt 2 Kilo gekochte Bohnen, also genug für vier hungrige Mäuler oder mehrere Tage. Wenn Sie nicht so viel schaffen, halbieren Sie einfach die Zutaten.

FÜR 4 PERSONEN

450 g getrocknete schwarze Bohnen, Pinto- oder rote Kidneybohnen
6 l Wasser
1 EL Natron
1 Zwiebel, gehackt
12 Knoblauchzehen
2 frische oder getrocknete *Epazote*-Stängel oder 3 Lorbeerblätter oder 1 EL Senf
3 getrocknete rote Chilischoten
Salz

Die Bohnen mit 2 Liter Wasser bedecken, in das Sie als »Weichmacher« für die Schalen das Natron einrühren. Über Nacht stehen lassen, danach abseihen und gründlich abspülen. In einen Topf füllen, wieder mit 2 Liter kaltem Wasser bedecken und 10 Minuten kochen lassen, wobei sich an der Oberfläche Schaum sammelt. Wieder abseihen und gründlich abspülen.

Zurück in den Topf füllen und erneut mit 2 Liter Wasser bedecken. Die Zwiebel, den Knoblauch, *epazote* (ersatzweise Lorbeerblätter oder Senf) und die Chilis zufügen. (Gesalzen werden die Bohnen erst später, sonst bleiben ihre Häute hart.)

1½–2 Stunden köcheln lassen, bis sie weich sind, dabei nach Bedarf weiteres kochendes Wasser zugießen. Zur Garprobe eine Bohne zwischen Daumen und Zeigefinger zusammendrücken. (In einem Schnellkochtopf benötigen die Bohnen nicht einmal 30 Minuten.)

Von den fertig gegarten Bohnen 4 Esslöffel abnehmen und mit einem Löffelrücken zerdrücken. Zurück in den Topf geben und die Sauce damit binden. Zuletzt mit Salz abschmecken.

Mit gekochtem Reis servieren und separat dazu saure Sahne oder Joghurt reichen.

Bohnenpüree (MEXIKO)

Bohnentopfreste schmecken am nächsten Tag grandios als *frijoles refritos*. Übersetzt bedeutet dieser Name nichts weiter als »zweimal gebraten«, tatsächlich aber werden die Bohnen in Schmalz oder Öl in der Pfanne zerdrückt und anschließend knusprig gebraten.

FÜR 4 PERSONEN

3 EL Schweineschmalz oder Pflanzenöl, plus mehr nach Bedarf
250 g gekochte Bohnen (siehe links)
Salz

Das Schmalz oder Öl in einer schweren Pfanne erhitzen. Jeweils mehrere Esslöffel der Bohnen hineingeben und mit einem Holzlöffel zerdrücken. Salzen. Nach Bedarf mit weiterem Schmalz oder Öl das Püree geschmeidig rühren und braten, bis es knusprig wird.

Als Beilage zu Fisch oder Fleisch und Reis servieren.

Garnelentopf (BRASILIEN)

In seiner nordbrasilianischen Heimat fällt dieses Gericht, das dort als *moqueca* bekannt ist, durch seine orangerote Farbe auf. Sie rührt von dem dicken *azeite de dendê* her. Während dieses aus den Samen einer bestimmten Palme gewonnene Öl hier kein absolutes Muss ist, sind die Chili-Salsa und die *Malagueta*-Chilis mit ihrer pikant-säuerlichen Note unverzichtbar.

FÜR 4 PERSONEN

100 ml Olivenöl
2 große Tomaten, blanchiert, von Haut und Samen befreit, in Scheiben geschnitten
1 große milde Zwiebel, in feine Scheiben geschnitten
Salz und frisch gemahlener schwarzer Pfeffer
700 g geschälte rohe Garnelen
4 EL Palmöl (*azeite de dendê*, siehe Einleitung)

Das Öl in einer großen Pfanne erhitzen und die Tomaten mit der Zwiebel etwa 20 Minuten sanft köcheln, bis sie weich werden und ihren Saft abgeben. Salzen und pfeffern.

Die Garnelen 5 Minuten mitköcheln, dabei die Pfanne mehrmals rütteln, damit sie gleichmäßig garen. Das Palmöl, falls verwendet, einrühren.

Heiß mit gekochtem Reis servieren. Dazu in separaten Schalen Chili-Salsa (siehe Seite 115) und *Malagueta*-Chilis reichen.

Deftige Krabbensuppe (JAMAIKA)

Diese jamaikanische Spezialität namens *callaloo* entstand in Zeiten, als die Sklaven notgedrungen aus den einfachsten Nahrungsmitteln das Optimum herausholen mussten. In ihre Kochkessel wanderte, was in den Küchen ihrer Besitzer als Abfall galt, etwa Schweineschwänze, und was sie selbst ergattern konnten, etwa Krabben vom Strand und *Callaloo*-Blätter, das Grün einer Varietät der Taro-Pflanze, die in der Karibik als *eddoe* bekannt ist. Frischer Spinat bildet in diesem Fall einen angemessenen Ersatz.

Richten Sie die angeknackten Krabbenscheren auf der Suppe an, sodass die Gäste sie herausfischen können. Sie werden stilecht mit den Fingern gegessen.

FÜR 4 PERSONEN

2 mittelgroße Krabben oder 250 g Krabbenfleisch oder auch weißfleischiges Fischfilet, grob zerteilt
2 EL Sonnenblumenöl oder 25 g Butter
1 Zwiebel, fein gehackt
125 g gepökelter Schweinebauch, in 2 cm große Stücke geschnitten
4 Frühlingszwiebeln, gehackt
2 Knoblauchzehen, gehackt
¼ TL gehackte Scotch-Bonnet-Chili
3 Gewürznelken, fein zerstoßen
¼ TL gemahlener Piment
1 Prise getrockneter Thymian
425 g *Callaloo*-Blätter, grob gehackt (siehe Einleitung), oder frischer Spinat
1,5 l Hühnerbrühe
125 g Okraschoten, längs in Scheiben geschnitten
Salz und frisch gemahlener schwarzer Pfeffer

Von den Krabben die Scheren und Beinchen abdrehen und mit einem Fleischklopfer oder Hammer nur anknacken. Die Panzer mit einem Küchenbeil von der Unterseite her öffnen. Das Fleisch mit einem kleinen Löffel herauslösen und dabei die Verdauungsorgane – erkennbar an ihrem schwammigen, gräulich gelben Aussehen – entfernen.

In einer Pfanne das Öl erhitzen oder die Butter zerlassen und die Zwiebel darin weich schwitzen, aber keine Farbe annehmen lassen. Den Schweinebauch zufügen und braten, bis das Fett ausschmilzt.

Die Frühlingszwiebeln, den Knoblauch, die Chili, die Nelken, den Piment und den Thymian einrühren und nach 1 Minute die *Callaloo*-Blätter oder den Spinat untermischen.

Den Pfanneninhalt in einen großen Topf umfüllen. Die Brühe zugießen, zum Kochen bringen und etwa 20 Minuten köcheln lassen, bis der Schweinebauch gar ist. Die Okraschoten dazugeben und 10 Minuten mitköcheln. Zuletzt das Krabbenfleisch mit den angeknackten Scheren und Beinchen oder den Fisch zufügen und etwa 5 Minuten garen.

Die Suppe mit Salz und reichlich Pfeffer abschmecken und mit gekochtem Reis servieren.

Rinderbraten mit knuspriger Kruste (KOLUMBIEN)

Abwechslungsreich wie die Geographie Kolumbiens – karibische Küste einerseits, Pazifikküste andererseits, dazu Gebirgsregionen und tropische Wälder – ist auch die Küche des Landes, zumal in ihr einheimische mit spanischen Kochtraditionen verschmolzen. Dieses Rezept verbindet europäische Gartechniken mit dem karibischen Faible für Gewürze.

FÜR 4 PERSONEN

2 EL Olivenöl
900 g Rindfleisch (Dünnung), gerollt und gebunden
1 Zwiebel, gehackt
1 Knoblauchzehe, gehackt
2 Stangen Bleichsellerie, gehackt
4 kleine grüne Chilischoten, längs halbiert
1 TL gemahlener Kreuzkümmel
Salz und frisch gemahlener schwarzer Pfeffer
Etwa ½ l Wasser
1 EL Maisstärke, in 1 EL Wasser angerührt
25 g Butter, zerlassen
50 g Semmelbrösel

Das Öl in einem schweren Schmortopf erhitzen und das Fleisch darin von allen Seiten anbraten, danach herausnehmen. Die Zwiebel mit dem Knoblauch in dem verbliebenen Öl in etwa 5 Minuten weich schwitzen.

Das Fleisch zurück in den Topf legen und den Sellerie, die Chilis, den Kreuzkümmel, 1 Teelöffel Salz und etwas Pfeffer zufügen. Das Wasser zugießen, zum Kochen bringen und das Fleisch zugedeckt bei reduzierter Temperatur in 2 Stunden gar schmoren.

Wieder aus dem Topf nehmen, vom Garn befreien und mit Küchenpapier trockentupfen. Für die Sauce einen Teil der Flüssigkeit mit der Maisstärke binden. Abschmecken und passieren.

Das Fleisch auf einen Grillrost legen, mit der Butter bestreichen und mit den Bröseln bestreuen. Unter den heißen Grill schieben, bis sich eine knusprige Kruste gebildet hat.

Aufschneiden und mit der Sauce servieren. Dazu passen Kartoffeln und ein Salat.

Huhn mit Mole (MEXIKO)

Oaxaca, die traditionsreiche *Mestizo*-Hochburg im Süden der mexikanischen Hauptstadt, ist berühmt für seine sieben *moles*. Das Wort *mole* entstammt der Aztekensprache »Náhuatl« und bezeichnet eine Sauce, in der von Fall zu Fall Schweinefleisch, Huhn, Truthahn oder Fisch geschmort wird. Die gehaltvolle, pikante Sauce mit bis zu einem Dutzend verschiedenen Kräutern und Gewürzen fungiert als »verbindendes Element«. Sie wird mit Nüssen oder auch Kürbiskernen *(pipian verde)* beziehungsweise, in einer Version, mit Bitterschokolade angedickt. Zumindest auf dem Tischtuch bleiben Flecken bei diesem Essen nicht aus, was auch der Name der hier beschriebenen Version andeutet: *mancha manteles*. Die zuletzt zugefügten Früchte sind typisch für mexikanische Festtagsgerichte.

FÜR 4 PERSONEN

2 EL Sonnenblumenöl
1 Huhn von etwa 1,5 kg, in Portionsstücke zerteilt und
    enthäutet
500 ml Wasser
1 Lorbeerblatt
1 TL Salz

FÜR DIE *MOLE*

10 getrocknete mexikanische Chilischoten
    (möglichst *mulattos, pasillas* und *anchos* kombiniert)
1 Zwiebel, gehackt
1 EL Sonnenblumenöl
2 Knoblauchzehen, gehackt
1 Prise getrockneter Oregano
1 Prise getrockneter Thymian
1 Zimtstange oder 2 TL Zimtpulver
2 Gewürznelken
250 g *tomatillos* aus der Dose oder 3 große Tomaten,
    blanchiert und enthäutet
8 Mandeln oder Walnüsse, blanchiert und enthäutet
1 Koriander- oder Petersilienstängel
2 Kochbananen oder 1 kleine Süßkartoffel, gewürfelt
25 g Butter
1 Birne, gewürfelt
2 Scheiben frische Ananas, gewürfelt
1 Tafelapfel, geschält, vom Kerngehäuse befreit und
    gewürfelt

In einem schweren Schmortopf das Öl erhitzen und die Hühnerstücke anbraten. Das Wasser mit dem Lorbeerblatt und dem Salz zufügen und etwa 20 Minuten köcheln lassen, bis das Fleisch fast gar ist. Aus der Brühe nehmen, die Brühe beiseite stellen.

Für die *mole* eine gusseiserne Pfanne erhitzen und die Chilis trocken rösten, bis sie Farbe annehmen und aromatisch duften. In eine kleine Schüssel füllen, mit heißem Wasser bedecken und 20 Minuten einweichen, danach abseihen.

In derselben Pfanne die Zwiebel in dem Öl bei niedriger Temperatur weich schwitzen. Den Knoblauch, den Oregano, den Thymian, den Zimt und die Nelken untermischen. Die *tomatillos* oder Tomaten zufügen und 5 Minuten sanft dünsten.

Den Pfanneninhalt mit den Chilis, den Mandeln oder Walnüssen und dem Koriander oder der Petersilie im Mixer zu einer glatten Paste verarbeiten. Mit 300 Milliliter der Brühe in einen Topf füllen und in 20 Minuten zu einer sämigen Sauce einköcheln lassen. Abschmecken, zusammen mit den Hühnerstücken in den Schmortopf geben und 5 Minuten köcheln lassen.

Inzwischen die Kochbananen oder Süßkartoffel in der Butter bei niedriger Temperatur weich braten und gegen Ende dieses Garvorgangs die Birne, die Ananas und den Apfel zufügen. Die Früchte zum Huhn geben und bei niedriger Temperatur noch 5 Minuten ziehen lassen, sodass sich die Aromen schön verbinden.

Würziger Rinderschmortopf

(GUATEMALA)

Das Fleisch für diesen Schmortopf schont das Budget. Nicht nur deshalb wird dieses Gericht überall in Mittelamerika mittags aufgetischt.

FÜR 4 PERSONEN

3 EL Erdnuss- oder Pflanzenöl
1 Zwiebel, gehackt
2 grüne Paprikaschoten, Samen und Scheidewände
    entfernt, gehackt
2 Knoblauchzehen, gehackt
1 *chile serrano*, Samen entfernt, gehackt
1 kg Rindfleisch zum Schmoren, gewürfelt
150 ml Rinder- oder Hühnerbrühe oder auch Wasser
250 g *tomatillos* aus der Dose oder 3 Tomaten, blanchiert
    und enthäutet
1 Lorbeerblatt
2 Gewürznelken
½ TL getrockneter Oregano
1 trockene *tortilla* oder 1 EL Maismehl
Salz

Das Öl in einem schweren Topf erhitzen und die Zwiebel in etwa 10 Minuten weich schwitzen. Die Paprikaschoten mit dem Knoblauch und der Chili 5 Minuten mitschwitzen, bis sie weich sind. Das Fleisch untermischen, braun anbraten, die Brühe, die *tomatillos* oder Tomaten, das Lorbeerblatt, die Nelken und den Oregano hinzufügen.

Die *tortilla*, sofern verwendet, zerkrümeln und kurz in Wasser einweichen oder das Maismehl mit etwas Brühe anrühren. Den Schmortopf damit andicken und etwa 2 Stunden köcheln, aber nicht zu trocken werden lassen.

Abschmecken und mit gekochtem Reis servieren.

Pfeffertopf (ANTILLEN)

Unter ihren armseligen Lebensbedingungen lernten die Sklaven, noch aus den letzten Fleischresten und Knochen schmackhafte Gerichte wie diesen *pepperpot* zu kochen.

FÜR 4 PERSONEN

1,5 kg Rindfleisch zum Schmoren oder Hammelkeule,
    in 2–3 cm große Würfel geschnitten
2 EL Pflanzenöl
2 TL brauner Zucker
500 ml Rinder- oder Hühnerbrühe
2 Chilischoten (nach Geschmack auch mehr), gehackt

FÜR DIE MARINADE

1 Zwiebel, gerieben
1 Knoblauchzehe, gehackt
2 TL gemahlener Piment
1 TL getrockneter Thymian
1 TL gemahlene Koriandersamen
Salz und frisch gemahlener schwarzer Pfeffer

Sämtliche Marinadezutaten vermischen und die Fleischwürfel in einer Schüssel gründlich damit einreiben. Mehrere Stunden oder über Nacht ziehen lassen.

Das Öl in einem schweren Topf stark erhitzen und den Zucker einstreuen. Sobald er karamellisiert, was schnell geschieht, das Fleisch anbraten, bis es am Topfboden ansetzt. Wenden und auch die anderen Seiten braun anbraten.

Die Brühe mit den Chilis zufügen und zum Kochen bringen. Die Temperatur auf die kleinste Stufe herunterschalten, einen Deckel auflegen und das Fleisch mindestens 3 Stunden schmoren, bis es ganz weich ist. Bei Bedarf etwas warmes Wasser zugießen.

Mit gekochtem Reis, Süßkartoffeln oder Yamswurzel und grünem Gemüse servieren.

Gefüllte Chilischoten (MEXIKO)

In ganz Mexiko bekommt man dieses volkstümliche Gericht in immer wieder anderen Varianten – je nachdem, was als Füllung gerade vorhanden oder auch angemessen ist. Das könnten die Reste vom Vorabend sein oder auch, für festliche Anlässe, erlesene Delikatessen. Stets aber ist das harmonische Zusammenspiel der würzenden Zutaten das A und O, so auch bei dieser Hackfleischmischung (picadillo), die ebenso als Füllung für gerollte tortillas dienen kann.

Chiles poblanos besitzen eine gemäßigte Schärfe und eine ähnliche Größe wie die bei uns gängigen länglichen grünen Paprikaschoten. Falls Letztere zur Verwendung kommen, wird die Füllung mit chiles serranos etwas aufgepeppt.

FÜR 4 PERSONEN

4 große *chiles poblanos* oder 4 grüne Paprikaschoten
Salz und frisch gemahlener schwarzer Pfeffer
1½ EL Mehl
Schweineschmalz oder Pflanzenöl zum Frittieren

FÜR DIE FÜLLUNG

2 EL Olivenöl
1 Zwiebel, gehackt
500 g Hackfleisch vom Schwein oder Rind
4 Knoblauchzehen, gehackt
2 *chiles serranos*, gehackt (bei Verwendung grüner Paprikaschoten)
2 EL Rosinen oder Sultaninen
1 getrocknete Aprikose, fein gehackt
1 Apfel oder Birne, geschält, vom Kerngehäuse befreit und gehackt (nach Belieben)
3 mittelgroße Tomaten, blanchiert, von Haut und Samen befreit, gehackt
25 g blanchierte Mandeln, Pinienkerne oder Cashewnüsse, in Scheiben geschnitten
1 Prise Zimtpulver
1 Prise gemahlene Gewürznelken oder gemahlener Piment

FÜR DIE SAUCE

450 g Tomaten, blanchiert, von Haut und Samen befreit, gehackt
½ mittelgroße Zwiebel
1 Knoblauchzehe
2 EL Olivenöl
225 ml Brühe
Salz und frisch gemahlener schwarzer Pfeffer

FÜR DEN BACKTEIG

2 Eier
½ TL Salz

Die *chiles poblanos* oder Paprikaschoten über einer Gasflamme rösten und dabei immer wieder drehen, bis die Haut gleichmäßig angekohlt ist. (Alternativ für 6–8 Minuten unter den vorgeheizten Elektrogrill legen und häufiger wenden.) Die Schoten in einem verschlossenen Plastikbeutel etwa 5 Minuten schwitzen lassen und anschließend die Haut abziehen. Die Schote längs aufschlitzen und die Samen und Scheidewände entfernen.

Für die Füllung das Olivenöl in einer Pfanne erhitzen und die Zwiebel hellgelb anschwitzen. Das Hackfleisch mit dem Knoblauch zufügen und etwa 10 Minuten unter Rühren braten, bis es grau wird und krümelig auseinander fällt. Bei Verwendung von grünen Paprikaschoten jetzt die *chiles serranos* zugeben. Die Rosinen oder Sultaninen, die Aprikose, Apfel oder Birne (falls verwendet), die Tomaten, Mandeln, Pinienkerne oder Cashewnüsse, den Zimt und die Nelken oder den Piment untermischen, mit Salz abschmecken und im offenen Topf bei niedriger Temperatur etwa 15 Minuten köcheln lassen.

Für die Sauce die Tomaten mit der Zwiebel und dem Knoblauch im Mixer pürieren. Das Öl in einer Pfanne erhitzen. Das Tomatenpüree und die Brühe hineingießen, salzen, pfeffern und etwa 15 Minuten sanft köcheln lassen.

Inzwischen für den Backteig die Eier trennen. Die Eiweiße zu Schnee schlagen und zuletzt das Salz untermischen. Die Eigelbe verquirlen und behutsam unter den Eischnee ziehen.

Die Schoten mit der Fleischmischung füllen. In dem Mehl wälzen und durch den Backteig ziehen.

In einer tiefen Pfanne reichlich Schmalz zerlassen oder Pflanzenöl erhitzen – das Fett soll 2 cm hoch in der Pfanne stehen. Die gefüllten Schoten goldbraun ausbacken und auf Küchenpapier abtropfen lassen.

Die Schoten auf einer Servierplatte mit hohem Rand anrichten und mit der heißen Tomatensauce umgießen. Dazu passen gekochter Reis oder *tortillas*.

Jerk-Kotelett (JAMAIKA)

Das Wort *jerk* in diesem wohl bekanntesten Gericht Jamaikas geht auf das spanische *charqui* zurück, das an der Sonne oder im Rauch getrocknetes Fleisch bezeichnet. Als die Briten 1665 die Spanier vertrieben, die 1494 die Insel vereinnahmt hatten, setzten sich die einstigen Herrscher nach Kuba ab, und viele Sklaven entflohen in die Berge. Dort jagten die Maroons (spanisch *marrones* = »die Braunen«) Wildschweine, deren Fleisch sie durch Trocknen und Räuchern haltbar machten. Aus allem, was in ihrer Reichweite wuchs – etwa den teuflisch scharfen Scotch-Bonnet-Chilis, schwarzem Pfeffer, Piment, Zimt, Ingwer und Thymian –, kreierten sie im Laufe der Zeit würzige Pasten, mit denen das Fleisch schmackhafter und zarter geriet. Von einer Familie zur anderen mag das Rezept für die berühmte jamaikanische Paste variieren, doch gibt es so etwas wie eine Grundversion.

Schon am Abend vor der eigentlichen Zubereitung wird das Fleisch – nach Belieben auch Huhn oder Fisch – mit der Paste eingerieben.

FÜR 4 PERSONEN

Jerk-Paste (siehe Seite 115)
4 Schweinekoteletts

Die Koteletts gründlich mit der Paste einreiben und auf einem Teller über Nacht im Kühlschrank ziehen lassen.

Unter dem heißen Grill auf jeder Seite 5 Minuten grillen.

Ziegencurry (JAMAIKA)

Die Spanier setzten auf den Karibikinseln diverse Nutztierarten aus. Anders als die Schafe kamen die Ziegen, in dem rauen Gelände sich selbst überlassen, so gut zurecht, dass sie bald wie Wild bejagt werden konnten. Puristen bereiten dieses Gericht mit 2,5 Kilogramm samt den Knochen in Stücke gehacktem Fleisch zu. Das Karamellisieren in Öl und Zucker ist typisch für die westindische Küche. Auch mit Lamm oder Hammel lässt sich das Gericht gut zubereiten.

FÜR 4–6 PERSONEN

750 g Ziegen- oder auch Lamm-/Hammelfleisch ohne Knochen, gewürfelt
Saft von 2 Limetten oder 1 Zitrone
1 mittelgroße Zwiebel, gerieben
1 Knoblauchzehe, gerieben

2–3 cm frische Ingwerwurzel, gerieben
1 TL Salz
25 ml Sonnenblumen- oder Pflanzenöl
1 EL extrafeiner Zucker
4 TL Currypulver oder je 1 TL gemahlener Piment, Kreuzkümmel und Koriander sowie Chilipulver
500 ml Hühner- oder Lammbrühe
2 frische Thymianzweige oder 1 TL getrockneter Thymian
1 Lorbeerblatt

Das Fleisch in einer Schüssel mit dem Limetten- oder Zitronensaft, Zwiebel, Knoblauch, Ingwer und Salz einreiben und 2 Stunden einwirken lassen.

Das Öl in einer schweren Kasserolle bei hoher Temperatur erhitzen und den Zucker einstreuen. Sobald er karamellisiert, das Fleisch darin in 3–5 Minuten goldbraun anbraten. Die Temperatur herunterschalten. Das Currypulver oder die einzelnen Gewürze gründlich untermischen, das Fleisch zugedeckt 10 Minuten garen.

Bei hoher Temperatur die Brühe zugießen und zum Kochen bringen. Auf kleinste Stufe zurückschalten, Thymian und Lorbeerblatt zum Fleisch geben und dieses zugedeckt 2 Stunden schmoren. Alle halbe Stunde prüfen, ob noch genug Flüssigkeit im Topf ist, bei Bedarf warmes Wasser nachgießen – zuletzt sollte eine ziemlich dicke Sauce verbleiben.

Mit Reis, Süßkartoffeln und grünem Gemüse servieren.

Schwiegermutteraugen
(BRASILIEN)

Es kann schon befremdlich wirken, wenn man in Brasilien ahnungslos in das Schaufenster einer Konditorei blickt, aus dem einem gleich dutzendweise diese »Augen« entgegenstarren.

ERGIBT 30 STÜCK

200 g extrafeiner Zucker, in einem Topf in 100 ml kochendem Wasser gelöst
250 g frische Kokosnuss, gerieben
2 Eigelb
30 Backpflaumen (etwa 750 g), entsteint
Puderzucker
30 Gewürznelken

Den Topf mit der Zuckerlösung vom Herd nehmen. Die Kokosraspel und anschließend die Eigelbe, eines nach dem anderen, einrühren. Unter Rühren erhitzen, bis die Masse eindickt. Vom Herd nehmen und abkühlen lassen.

Die Pflaumen mit der Kokosmischung füllen – da sie den »Augapfel« darstellt, zu einem kleinen Hügel formen und glatt streichen. In einer Schüssel in Puderzucker wälzen. Als »Pupille« in die Mitte jeweils eine Gewürznelke stecken und in Pralinen-Papiermanschetten setzen.

Raten Sie Ihren Gästen, die Nelken vorher zu entfernen, denn sie besitzen ein beißendes Aroma und sind pur nicht eben ein Genuss.

Karamellcreme (MEXIKO)

Wie in seiner spanischen Heimat heißt dieses Dessert auch in Mexiko *flan* und erfreut sich derselben Popularität. Allerdings wird es hier zusätzlich mit gemahlenen Mandeln und meist nicht in kleinen Bechern, sondern in einer großen Form zubereitet.

FÜR 4 PERSONEN

175 g extrafeiner Zucker
900 ml Milch
1 Vanilleschote oder 1 TL Vanilleessenz
2 Eier und 6 Eigelb
25 g gemahlene Mandeln
1 Prise Salz

Eine ofenfeste 1,5-Liter-Form in heißem Wasser vorwärmen.

Die Hälfte des Zuckers in einem kleinen Topf bei mittlerer Temperatur dunkelbraun schmelzen – er darf aber nicht anbrennen. Den Karamell in die Form gießen und durch langsames Schwenken gleichmäßig über den Boden und den halben Rand verteilen.

Den Backofen auf 160 °C vorheizen.

In einem kleinen Topf die Milch mit der Vanilleschote oder der -essenz 5 Minuten erhitzen, danach abkühlen lassen. Die Vanilleschote, falls verwendet, herausnehmen und wegwerfen.

Die Eier und Eigelbe mit dem restlichen Zucker in einer Schüssel verquirlen. Langsam die Milch, dann die Mandeln und das Salz gründlich einrühren. In die Form gießen, diese in einen Bräter setzen und bis auf halbe Höhe der Form heißes Wasser in den Bräter füllen.

In den Ofen stellen. Nach 15 Minuten auf 120 °C schalten und den *flan* noch etwa 40 Minuten backen. Er ist fertig, wenn ein in der Mitte eingestochenes Messer sauber wieder herauskommt. Abkühlen lassen und vorsichtig auf eine Servierplatte stürzen.

Raumtemperiert servieren.

Dickes süßes Milchdessert

(BRASILIEN)

In seiner Konsistenz und auch im Geschmack erinnert das populäre Dessert ein wenig an dicke gezuckerte Kondensmilch. Das Vanille- und Zimtaroma verleihen ihm einen unwiderstehlichen Genuss.

FÜR 4 PERSONEN

3 l Milch
1 kg extrafeiner Zucker
1 Vanilleschote
2 Zimtstangen

Die Milch mit dem Zucker erhitzen, bis sie lebhaft kocht, dabei mit einem Holzlöffel rühren, um den Zucker zu lösen. Die Vanilleschote und die Zimtstangen zufügen. Auf kleinster Stufe etwa 1½ Stunden köcheln lassen und gelegentlich rühren, damit nichts anbrennt.

Wenn die Mischung allmählich eindickt und an Volumen verliert, färbt sich der Zucker zusehends braun und bildet Klumpen, die man durch Rühren wieder auflöst. Die Vanilleschote und die Zimtstangen entfernen und wegwerfen. Den Topf vom Herd nehmen, das Dessert abkühlen lassen, anrichten und kalt stellen (so hält es sich bis zu 1 Woche).

Direkt aus dem Kühlschrank mit einem bunten Obstsalat oder Eiscreme servieren.

Luftige Zimtbällchen (BRASILIEN)

Im heißen Öl gehen die Bällchen wunderbar luftig auf, und eine Hülle von Zimt macht den Genuss perfekt. Ein traumhafter Abschluss eines Essens!

ERGIBT ETWA 12 STÜCK

250 ml Milch
1 EL Zucker
¼ TL Salz
150 g Tapiokamehl
4 Eigelb
Pflanzenöl zum Frittieren
2 EL Puderzucker
1 TL Zimtpulver

Die Milch in einem beschichteten Topf erhitzen. Den Zucker und das Salz einrühren, bis sich beides aufgelöst hat.

Sobald die Milch aufkocht, das Tapiokamehl mit einem Holzlöffel einrühren. Sofort vom Herd nehmen und energisch mit dem Holzlöffel schlagen, bis sich die Masse von der Topfwand löst und zu einer Kugel zusammenballt.

Die Eigelbe eines nach dem anderen gründlich untermischen.

In einem geeigneten Topf reichlich Pflanzenöl auf etwa 180 °C erhitzen – prüfen Sie die Temperatur mit einem Fettthermometer. Mit einem Esslöffel von dem Teig Bällchen abstechen und portionsweise goldbraun frittieren. Auf Küchenpapier gründlich abtropfen lassen.

Den Puderzucker mit dem Zimt vermischen, die Bällchen darin wälzen und noch heiß servieren.

Kokosdessert (KUBA)

Zuckerrohr und Kokospalmen sind aus der Kulisse Kubas nicht wegzudenken. Auch der Zimtbaum ist hier fest verwurzelt, seit er mit anderen Gewürzpflanzen eingeführt wurde, um das Monopol der niederländischen Ostindischen Kompanie zu erschüttern. Landestypischer könnte dieses üppige Dessert also kaum sein. Am besten gelingt es natürlich mit frischer Kokosnuss.

FÜR 4 PERSONEN

350 g extrafeiner Zucker
150 ml Wasser
350 g frische Kokosnuss, gerieben
3 Eigelb, leicht verquirlt
1 TL Zimtpulver
4 EL trockener Sherry

Den Zucker mit dem Wasser in einem kleinen Topf bei niedriger Temperatur erhitzen und rühren, bis er sich gelöst hat. Den Sirup auf höherer Stufe stark kochen, bis das Zuckerthermometer 104–107 °C anzeigt. Falls Sie kein Zuckerthermometer besitzen, nehmen Sie etwas von dem Sirup zwischen Daumen und Zeigefinger: Wenn Sie jetzt die Finger voneinander lösen, muss der Sirup einen feinen Faden ziehen.

Die Kokosraspel, die Eigelbe, den Zimt und den Sherry einrühren. Auf kleiner Stufe unter ständigem Rühren köcheln lassen, bis der Sirup eindickt.

In eine hitzebeständige Servierschüssel füllen und für einige Minuten unter den heißen Grill schieben, bis die Oberfläche gebräunt ist.

Mit Schlagsahne oder, besser noch, mit Eiscreme servieren.

Chili-Salsa (BRASILIEN)

Eine kleine Schale mit dieser pikant-sauren Salsa begleitet fast jedes Hauptgericht in Brasilien.

FÜR 4 PERSONEN

1 rote oder andere milde Zwiebel, gehackt
1 große Tomate, blanchiert, von Haut und Samen befreit, gewürfelt
2 EL Rotweinessig oder Saft von 1 Limette
1 Knoblauchzehe, fein gehackt
2 EL Oliven- oder Sonnenblumenöl
1 EL frisch gehackte Koriander- oder Petersilienblätter
Einige Tropfen Chiliöl oder scharfe Chilisauce
Salz und frisch gemahlener schwarzer Pfeffer

Alle Zutaten in einer Schüssel vermischen und so abschmecken, dass sich alle Komponenten – Schärfe, Salzigkeit und Säure – harmonisch ausgleichen. 1 Stunde kalt stellen.

Selbst zubereitete Chilisauce
(ARGENTINIEN)

Ungefähr das, was den Deutschen ihr Maggi einst war, ist den Argentiniern bis heute die *aji molido con aceite*, übersetzt »zerstoßene Chilis mit Öl«. Aber nicht nur als Tischwürze, sondern auch zum Bestreichen von Rind- und Lammfleisch auf dem Holzkohlengrill *(parilla)* wird diese Chilisauce immer wieder gern hergenommen.

Vermeiden Sie, nachdem Sie Chilis bearbeitet haben, jede Berührung der Augen. Am besten tragen Sie Gummihandschuhe und waschen sich hinterher gründlich die Hände.

ERGIBT 1 GLAS

25 g kleine getrocknete Chilischoten
300 ml Rinderbrühe oder Wasser
5 EL Olivenöl
1 Knoblauchzehe, gehackt
1 kräftige Prise Salz

Die Chilis aufschneiden und die Samen herausschütteln. Die Schoten in einer Schüssel mit kochendem Wasser bedecken und 30 Minuten einweichen. Abseihen und abtropfen lassen.

Die Brühe oder das Wasser in einem Topf erhitzen. Mit den Chilis, dem Öl, dem Knoblauch und dem Salz in den Mixer füllen und alles zu einer glatten Sauce verarbeiten.

In ein Glas mit Schraubverschluss füllen, mit einem dünnen Ölfilm bedecken und im Kühlschrank aufbewahren.

Wenn die Sauce verwendet werden soll, um Fleisch auf dem Grill damit zu bestreichen, mehrere Löffel davon mit einem großen Glas Weißwein verrühren.

Jerk-Paste (JAMAIKA)

In der Karibik ist diese Paste eine Art Universalwürze.

ERGIBT 2 GLÄSER

12 Frühlingszwiebeln, fein gehackt
100 g Pimentkörner, zerstoßen
50 g schwarze Pfefferkörner, zerstoßen
½ EL Zimtpulver
50 g getrockneter Thymian, zerrieben, oder 100 g frischer Thymian, gehackt
50 g frische Ingwerwurzel, gerieben
1 Scotch-Bonnet-Chili, fein gehackt
100 g Salz
4 EL Oliven- oder Sonnenblumenöl

Sämtliche trockenen Zutaten im Mörser zerreiben und zuletzt das Öl einrühren – oder im Mixer verarbeiten. In luftdicht verschlossenen Gläsern im Kühlschrank aufbewahren.

Europa und Nordamerika

Klimatische wie auch kulturelle Gegebenheiten haben den Küchen Europas und Nordamerikas einen eigenen Stempel aufgedrückt. An importierten exotischen Gewürzen herrscht kein Mangel, trotzdem sind es vor allem die einheimischen Würzzutaten, die vielfältige und charakteristische Geschmackserlebnisse garantieren.

Beiderseits des Atlantiks ist der Senf zwar seit Jahrhunderten die am weitesten verbreitete Gewürzpflanze, doch kommen auch Wacholderbeeren, Dill und Kümmel in der skandinavischen und deutschen Küche viel zum Zuge. Nur etwas weiter südlich, in Ungarn und Spanien, wächst der »Spanische Pfeffer«, dessen große, fleischige rote Früchte pulverisiert als Paprika beziehungsweise *pimentón* den beiden Landesküchen ihr typisches Flair verleihen. Darüber hinaus hat Spanien mit den feuerroten, getrockneten Narben des violett blühenden *Crocus sativus* das teuerste Gewürz überhaupt vorzuweisen. Der Safran von den Hochebenen La Manchas, südöstlich von Madrid, gilt als das »Spitzengewächs« schlechthin.

Nochmals ein paar Grade weiter südlich, etwa auf derselben Höhe wie Marrakesch, reift auf der anderen Seite des Atlantischen Ozeans in Louisiana der *chile tabasco*, die Hauptzutat in einer der berühmtesten Tafelsaucen der Welt.

Eigentlich geht der heute in Europa übliche Gebrauch von Gewürzen auf die alten Römer zurück. In einem berühmten Kochbuch, das Apicius zugeschrieben wird – der Feinschmecker lebte im 1. nachchristlichen Jahrhundert –, ist die römische Küche en detail dargestellt. Sämtliche Fleisch- und Fischgerichte wurden von pikanten Saucen begleitet, die frische Kräuter wie Minze, Koriander, Gartenrauke, Bohnenkraut, Liebstöckel, Petersilie, Fenchelgrün und Lorbeerblätter enthielten, dazu gemahlenen Pfeffer und Ingwer, Kreuzkümmel, Koriander, Muskatnuss, Nelken und Senfsamen, das Ganze meist verrührt mit Olivenöl, Essig, Honig und *garum*, der auch als *liquamen* bekannten altrömischen Entsprechung südostasiatischer Fischsaucen.

Frankreich – ein Land ohne Gewürze

Wie es die Geschichte wollte, erbten die Franzosen die Kochtraditionen der alten Römer. Bis weit ins 14. Jahrhundert kamen hier die verschiedensten Gewürze zum Einsatz. Um 1380 beschrieb G. Tirel in seinem Kochbuch *Le Viander* über den Gebrauch von Zimt, Nelken, gemahlenem Ingwer, schwarzem, langem und Kubebenpfeffer, Paradieskörnern, Muskatnuss und -blüte sowie Safran, die in herzhaften Zubereitungen mit beinahe ebenso viel Zucker wie Salz ergänzt wurden. Mitte des 17. Jahrhunderts brach jedoch der große Koch F. P. de la Varenne in seinem Buch

Le Cuisinier Français radikal mit der mittelalterlichen Vergangenheit: Er strich den Zucker aus sämtlichen Rezepten außer solchen für Desserts und behauptete zudem, die einheimischen Kräuter seien den Gewürzen aus der Fremde, mit denen sich nur minderwertige Zutaten kaschieren ließen, überlegen und obendrein gesünder. Pfeffer, Muskatnuss und Muskatblüte sowie Nelken gehörten zu den wenigen Gewürzen, die seinen kulinarischen Feldzug überlebten. Dennoch konnte sich ein deutscher Schriftsteller des 18. Jahrhunderts die Feststellung nicht verkneifen, dass Liebhaber einer würzigen Küche in Frankreich eine bittere Enttäuschung erleben würden.

Mehr als 300 Jahre später tut sich Frankreich mit den Gewürzen immer noch schwer. Bei einem Gericht, das auf der Speisekarte als Curry ausgewiesen ist, darf man sich in der Regel auf eine Sahnesauce mit einem Hauch des indischen Gewürzpulvers gefasst machen. Die Gurus der Gastronomieszene empören sich medienwirksam, wenn ein Mitglied ihrer Gilde ausschert, und empfinden Gerichte wie marokkanisches Lamm mit Zimt, vietnamesischen Fisch mit Sternanis oder auch tahitischen Hummer mit Vanille als Bedrohung ihrer heiligen *haute cuisine*. Dabei hatte ihr Land gerade mit dem Anbau von Vanille zunächst auf Réunion, dann auch auf Madagaskar, Tahiti und Guadeloupe einst das große Geld verdient.

In Ermangelung anderer reizvoller Gewürze erhoben die Franzosen ihren Senf zu einem Prestigeobjekt und schufen mit dem Dijon-Senf eine bis heute bei Gourmets äußerst geschätzte Delikatesse. Anders als bei den britischen Erzeugnissen, die auf Senfpulver basieren, werden für französischen Senf die ganzen Samen in Traubenmost oder Essig eingeweicht, anschließend wird die Mischung gemahlen und durchgesiebt.

Jede Nation verwendet Senf auf ihre Weise. Die Italiener mischen ihn in ihre *mostarda di Cremona*, ein fruchtiges Chutney, das einem beinahe die Tränen in die Augen treibt und traditionell zu *bollito misto* (gemischtes gekochtes Fleisch) serviert wird. Die Schweden nutzen die konservierenden Eigenschaften von Senf für ihre Pickles. In Großbritannien isst man die dort stets brennend scharfe Würzpaste vornehmlich zu Schweinefleischpasteten und anderen fetten Fleischgerichten, um sie leich-

ter verdaulich zu machen. Vom brennend scharfen Düsseldorfer bis zum süddeutschen süßen Senf, der bei einem Weißwurstessen nicht fehlen darf, reicht die Angebotspalette in Deutschland.

Kümmel und Wacholderbeeren geben vielen deutschen Spezialitäten ihre typische Note, doch häufig auch Gewürznelken und Muskatnuss, etwa in Marinaden für Wild oder in Schweine- und Rindfleischtöpfen. Während die holländische Küche vor allem auf milde und schlichte Zutaten wie Käse, andere Milchprodukte und gekochten Schinken setzt, bietet sie mit der *rijsttafel*, bei der zu Reis eine ganze Reihe von Currys mit Fleisch, Huhn, Fisch und Gemüse serviert wird, ein würziges Highlight. Ganz unverkennbar spiegelt dieses exotische und opulente Essen die Zeiten wider, in denen die Niederlande im heutigen Indonesien die Herrschaft ausübten.

Das Hauptgewürz der skandinavischen Küche ist der Dill, ob in Form des fedrigen Grüns oder der anisähnlich schmeckenden Samen. Wie vorzüglich er mit Fisch harmoniert, erweist sich aufs Köstlichste beim Genuss von *gravad lax* (gebeizter Lachs) oder Hering mit Kartoffeln. Dank bestimmter Wirkstoffe lindert er zudem – den Kleinen als Tee und den Großen als Kräuterschnaps verabreicht – Aufruhr im Darm.

Als große Seefahrer gelangten die Skandinavier schon früh mit fremden Gewürzen in Berührung und machten sie sich teils zu Eigen. So findet man überall in Schweden Fisch in einer Marinade, die außer Dill auch Pfefferkörner, Zucker und Piment enthält. Letzterer kam erst im letzten Jahrhundert hinzu. Als in einem Jahr die großen Heringsschwärme ausblieben, wich man auf den kleineren Sild aus. Mit der herkömmlichen Marinade schmeckte er aber derart fade, dass man mit anderen Gewürzen experimentierte und auf den Piment stieß. Irgendwann normalisierte sich die Fangquote wieder, der Geschmack der Verbraucher aber hatte sich endgültig gewandelt: Sie akzeptierten nur noch die würzigere Marinade mit Piment.

Paprikapulver

Sowohl in Spanien wie in Ungarn steht Paprikapulver im Gewürzregal in der ersten Reihe, allerdings wird es ganz unterschiedlich verwendet. In Ungarn beginnt fast jede Zubereitung eines warmen Gerichts – sei dies ein *gulyás*, *pörkölt* (ein Ragout aus Schweinefleisch, rotem Fleisch, Wild oder Gans) oder *paprikás* (dieselbe Art von Ragout, aber mit saurer Sahne verfeinert) – damit, dass ein, zwei Esslöffel des Gewürzes in Schmalz gebraten werden.

Capsicum annuum gelangte Anfang des 16. Jahrhunderts aus der Neuen Welt über die Türkei nach Ungarn, wo

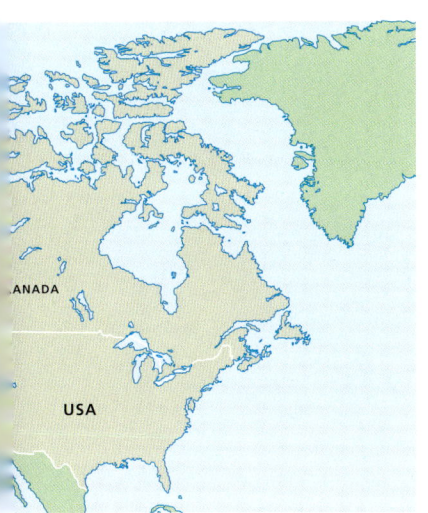

die Pflanze den aus dem Serbischen stammenden Namen »Paprika« erhielt. Zunächst wurde sie als Gartenschmuck und dann wegen ihrer medizinischen Eigenschaften gezogen. Die Ungarn entwickelten die Methode, die reifen roten Schoten zu trocknen und anschließend zu mahlen, wobei es verschiedene Schärfegrade gibt, beispielsweise Delikatesspaprika (*különleges*) oder Edelsüßpaprika (*édes-nemes*).

In Spanien bildet *pimentón* eine unabkömmliche Zutat in den *embutidos*, wie die zahlreichen gepökelten, luftgetrockneten Würste – *salchichon*, *chorizo fuet* und andere mehr – heißen.

Die Briten erlernten den Gebrauch von Gewürzen durch die Römer, die 55 v. Chr. auf der Insel eingefallen waren und dort den Senf – dank des feuchten Klimas sehr erfolgreich – heimisch gemacht hatten. Später deckten sich britische Händler auf den Gewürzmärkten der Champagne und Flanderns mit Waren ein. In der zweiten Hälfte des 16. Jahrhunderts wurde nirgends sonst in Europa so gewürzbetont gekocht wie am englischen Hof, und jahrhundertelang unterhielt man sogar eigene Safranfelder in Südost- und Mittelengland, bis die Ernte zu teuer wurde.

Durch die Pilgerväter breitete sich in den USA eine ähnlich würzige Küche aus, in die im Lauf der Zeit Kochgewohnheiten anderer Kulturen einflossen. Aus drei ganz unterschiedlichen Richtungen kamen dabei wesentliche Impulse: Europäische, speziell italienische und judische Elemente prägen die Gastronomie New Yorks, die Westküste hat ihren Blick nach China und Japan gerichtet, und der Südwesten, geschichtlich eng mit Mexiko verknüpft, flirtet mit den Chilis. Ganz Eigenes hat Louisiana zu bieten mit seiner kreolischen und Cajun-Küche, die Erste eine französisch-spanisch-karibische Melange, die Zweite geprägt von Einwanderern aus der Bretagne

In den amerikanischen Südstaaten feiert die Chilischote Triumphe und lässt auf Volksfesten Macho-Typen wetteifern, wer die feurigsten Schoten verträgt. Von hier kommt auch die Tabascosauce, eine Erfindung des Chicagoer Bankiers Edmund McIlhenny. Er war verheiratet mit der Tochter von Richter Avery, unter dessen Anwesen sich die tiefste Salzmine Amerikas befand. McIlhenny legte die Chilischoten, die auf dem Gelände seines Schwiegervaters wuchsen, in Salz ein, versetzte sie nach 30 Tagen (heute nach drei Jahren Reifezeit in Eichenfässern) mit Essig, füllte das Ergebnis in leere Parfümflakons seiner Frau und verschenkte diese an Freunde. Damit war ein Erfolgsprodukt geboren, das heute fast so berühmt ist wie Coca-Cola.

Um den Tabasco in seinem wahren Element zu erleben, muss man auf einem Flachboot hinausfahren in das sumpfige Mississippi-Delta. Dort winkt in manchen der Holzhütten auf Stelzen ein Cajun-Festmahl erster Güte: ein Berg Flusskrebse (*crayfish*) und eine entsprechende Menge ungeschälte Kartoffeln, beides gekocht und direkt aus dem Topf auf den derben Tisch gekippt. Dazu gibt es nichts weiter als Heinz Tomato Ketchup mit Tabasco. Mehr braucht es auch nicht.

Gulaschsuppe (UNGARN)

Paprikapulver verleiht diesem Klassiker seine typische Farbe und Würze. In Ungarn wird das Fleisch oft in Schmalz angebraten, doch ist Olivenöl ebenso schmackhaft und überdies gesünder. Die Kartoffeln nehmen einen Teil der Flüssigkeit dieser deftigen Suppe auf, die zusätzlich mit kleinen Klößen angereichert werden kann.

FÜR 4 PERSONEN

1 EL Olivenöl
1 Zwiebel, fein gehackt
2 gehäufte TL mildes Paprikapulver
500 g Rindfleisch (Schulter oder Wade), gewürfelt
1 rote Paprikaschote, Samen und Scheidewände entfernt, grob gehackt
250 ml trockener Weißwein
Salz
500 g Kartoffeln, geschält und geviertelt.

Das Öl in einem Topf erhitzen und die Zwiebel darin in etwa 6 Minuten goldbraun und glasig andünsten. Das Paprikapulver einstreuen, gründlich durchmischen und kurz mitdünsten; es darf nicht verbrennen, sonst schmeckt es bitter.

Das Fleisch mit der Paprikaschote kräftig untermischen und anbraten, dabei häufig rühren, damit nichts anbrennt.

Den Wein zugießen, salzen und bei reduzierter Temperatur etwa 45 Minuten sanft köcheln lassen, bis das Fleisch gar ist.

Inzwischen die Kartoffeln in kochendem Salzwasser bissfest garen. Mit so viel Kochwasser zum Fleisch geben, dass das Gericht eine suppenartige Konsistenz erhält. Weitere 10 Minuten köcheln lassen, damit sich die Aromen schön verbinden.

Borschtsch (RUSSLAND)

Jede russische Familie bereitet diese farbenfrohe und gehaltvolle Suppe nach einem eigenen Rezept zu. Als gut lagerfähiges Gemüse sind Rote Beten jedoch immer mit von der Partie, sie stehen den ganzen Winter über regelmäßig auf dem Speiseplan. Saure und würzige Zutaten bilden ein Gegengewicht zu ihrem süßlichen Aroma.

FÜR 6 PERSONEN

450 g Schmorfleisch vom Rind
1,8 l Wasser
4 kleine Rote Beten
375 g Weißkohl, in Streifen geschnitten
2 Möhren, in feine Stifte geschnitten
2 Stangen Bleichsellerie, in feine Stifte geschnitten
250 g Tomaten, enthäutet und durch ein Sieb passiert
1 EL Rotweinessig
1 EL extrafeiner Zucker
2 Lorbeerblätter
5 Pimentkörner oder 2 TL gemahlener Piment
1½ TL Salz
½ TL frisch gemahlener schwarzer Pfeffer
1 EL Zitronensaft
1 EL Dill
1 EL frisch gehackte Petersilie
Saure Sahne zum Servieren

Das Fleisch von überschüssigem Fett befreien und in 2–3 cm große Stücke schneiden. Mit dem Wasser in einen Suppentopf füllen, zum Kochen bringen und den aufsteigenden Schaum abschöpfen. Die Temperatur herunterschalten und das Fleisch zugedeckt 45 Minuten köcheln lassen.

Von den Roten Beten 3 in feine Stifte schneiden. Mit dem Kohl, den Möhren und dem Sellerie zum Fleisch geben und alles zusammen 25 Minuten köcheln lassen.

Die Tomaten, den Essig, den Zucker, die Lorbeerblätter, den Piment, das Salz und den Pfeffer zufügen und weitere 15 Minuten köcheln lassen.

Inzwischen die vierte Rote Bete auf der groben Seite der Gemüsereibe raffeln, mit 250 Milliliter Flüssigkeit aus dem Suppentopf in einen kleinen Topf füllen und 5 Minuten köcheln lassen. Über einer Schüssel abseihen, die Rote-Bete-Raspeln unter die Suppe mischen, die Flüssigkeit erst im letzten Moment zur Suppe gießen.

Mit Salz und Pfeffer abschmecken, mit dem Zitronensaft »schärfen« und mit den Kräutern bestreuen.

Die saure Sahne reichen Sie separat dazu, sodass jeder Gast seine Portion nach Geschmack mit 1 oder 2 Esslöffeln davon anreichern kann.

Marinierte Heringe

(DÄNEMARK)

Pfefferkörner sind eine unverzichtbare Zutat bei diesem dänischen Klassiker. Mit frischen Heringen gelingt er nicht, sondern nur mit rohen Salzheringen, die Sie bei einem Fischhändler direkt aus dem Fass erstanden und anschließend über Nacht gewässert haben. Als Ersatz bietet sich Rollmops ohne würziges Beiwerk an, den Sie vor der weiteren Verarbeitung aus seiner »Rolle« erlösen und gründlich unter kaltem Wasser abspülen. Das Gericht sollte auf jeden Fall 2–3 Stunden im Voraus zubereitet werden.

FÜR 6 PERSONEN

6 Salzheringe, über Nacht gewässert
200 ml Weißweinessig
100 g extrafeiner Zucker
20 schwarze Pfefferkörner
2 Zwiebeln oder Schalotten, in Ringe geschnitten

Die gewässerten Heringe abgießen, filetieren und mit Küchenpapier trockentupfen.

Den Essig mit dem Zucker und den Pfefferkörnern in einen kleinen Topf füllen, zudecken und einige Minuten kochen. Abkühlen lassen.

Die Heringsfilets in einer flachen Schüssel mit dem Essig übergießen und für mindestens 2 Stunden kalt stellen.

Vor dem Servieren die Zwiebeln oder Schalotten auf dem Fisch verteilen.

Variante

Die marinierten Heringe abgießen und in dicke Stücke oder Streifen schneiden. Mayonnaise mit Zitronensaft und reichlich Currypulver verrühren und mit dem Fisch vermischen.

Bohnensuppe aus Florida

(USA)

Florida wartet mit einer ganz eigenen Küche auf, in der spanische mit karibischen Einflüssen verschmelzen. Ein schmackhaftes Beispiel liefert diese gehaltvolle Suppe, die durch den mitgekochten Schweinsfuß eine besonders sämige Konsistenz erhält. Die Bohnen müssen unbedingt rechtzeitig und ausgiebig eingeweicht werden.

FÜR 4 PERSONEN

250 g getrocknete Schwarze Bohnen, über Nacht eingeweicht
2,5 l Wasser
250 g Rindfleisch, grob gewürfelt
1 Schweinsfuß
2 Zwiebeln, gehackt
½ Zitrone, halbiert
2 Gewürznelken
1 Prise gemahlener Piment
1½ EL Salz
Frisch gemahlener schwarzer Pfeffer
Etwa 4 EL Sherry
Limetten- oder Zitronenscheiben

Die Bohnen abgießen. Mit 1 Liter Wasser in einem Topf zum Kochen bringen und 10 Minuten kochen, danach erneut abgießen. Mit dem Rindfleisch, dem Schweinsfuß, den Zwiebeln, der Zitrone, den Nelken und dem Piment in einen großen Topf füllen. Die restlichen 1,5 Liter Wasser, das Salz und reichlich Pfeffer zufügen.

Das Ganze zum Kochen bringen und dann bei verminderter Temperatur etwa 3 Stunden (eventuell auch länger) köcheln lassen, bis die Bohnen richtig weich sind. Die Fleischwürfel mit einer Schaumkelle herausnehmen und beiseite legen. Den Schweinsfuß, die Zitronenstücke und die Nelken ebenfalls herausfischen und wegwerfen.

Den restlichen Topfinhalt im Mixer pürieren und zurück in den Topf gießen. Das Rindfleisch zerpflücken und zur Suppe geben. Mit dem Sherry abrunden und noch 5 Minuten köcheln lassen.

In einzelne Schalen füllen, in die Sie zuvor Limetten- oder Zitronenscheiben gelegt haben.

Mohnstrudel (POLEN)

Winzige Mohnsamen bilden eine knackige Einlage zwischen luftigen Teigschichten. Verwenden Sie für diese süße polnische Spezialität, die zum Frühstück genauso mundet wie zum Nachmittagstee oder als Dessert, kein künstliches Vanillin.

FÜR 8 PERSONEN

450 g Weizenmehl, plus mehr für die Arbeitsfläche
1 Päckchen Trockenhefe (7 g)
1 Prise Salz
425 ml Milch
300 g Mohnsamen
6 EL Honig
6 Tropfen Vanilleessenz
1 TL Zimtpulver
125 g Butter, zerlassen, plus mehr für das Blech und
**   zum Bestreichen**
2 Eier, verquirlt

Eine große Teigschüssel vorwärmen. Das Mehl hineinsieben, die Hefe und das Salz untermengen.

Die Hälfte der Milch lauwarm erhitzen. In die Mitte der Mehlmischung eine Mulde drücken und die Milch hineingießen. Nach und nach das umgebende Mehl untermischen und das Ganze kneten, bis ein glatter Teig entsteht.

Die Schüssel mit einem Tuch abdecken und den Teig an einem warmen Platz 1½–2 Stunden auf das Doppelte seines Volumens aufgehen lassen.

Die Mohnsamen in einem feinen Sieb heiß abspülen und, möglichst in einem Mulltuch, gut abtropfen lassen. Im Mixer oder Mörser zermahlen.

Die restliche Milch in einem kleinen Topf zusammen mit dem Honig langsam zum Kochen bringen. Die Mohnsamen und die Vanilleessenz zufügen und unter häufigem Rühren köcheln lassen, bis die Masse eindickt. Den Zimt und die zerlassene Butter einrühren. Vom Herd nehmen und abkühlen lassen.

Den Teig zusammendrücken. Die verquirlten Eier gründlich einarbeiten und den Teig auf einer bemehlten Arbeitsfläche kneten. Knapp 5 mm dick zu einem Rechteck von 20 x 30 cm ausrollen und die Ränder mit Wasser bestreichen. Die Mohnmasse bis fast zu den Rändern aufstreichen.

Den Teig aufrollen, die Ränder zusammendrücken und den Strudel auf ein gebuttertes Backblech legen. Mit einem Tuch abdecken und an einem warmen Platz wieder 1½–2 Stunden gehen lassen.

Den Backofen auf 190 °C vorheizen

Den ganzen Strudel mit zerlassener Butter bestreichen und 35–45 Minuten backen.

Fisch-Allerlei in würziger Sauce (PORTUGAL)

Je nachdem, was die Fischer gerade gefangen haben, enthält dieser Auflauf immer wieder andere Fische. So können auch Sie nach Belieben variieren und ebenso beispielsweise Schaltiere verwenden. Eine Konstante sind dagegen die würzenden Zutaten, darunter die äußerst scharfe portugiesich-afrikanische *Piri-piri*-Sauce. Ihre Grundzutat bilden Chilis, die man in heißem Öl ziehen lässt, und als saurer Kontrapunkt Zitronensaft beziehungsweise, bei gekauften Versionen, Essig.

FÜR 4 PERSONEN

Je 225 g frische Sardinen, Aal, Wittling und Thunfisch
Meersalz
6 EL Olivenöl
2 Zwiebeln, gehackt
8 Tomaten, blanchiert, enthäutet und gehackt
1 grüne Paprikaschote, Samen und Scheidewände entfernt,
**   gehackt**
4 Knoblauchzehen, gehackt
Etwas frisch geriebene Muskatnuss
½ TL gemahlener Piment
3 TL *Piri-piri*-Sauce (siehe Einleitung)
1 kleines Glas trockener Weißwein
4 EL Wasser
1 Bund Koriandergrün, die Blätter gehackt
3–4 Scheiben Brot, entrindet

Den Backofen auf 180 °C vorheizen.

Die Fische küchenfertig vorbereiten, entgräten und in kleine Stücke schneiden. Mit Salz bestreuen und beiseite stellen.

In einem Topf 3 Esslöffel Öl erhitzen. Die Zwiebeln mit den Tomaten und der Paprikaschote darin in etwa 10 Minuten weich dünsten. Den Knoblauch, die Muskatnuss, den Piment, die *Piri-piri*-Sauce, den Wein und das Wasser zufügen. Zusammen etwa 5 Minuten unter häufigem Rühren kochen lassen, danach vom Herd nehmen.

In einer flachen, ofenfesten Form 2 Esslöffel Öl verteilen. Eine Lage Fisch einfüllen, darauf eine Lage Sauce und diese mit Koriandergrün bestreuen. Diesen Vorgang wiederholen, bis alle Zutaten aufgebraucht sind. Das Ganze mit den Brotscheiben bedecken und mit dem restlichen Öl beträufeln.

In den vorgeheizten Ofen schieben und etwa 30 Minuten backen, bis der Fisch gar ist.

Dazu schmecken Salzkartoffeln oder Kartoffelpüree sehr gut oder auch frisches Brot.

Gefüllte Paprikaschoten und Tomaten (BALKAN, ORIENT UND MITTELMEERLÄNDER)

Wo immer Gemüsepaprika und Tomaten wachsen, findet sich auch dieses Gericht in stets abgewandelter Form. Minze- und Paprikapulver machen in diesem Fall die Hackfleisch-Reis-Füllung zu einer runden Sache.

FÜR 4 PERSONEN

4 grüne Paprikaschoten
Salz
4 große Fleischtomaten
3 TL Mehl
25 g Butter
2 TL Tomatenmark
½ TL Paprikapulver
5 EL Wasser

FÜR DIE FÜLLUNG
2 EL Olivenöl, plus mehr für die Form
1 Zwiebel, fein gehackt
250 g mageres Hackfleisch vom Lamm oder Rind
25 g Rundkornreis oder auch Risotto- oder Paella-Reis
1 TL Salz
1 TL Paprikapulver
4 EL Brühe oder Wasser
2 EL frisch gehackte Petersilie
1 EL frisch gehackte Minze
½ TL gemahlener schwarzer Pfeffer

Den Stielansatz der Paprikaschoten wie einen Deckel abschneiden. Die Samen und Scheidewände behutsam entfernen, ohne die Schoten zu verletzen. Mit kochendem Salzwasser bedecken und 15 Minuten ruhen lassen. Die jetzt weichen Schoten abspülen und abtropfen lassen.

Von den Tomaten oben einen Deckel abschneiden. Die Früchte mithilfe eines Löffels aushöhlen und die Pulpe hacken. Die Tomaten kopfüber abtropfen lassen.

Den Backofen auf 180 °C vorheizen.

Inzwischen für die Füllung das Öl in einem Topf erhitzen und die Zwiebel darin braun anbraten. Das Hackfleisch einige Minuten unter Rühren mitbraten, bis es krümelig auseinander fällt. Den Reis, die gehackte Tomatenpulpe, das Salz, das Paprikapulver und die Brühe oder das Wasser untermischen. Zugedeckt 15 Minuten köcheln lassen, bis der Reis die Flüssigkeit weitgehend aufgesogen hat. Die Petersilie, die Minze und den Pfeffer untermischen.

Eine ofenfeste Form, in der die Schoten und Tomaten aufrecht nebeneinander Platz haben, mit Öl ausstreichen. Die Paprika und Tomaten locker füllen, mit dem Mehl bestreuen, mit Butterflöckchen belegen und in die Form setzen. Das Tomatenmark mit dem Paprikapulver, dem Wasser und etwas Salz verrühren und in die Form gießen.

Im vorgeheizten Ofen etwa 50 Minuten garen.

Rote-Bete-Salat mit Meerrettich (POLEN)

Schon im Mittelalter war die klassische Kombination zweier erdiger Aromen bekannt. Diesen Salat sollten Sie einen Tag im Voraus zubereiten, damit er genügend Zeit hat, gründlich durchzuziehen.

FÜR 4 PERSONEN

4 kleine Rote Beten
2 EL geriebener Meerrettich (frisch oder aus dem Glas)
Salz
Saft von 1 Zitrone oder 1½ EL Weißweinessig, mit etwas Wasser verdünnt

Die Roten Beten in einem kleineren Topf mit kaltem Wasser bedecken, zum Kochen bringen und in etwa 30 Minuten garen. Schälen und grob raspeln.

Jeweils abwechselnd mit etwas Meerrettich, ein wenig Salz und Zitronensaft oder verdünntem Essig lagenweise in eine kleine Salatschüssel füllen. Für 24 Stunden kalt stellen, damit sich die Aromen schön verbinden.

Rote Bete – ein rundum gesunder Genuss aus dem nördlichen Europa.

Buntes Gemüse aus dem Ofen
(BALKAN)

Wie bei der *ratatouille* verbinden sich auch hier verschiedene Gemüsesorten zu einem gelungenen Ganzen, ohne jedoch ihre Eigenheiten aufzugeben. Das Gericht kann wie sein französisches Pendant auch auf dem Herd zubereitet werden, entwickelt aber, in einer flachen, ofenfesten Keramikform namens *guvec* im Ofen gegart, mehr Charakter. In Griechenland kommen Knoblauchzehen hinein, in Bulgarien grüne Chilischoten und in die hier vorgestellte Version nach Belieben beides. Welches Gemüse Sie verwenden, hängt ganz von Ihren Vorlieben und dem Marktangebot ab.

FÜR 4–6 PERSONEN

1 große Aubergine, gewürfelt
3 TL Salz
450 g Kartoffeln, in 2–3 cm große Stücke geschnitten
450 g Zwiebeln, gehackt
450 g Zucchini, in dicke Scheiben geschnitten
225 g grüne Bohnen, jeweils in 3 Stücke geschnitten
225 g ausgehülste frische oder tiefgefrorene Erbsen
1 grüne Paprikaschote, Samen und Scheidewände entfernt,
    in Streifen geschnitten
125 g Okraschoten (nach Belieben)
2 EL Tomatenmark
2 Knoblauchzehen, zerdrückt (nach Belieben)
1 grüne Chilischote, gehackt (nach Belieben)
1 Bund glatte Petersilie, gehackt
4 EL Olivenöl
2 TL Paprikapulver
450 g Tomaten, in Scheiben geschnitten

Den Backofen auf 200 °C vorheizen.

Die Auberginenwürfel in einem Durchschlag mit dem Salz bestreuen und zum Entbittern 1 Stunde abtropfen lassen. Mit Küchenpapier trockentupfen.

In einer großen, flachen, ofenfesten Form alle Gemüsesorten außer den Tomaten mit dem Tomatenmark, dem Knoblauch und der Chilischote, falls verwendet, der Petersilie und 2 Esslöffeln Öl vermischen. Mit dem Paprikapulver würzen und mit Salz abschmecken. Mit den Tomatenscheiben bedecken und mit dem restlichen Öl beträufeln.

Unbedeckt in den vorgeheizten Ofen schieben. Nach 10 Minuten die Temperatur auf 190 °C herunterschalten und das Gemüse in etwa 1½ Stunden weich garen.

Nach Belieben heiß oder kalt servieren.

Moussaka (GRIECHENLAND)

Auf dem gesamten Balkan begegnet man Variationen dieses mit pikantem Paprika und lieblichem Zimt gewürzten Auflaufs. Jede Region von Kroatien bis Zypern hat ihr eigenes Rezept, dessen Zubereitung sich häufig nach dem täglichen Marktangebot richtet.

FÜR 6 PERSONEN

2 Auberginen, längs in dünne Scheiben geschnitten
Salz
Olivenöl zum Braten und für die Form
500 g Zucchini, quer in gut 1 cm dicke Scheiben geschnitten
4 Zwiebeln, fein gehackt
750 g Kartoffeln, in dünne Scheiben geschnitten
200 g fein gehackte oder pürierte Tomaten
1 kg mageres Hackfleisch vom Lamm
2 TL Paprikapulver
2 Bund glatte Petersilie, fein gehackt
1 TL zerstoßene schwarze Pfefferkörner
2 TL Zimtpulver
2–3 Eier, leicht verquirlt

Die Auberginenscheiben in einem Durchschlag mit Salz bestreuen und zum Entbittern 1 Stunde abtropfen lassen. Mit Küchenpapier trockentupfen.

Den Backofen auf 190 °C vorheizen.

Etwas Öl in einer Pfanne erhitzen und die Auberginen, die Zucchini, die Zwiebeln und die Kartoffeln nacheinander anbraten, anschließend auf separaten Tellern beiseite stellen.

Etwas mehr Öl in die Pfanne gießen, die Tomaten hineingeben und rühren, bis sie sich dunkelrot färben. Das Fleisch zufügen, salzen und mit dem Paprikapulver würzen. Etwa 5 Minuten pfannenrühren, bis es krümelig auseinander fällt. Die Petersilie, die Zwiebeln, Pfeffer und Zimt gründlich untermischen.

In eine große, ofenfeste Form eine Lage Kartoffeln einfüllen, gefolgt von abwechselnden Lagen aus Hackfleisch und Gemüse, die letzte Lage sind Kartoffeln. Jede Lage salzen.

30 Minuten im vorgeheizten Ofen backen. Mit den verquirlten Eiern gleichmäßig übergießen und nochmals für 15 Minuten in den Ofen schieben, bis die *moussaka* schön gebräunt ist.

Heiß servieren und dazu Naturjoghurt reichen.

Jambalaya (USA)

Der Klassiker aus Louisiana entstammt eindeutig der kreolischen Küche, in der romanische und karibische Elemente
zusammenkommen. Sein Name leitet sich vom französischen
Wort *jambon* (= Schinken) ab.

FÜR 4 PERSONEN

2 EL Olivenöl, Butter oder ausgebratenes Speckfett
2 Zwiebeln, gehackt
4 geräucherte Schweinswürste, in dicken Scheiben
1 EL Weizenmehl
2 Knoblauchzehen, zerdrückt
200 g Räucherschinken, gewürfelt
2 große Tomaten, enthäutet, Samen entfernt, gehackt
200 g Langkornreis
375 ml Hühnerbrühe oder Wasser
1 grüne Chilischote, Samen entfernt

1 grüne Paprikaschote, Samen entfernt, gehackt
1 Prise getrockneter Thymian
½ TL Cayennepfeffer, Salz
400 g gekochte Garnelen, Schalen bis auf den Schwanzfächer und Darm entfernt
3 EL gehackte Petersilie

Das Fett in einem schweren Topf erhitzen. Die Zwiebeln und die
Wurst in etwa 5 Minuten braun anbraten. Das Mehl darüber
stäuben und 1–2 Minuten unter Rühren etwas Farbe annehmen
lassen. Knoblauch, Schinken und Tomaten untermischen. Fest
zugedeckt auf kleinster Stufe 30 Minuten köcheln lassen.

Den Reis, die Brühe oder das Wasser, die Chili, die Paprika, den
Thymian, den Cayennepfeffer und Salz nach Geschmack zufügen.
Wieder fest verschlossen etwa 20–25 Minuten köcheln lassen, bis
der Reis bissfest ist. Zwischendrin nicht den Deckel lüften und
auch nicht rühren.

Die Garnelen zufügen und 5 Minuten durchwärmen. Mit der
Petersilie bestreuen und sehr heiß servieren.

Schweinefleischterrine mit Quatre Épices (FRANKREICH)

Mit *haute cuisine* haben Terrinen aus Fleisch, Wild oder Geflügel nicht das Geringste zu tun. Trotzdem sind die Napf- oder Schüsselpasteten, wie sie ebenfalls heißen, aus der französischen Küche nicht wegzudenken als ländlich-rustikale Delikatessen, die einst auch der Vorratshaltung dienten.

FÜR 8 PERSONEN ALS VORSPEISE

750 g ausgelöste Schweineschulter
250 g Schweinebauch oder Wurstbrät
2 TL *quatre épices* (siehe Seite 134)
1 TL getrockneter Thymian
10 Wacholderbeeren, plus mehr zum Garnieren
2 Knoblauchzehen, zerdrückt
2 TL Salz
5 EL trockener Weißwein
Je 3 EL Sherry und Cognac oder Calvados
40 g Butter oder Schweineschmalz
2 Zwiebeln, fein gehackt
1 Ei, verquirlt, und 15 g Mehl
250 g durchwachsener Speck in langen Scheiben
3 Lorbeerblätter zum Garnieren

Alles Schweinefleisch in Stücke schneiden und durch den Fleischwolf drehen oder in der Küchenmaschine, bestückt mit dem schärfsten Messer, grob hacken – keinesfalls pürieren! In einer Schüssel mit den *quatre épices*, dem Thymian, den Wacholderbeeren, dem Knoblauch, dem Salz und dem Alkohol vermengen. Mit Klarsichtfolie abdecken und über Nacht im Kühlschrank ruhen lassen.

Den Backofen auf 220 °C vorheizen.

In einer Pfanne 25 Gramm Butter oder Schmalz zerlassen und die Zwiebeln in etwa 10 Minuten ohne Farbe weich schwitzen.

Das Ei mit dem Mehl energisch verrühren. Die Zwiebeln und die Ei-Mehl-Mischung in das Fleisch einarbeiten.

Eine Terrinen- oder andere ofenfeste 1-Liter-Porzellanform mit der restlichen Butter oder dem übrigen Schmalz ausstreichen und so mit den Speckscheiben auskleiden, dass deren Enden über den Rand hängen. Die Fleischfarce in die Form füllen und mit den Speckenden zudecken.

Die Form in einen größeren Bräter setzen und diesen bis auf halbe Höhe der Form mit heißem Wasser füllen. Die Terrine 1½ Stunden (nach Bedarf auch etwa 30 Minuten länger) im Ofen garen – sie ist fertig, wenn ein eingestochener Spieß sauber wieder herauskommt. Falls der Speck schon vor Ende der Garzeit bräunt, mit Alufolie abdecken.

Die Terrine aus dem Wasserbad nehmen und eventuell überschüssiges Fett abgießen. Etwa 1 Stunde ruhen lassen. Anschließend mit Folie und einem Brettchen abdecken und darauf zum Beschweren Konservendosen stellen. Mehrere Stunden auskühlen und fest werden lassen, anschließend 1 Tag kalt stellen. Am besten schmeckt die Terrine in den ersten Tagen, doch bewahrt man sie, mit einer dicken Schmalzschicht versiegelt, auf dem Land auch mehrere Wochen auf.

Mit Toast sowie eingelegten Gurken und Zwiebeln gibt die Terrine eine delikate Vorspeise ab. Vor dem Servieren mit Lorbeerblättern und Wacholderbeeren garnieren.

Kaninchen mit Senfsauce (FRANKREICH)

Senf spielte in der Küche der alten Römer eine wichtige Rolle und gelangte, nachdem diese Gallien erobert hatten, samt ihren Rezepten und Kochtechniken auch dort zu Verbreitung. Die wohl bekanntesten Senfspezialitäten der Welt kommen heute aus Dijon, wo die Firma Maille, der namhafteste Produzent des Landes, ihren Sitz hat und Dutzende unterschiedlich aromatisierte Senfsorten herstellt. Die in Weißwein mazerierten und gemahlenen Samen ergeben eine glatte Paste von eher mildem, aber dennoch pikantem Geschmack – die ideale Begleitung zum zarten Kaninchenfleisch.

FÜR 4 PERSONEN

2 größere oder 4 sehr kleine Kaninchenrücken
Salz und frisch gemahlener schwarzer Pfeffer
1 EL Olivenöl und 25 g Butter
5 Schalotten, gehackt
1 Glas trockener Weißwein
6 EL Crème fraîche
3 EL Dijon-Senf

Den Backofen auf 200 °C vorheizen.

Das Fleisch salzen und pfeffern. In einer Eisen- oder anderen ofenfesten Pfanne in dem Öl und der Butter von beiden Seiten anbraten, im Ofen weitere 20 Minuten braten.

Die Schalotten und den Wein zufügen – Achtung, Pfannenstiel ist sehr heiß! – und zurück in den Ofen stellen. Nach 10 Minuten die Temperatur auf 150 °C herunterschalten, das Fleisch mit Alufolie abdecken und noch 30 Minuten garen, dabei mehrmals mit dem Fond begießen.

Die Crème fraîche mit dem Senf verrühren und den Fond damit binden. Das Fleisch in vier gleiche Portionen teilen, mit der Sauce umgießen und mit Kartoffelpüree als Beilage servieren.

Paella aus Valencia (SPANIEN)

Safran, das teuerste Gewürz der Welt, ist genau wie Paprika-pulver ein absolutes Muss in einer spanischen *paella*. Ihren Ursprung hat sie im Reisanbaugebiet um Valencia, wo man die Variationen aus anderen Gegenden des Landes stirnrun-zelnd zur Kenntnis nimmt. Meeresfrüchte etwa haben nach Ansicht der Valencianer nichts in einer *paella* zu suchen beziehungsweise hieße das Gericht dann *arroz a la marinera*. Aber natürlich steht es Ihnen frei, zur Krönung ganz nach Geschmack Scampi oder Garnelen, Miesmuscheln und Tinten-fische zuzufügen. Für Puristen sei dennoch hier das Rezept für die einzig wahre *paella valenciana* wiedergegeben. Ent-scheidend ist die richtige Reissorte (im Idealfall *bomba* aus Calasparra, der das Vierfache seines Gewichts an Wasser auf-nimmt). Statt Schnecken verwenden die Spanier auch Rosma-rin, um ihrer Spezialität die typisch erdige Note zu geben.

FÜR 4 PERSONEN

500 g mit Mais gefüttertes Huhn
500 g Kaninchen
2 EL Olivenöl, Salz
100 g grüne Bohnen, in 2 cm lange Stücke geschnitten
16 Schnecken, gesäubert, oder 1 Rosmarinzweig
20 Safranfäden
1,5 l Wasser oder leichte Hühnerbrühe
1 EL Paprikapulver
1 mittelgroße Tomate
100 g gekochte Wachsbohnen
100 g gekochte Limabohnen oder Borlotti-Bohnen
    aus der Dose, abgetropft
400 g spanischer Rundkornreis, möglichst *bomba*

Das Fleisch mit den Knochen in Stücke schneiden.

Das Öl mit 1 Prise Salz in einer 40 cm großen Paella- oder anderen großen, flachen Pfanne erhitzen. Die Hühner- und Kanin-chenstücke bei mittlerer Temperatur rundum goldbraun anbraten. Die grünen Bohnen 5 Minuten mitbraten. Inzwischen die Schnecken, falls verwendet, in einem Topf mit kochendem Wasser 5 Minuten garen, danach abseihen.

Die Safranfäden in einer Tasse mit einem Löffelrücken an-drücken. Mit etwas kochendem Wasser übergießen und weiter mit dem Löffel drücken, bis die Mischung tieforange leuchtet.

Das Wasser oder die Hühnerbrühe zum Kochen bringen. Den Pfanneninhalt mit dem Paprikapulver bestäuben und 30 Sekun-den rühren. Die Tomate zufügen, zerdrücken und nochmals 30 Sekunden rühren. Die Wachsbohnen, die Bohnenkerne und das kochende Wasser oder die Brühe zufügen, gefolgt von den Schnecken, falls verwendet, dem Safran und 1 Teelöffel Salz.

Mit Alufolie abdecken und 20–30 Minuten köcheln lassen, bis das Fleisch gar ist. So viel kochendes Wasser zugießen, dass der ursprüngliche Flüssigkeitspegel wieder erreicht wird. Aufkochen, den Reis einstreuen und bei hoher Temperatur 5 Minuten garen.

Die Temperatur drosseln und das Gericht, ohne zu rühren, etwa 10 Minuten garen, bis die Flüssigkeit vom Reis aufgesogen oder verdampft ist. (Falls das Gericht zu schnell trocken wird, noch etwas kochendes Wasser ergänzen.) Jetzt den Rosmarin, falls ver-wendet, zufügen.

Die Pfanne vom Herd nehmen, mit einem feuchten, gefalteten Tuch abdecken und 5–10 Minuten ruhen lassen, wobei der Reis weitere Flüssigkeit aufnimmt und gart – die fertige *paella* soll aber noch schön saftig sein.

Am Pfannenboden angesetzter Reis gilt als das Beste über-haupt. Die Valencianer nennen ihn *soccorat* nach einer nahe gelegenen Stadt, die von den Römern niedergebrannt wurde.

Pfeffersteak (FRANKREICH)

Erst Anfang des 20. Jahrhunderts wurde es in den Küchen des Trianon-Palastes bei Versailles »erfunden«, ist aber heute praktisch auf jeder französischen Speisekarte zu finden. Die scharfe Pfefferkruste gibt dem zwar zarten, aber eher faden Rindfleisch einen herzhaften Geschmack.

FÜR 4 PERSONEN

4 dicke Rumpsteaks
30 schwarze Pfefferkörner, grob zerstoßen
Salz
75 g Butter
50 ml Olivenöl
50 ml Weinbrand oder Cognac
100 ml Kalbs- oder Hühnerbrühe
100 ml Sahne

Die Steaks im zerstoßenen Pfeffer wenden und diesen fest an-drücken, danach salzen. Die Butter mit dem Olivenöl in einer sehr heißen Pfanne zerlassen. Die Steaks scharf anbraten und von bei-den Seiten noch 2 Minuten braten, wenn Sie sie *rare* (blutig) wün-schen, oder auch 3–4 Minuten, wenn sie *medium* bis *well-done* (halb durch bis durch) sein sollen.

Auf einer Servierplatte zugedeckt warm stellen.

Überschüssiges Fett aus der Pfanne gießen. Den Weinbrand oder Cognac zum Bratensatz gießen und flambieren. Die Brühe zufügen und 5 Minuten lebhaft kochend reduzieren. Die Sauce mit der Sahne verrühren und einköcheln lassen. Mit Salz und Pfeffer abschmecken und über die Steaks gießen.

Sofort mit Pommes frites oder Bratkartoffeln servieren.

Eisbein mit Sauerkraut

(DEUTSCHLAND)

Der Name dieses Klassikers deutscher Hausmannskost rührt daher, dass die robusten Röhrenknochen im Schweinedickbein früher zu Schlittschuhkufen verarbeitet wurden. Seine Urheimat ist der Berliner Raum, wo man den deftigen Genuss zünftig mit einer »Molle« (einem Glas Bier) herunterspült. Aber auch in Bayern und Österreich gehört das Eisbein als Surhaxe zum Standardangebot auf den Speisekarten traditionsbewusster Restaurants.

FÜR 4 PERSONEN

3 Zwiebeln
4 gepökelte Eisbeine (Unterschenkel vom Schwein), je 500 g
1 Lorbeerblatt
5 Koriandersamen
5 schwarze Pfefferkörner, grob zerstoßen
4 TL Salz
1 kg Sauerkraut
50 g Bratenfett oder Schweineschmalz
5 Wacholderbeeren
300 ml Weißwein
1 Kartoffel, gerieben
2 TL extrafeiner Zucker

Eine der Zwiebeln halbieren und die Schnittflächen in einer trockenen Pfanne braun werden lassen – so bekommt die Sauce später mehr Farbe und Geschmack. Die beiden anderen Zwiebeln hacken und beiseite legen.

Die Eisbeine in einem Topf mit Wasser bedecken. Die gebräunten Zwiebelhälften, das Lorbeerblatt, die Koriandersamen, den zerstoßenen Pfeffer und das Salz zufügen. Zum Kochen bringen und 1½ Stunden köcheln lassen.

Wenn das Fleisch beinahe gar ist, das Sauerkraut grob hacken und mit etwa 500 Milliliter des Fleischsuds in einen zweiten Topf füllen. Erhitzen, bis es kocht.

Das Bratenfett oder Schmalz in einer Pfanne zerlassen und die gehackten Zwiebeln darin goldbraun braten. Zusammen mit den Wacholderbeeren und dem Wein unter das Sauerkraut mischen. 40 Minuten sanft garen, dann die Kartoffel gründlich untermischen. Weitere 10 Minuten garen und zuletzt den Zucker einrühren, der die markante Säure besänftigt.

Die Eisbeine mit dem Sauerkraut auf einer Platte anrichten. Dazu Kartoffelpüree reichen.

Spareribs aus dem Mittleren Westen (USA)

Schweinerippen vom Grill oder aus dem Ofen kommen in Amerika landauf, landab immer an. In Kanada werden sie mit Sauerkraut serviert, und in Pennsylvania kommt oft eine Lage Apfelfüllung in die Mitte. Ein Beitrag der chinesischen Arbeiter, die beim Bau der Eisenbahnstrecken halfen, ist schließlich die süßsaure Note. Tomatenketchup und Worcestersauce, beide schön würzig und überall zu bekommen, sind wie geschaffen für dieses Gericht.

FÜR 4 PERSONEN

1 EL Sonnenblumenöl oder ausgelassenes Speckfett
1 Zwiebel, gehackt
250 ml Tomatenketchup
3 EL Worcestersauce
2 EL Malzessig
2 EL extrafeiner Zucker
4 EL Zitronensaft
2 TL englischer Tafelsenf
125 ml Wasser
1 TL getrocknetes Basilikum
1 TL Chilipulver
3 EL frisch gehackte Petersilie
2 kg Spareribs
Salz und frisch gemahlener schwarzer Pfeffer

Den Backofen auf 230 °C vorheizen.

Das Öl oder Speckfett in einem Topf erhitzen und die Zwiebel darin etwa 5 Minuten glasig anschwitzen. Den Tomatenketchup, die Worcestersauce, den Essig, Zucker, Zitronensaft, Senf, das Wasser, Basilikum, Chilipulver und die Petersilie einrühren. 30 Minuten auf kleinster Stufe köcheln lassen.

Inzwischen die Spareribs mit Küchenpapier abwischen, salzen und pfeffern. Auf einen Rost über einem Bratblech für 30 Minuten in den Ofen schieben.

Herausnehmen und das Fett aus dem Bratblech abgießen. Die Spareribs direkt auf das Blech legen und schön dick mit der Sauce bestreichen.

Die Ofentemperatur auf 150 °C herunterschalten und die Spareribs noch mindestens 1½ Stunden garen, dabei häufig mit der Sauce bestreichen, bis sie schließlich weich sind.

Apple Pie (USA)

Dieser Apfelkuchen ist ein so fester Bestandteil des amerikanischen Lebens, dass aus den Pionierzeiten nur wenige Anleitungen dafür überliefert sind. Jede Familie hatte einfach ihr Rezept, das sie mündlich von Generation zu Generation weitergab. Wahrscheinlich brachten die Pilgerväter die Süßspeise in die Neue Welt, die aber dort durch reichlich Zimt eine eigene Note erhielt – die Stadt Boston war lange einer der größten Gewürzimporteure der Welt.

Statt des Mürbteigs können Sie auch selbst hergestellten oder fertig gekauften Blätterteig verwenden.

FÜR 4 PERSONEN

225 g Mürbteig (selbst gemacht oder tiefgefroren)
Mehl zum Ausrollen
1 kg Äpfel (Boskoop oder Cox Orange)
Saft und abgeriebene Schale von 1 unbehandelten Zitrone
100 g extrafeiner Zucker (bei sehr sauren Äpfeln mehr),
    plus mehr zum Bestreuen
1 EL Zimtpulver
½ TL *mixed spice* (siehe Seite 135) oder 1 Muskatnuss,
    gerieben und mit 2 fein zerstoßenen Gewürznelken
    vermischt
15 g Butter, in kleine Würfel geschnitten
1 Eiweiß, verquirlt

Den Teig auf einer bemehlten Arbeitsfläche zu 2 Teigkreisen ausrollen, die zum Auskleiden und Abdecken einer ofenfesten Pie-Form mit 23 cm Durchmesser ausreichen. 30 Minuten kalt stellen.

Inzwischen für die Füllung die Äpfel schälen, vom Kerngehäuse befreien und in Spalten schneiden. Damit sie nicht braun anlaufen, in eine Schüssel mit Wasser und einigen Tropfen Zitronensaft legen.

Den Backofen auf 200 °C vorheizen.

Die Pie-Form so mit dem Teig auskleiden, dass der Teigrand übersteht. Die Apfelspalten abgießen und abtropfen lassen. Mit dem Zucker, dem Zimt, dem *mixed spice* oder der Muskat-Nelken-Mischung, der Zitronenschale und dem restlichen Zitronensaft vermischen. In die Form füllen und die Butterstückchen darauf verteilen.

Den überstehenden Teigrand mit Wasser einpinseln und den vorbereiteten Teigdeckel mithilfe eines Teigrollers über der Form abrollen. Die aufeinander liegenden Kanten zusammenkneifen und mit den Zinken einer Gabel ein dekoratives Muster eindrücken. Aus etwaigen Teigresten nach Belieben Blattformen ausschneiden, mit Wasser befeuchten und auf den Teigdeckel kleben.

Mit dem verquirlten Eiweiß bestreichen und mit Zucker bestreuen. Den Teigdeckel an mehreren Stellen einschneiden, sodass während des Backens der Dampf entweichen kann.

Den *apple pie* im vorgeheizten Ofen 40 Minuten backen.

Safranbrötchen (SCHWEDEN)

Unweigerlich denkt man bei Safran an die Küche des Mittelmeerraums und des Nahen Ostens, tatsächlich kommt das Gewürz aber auch in nordeuropäischen Rezepten vor. In Cornwall werden bis heute Safranbrote und -kuchen gebacken, und in Schweden färben die kostbaren getrockneten Blütennarben einer Krokusart bei Festen wie dem am 13. Dezember gefeierten Luciatag und Jul (Weihnachten) Brötchen und Zöpfe.

ERGIBT ETWA 30 BRÖTCHEN ODER 3 ZÖPFE

Etwa 30 Safranfäden
225 g extrafeiner Zucker
250 ml Milch
200 g Butter, zerlassen, plus mehr Butter für das Blech
1 Ei, verquirlt
750 g Weizenmehl, gesiebt, plus mehr zum Bestäuben
2 Päckchen Trockenhefe, je 7 g
½ TL Salz
50 g enthäutete Mandeln, grob gehackt
100 g Rosinen
100 g Orangeat und Zitronat, gehackt
1 Eigelb, mit 2 TL Milch verquirlt
Mandelblättchen und Rosinen zum Garnieren
    (nach Belieben)

Die Safranfäden in einer Pfanne auf kleinster Stufe dörren, aber auf keinen Fall anbrennen lassen. Mit 1 Teelöffel Zucker im Mörser fein zerstoßen.

Die Milch erhitzen, bis sie lauwarm ist. Die zerlassene Butter, das Safranpulver und das Ei einrühren.

Das Mehl in eine Teigschüssel sieben und mit der Hefe, dem Salz und 1 Teelöffel Zucker vermengen. Die warme Milch-Ei-Mischung dazugießen. Mit einem Holzlöffel zu einem glatten Teig abschlagen. Zu einer Kugel formen, dünn mit Mehl bestäuben, mit einem trockenen Tuch abdecken und bis zu 2 Stunden an einem warmen Platz auf das doppelte Volumen aufgehen lassen.

Den Teig zusammendrücken und kurz kneten. Den restlichen Zucker, die Mandeln und Rosinen sowie das Orangeat und Zitronat untermengen. Für Brötchen aus dem Teig etwa 30 gleich große Kugeln formen, für Zöpfe neun gleich dicke und lange Stränge rollen und jeweils drei zusammenflechten. Auf ein gebuttertes Backblech legen, mit einem Tuch abdecken und nochmals gehen lassen. Inzwischen den Backofen auf 200 °C vorheizen.

Die Brötchen oder Zöpfe mit dem Eigelb bestreichen und nach Belieben mit Mandelblättchen und Rosinen bestreuen (leicht andrücken). Brötchen 6–10 Minuten, Zöpfe 20–25 Minuten backen. Auf einem Drahtgitter abkühlen lassen.

Christmas Pudding

(GROSSBRITANNIEN)

Im 16. Jahrhundert war diese Zubereitung als Christmas *broth* oder *porridge*, also als Weihnachtsbrühe oder -brei bekannt und enthielt Fleisch, Kräuter und Pflaumen. Im Laufe der Zeit wurde das Fleisch von Rindertalg beziehungsweise Nierenfett verdrängt, Trockenobst wie Backpflaumen und Sultaninen ersetzte die Pflaumen, und kandierte Früchte bereicherten das Rezept zusammen mit einer komplexen Gewürzmischung, die bis heute zum besonderen Reiz dieser traditionellen Spezialität beiträgt. Am besten bereitet man sie mindestens 6 Wochen im Voraus zu.

ERGIBT 3 PUDDINGS

250 g Weizenmehl
½ TL Backpulver
250 g Rindertalg, geraspelt
250 g frische Weißbrotbrösel
250 g Orangeat und Zitronat, gehackt
125 g kandierte Kirschen, abgespült und gehackt
Abgeriebene Schale von 1 unbehandelten Zitrone
250 g Korinthen
250 g Sultaninen
250 g kernlose Rosinen
50 g Mandeln, blanchiert, enthäutet und gehackt
500 g weicher brauner Zucker
3 TL *mixed spice* (siehe Seite 135)
¼ TL Salz
6 Eier, verquirlt
300 ml dunkles Bier (*stout*, zum Beispiel Guinness, oder *ale*)
1 kräftiger Schuss Weinbrand oder Whisky
Butter für die Form

Mit ihrer Säure und der leicht herben Note ihrer Schalen können sich Zitronen in vielen Zubereitungen genauso erfolgreich durchsetzen wie richtige Gewürze.

In einer großen Schüssel das Mehl mit dem Backpulver vermengen. Die folgenden Zutaten bis einschließlich Salz hinzufügen und gründlich untermischen.

Die Eier, das Bier und den Weinbrand oder Whisky energisch einrühren. Nach Bedarf mehr Alkohol hinzufügen – die Masse sollte zuletzt eher locker sein.

Drei 1-Liter-Puddingformen mit Butter ausstreichen und die Masse einfüllen – sie sollte jeweils nur bis etwa 5 cm unter den Rand reichen, da der Pudding noch aufgeht. Jede Form mit einem großen Stück Pergamentpapier verschließen, das rundum mit Garn festgebunden wird.

Die Formen einzeln in größere Töpfe mit gut schließendem Deckel setzen. Diese bis auf halbe Höhe der Formen mit kochendem Wasser füllen und mit dem Deckel verschließen. Die *Christmas puddings* 7 Stunden im Dampf garen, dabei gelegentlich das Wasser auf das ursprüngliche Niveau ergänzen.

Die Puddingformen aus den Töpfen nehmen und auskühlen lassen. Mit frischem Pergamentpapier oder Folie abdecken und wie zuvor den Rand mit Garn umwickeln. An einem kühlen, trockenen Platz hält sich *Christmas pudding* bis zu 1 Jahr.

Vor dem Servieren 1–2 Stunden in Wasserdampf gründlich durchwärmen. Dazu *brandy butter* (weiche Butter, gemischt mit Puderzucker und Weinbrand) reichen.

Reiscreme   (GRIECHENLAND)

Der cremig-zarte Pudding betört mit einem Hauch von Zitrone und apartem Zimtduft.

FÜR 4 PERSONEN

150 g Rundkornreis
3 Streifen Zitronenschale
5 cm Zimtstange
1 l Milch
2 TL Maisstärke, in wenig Wasser aufgelöst
150 g extrafeiner Zucker
1 TL Zimtpulver

Den Reis mit den Zitronenschalen und der Zimtstange in einen schweren Topf füllen und mit der Milch bedecken. Gründlich umrühren, langsam aufkochen und etwa 30 Minuten köcheln lassen, bis der Reis gar ist.

Die Maisstärke mit dem Zucker gründlich unter den Reis rühren. Noch 20–30 Minuten unter gelegentlichem Rühren garen, bis der Reis die Konsistenz einer dicken Creme besitzt.

Die Zitronenschalen und die Zimtstange herausfischen und die Creme auf Raumtemperatur abkühlen lassen. Vor dem Servieren mit dem Zimtpulver bestäuben.

Ginger Beer (GROSSBRITANNIEN)

Vor allem während der Ernte spülten Landarbeiter mit diesem beliebten und so erfrischenden Getränk einst gern ihre ausgedörrten Kehlen durch.

ERGIBT 4,5 LITER

5 cm frische Ingwerwurzel, fein gerieben
325 g Zucker
25 g Weinstein
Saft und abgeriebene Schale von 1 unbehandelten Zitrone
4,5 l kochendes Wasser
25 g Weinhefe (Spezialgeschäft) oder Trockenhefe

Den Ingwer, Zucker, Weinstein und die Zitronenschale in einen sauberen Plastikeimer oder eine Schüssel mit einem Fassungsvermögen von gut 5 Liter Inhalt geben. Das kochende Wasser und den Zitronensaft gründlich einrühren. Die Mischung abkühlen lassen, bis sie nur noch warm ist.

Die Hefe in etwas Wasser auflösen und in den Eimer oder die Schüssel einrühren. Mit einem Tuch abdecken und 1 Tag an einem warmen Platz ruhen lassen.

Das *ginger beer* abschäumen, durch ein feines Sieb gießen und mithilfe eines Trichters in sterilisierte Bierflaschen füllen. Mit Korken verschließen und diese mit kurzen Drahtstücken am Flaschenhals fixieren. Mindestens 2 Tage an einen kühlen Platz stellen. Die Flaschen gelegentlich inspizieren und, falls der Inhalt zu schnell gärt und stark schäumt, neu verkorken.

Apfel-Dattel-Walnuss-Chutney
(GROSSBRITANNIEN)

Chutneys schmecken köstlich als pikante Beilage zu Fleisch und besonders auch zu Käse. Mit diesem Rezept können Sie sich einen Vorrat für ein ganzes Jahr anlegen.

ERGIBT ETWA 6–8 GLÄSER

500 g Zwiebeln, gehackt
1 kg Kochäpfel, geschält
750 g Datteln, entsteint und gehackt
75 g Walnusskerne, gehackt
1 TL Salz
1 TL gemahlener Ingwer
1 TL Cayennepfeffer
600 ml Malzessig
250 g brauner Zucker

Die Zwiebeln in etwas Wasser weich dünsten. Inzwischen die Äpfel vom Kerngehäuse befreien und hacken. Zu den Zwiebeln geben und etwa 20 Minuten mitdünsten, bis sie ganz weich sind.

Die Datteln, die Walnüsse, das Salz, den Ingwer und den Cayennepfeffer sowie die Hälfte des Essigs untermischen und zum Kochen bringen. Bei mittlerer Temperatur unter gelegentlichem Rühren etwa 20 Minuten köcheln lassen, bis die Mischung eindickt.

Den restlichen Essig mit dem Zucker zufügen und, um diesen zu lösen, unablässig rühren. Weiterköcheln lassen und dabei häufig rühren, bis das Chutney etwas dicker, aber noch nicht zäh und klebrig wird.

In sterilisierte Gläser füllen und fest verschlossen lagern. Am besten schmeckt das Chutney, wenn es vor der Verwendung einige Monate ruhen darf.

Cajun-Gewürzmischung (USA)

Obwohl Cajun-Köche niemals ihre eigenen Rezepte für Gewürzmischungen preisgeben, weiß man doch so viel: Sie enthalten meist reichlich Chili, Pfeffer, Wilden Thymian, Salbei, Oregano und *Gumbo-filé*-Pulver – ein lange von den Indianern in Louisiana verwendetes, ganz besonderes Gewürz, das aus den bitter schmeckenden getrockneten jungen Blättern des Sassafrasbaums hergestellt wird – sowie gelegentlich Zwiebel- oder Knoblauchpulver; allerdings sind frische Zwiebeln oder Knoblauchzehen vorzuziehen. Wie die jamaikanische *Jerk*-Paste dient auch diese Mischung zum Einreiben von Fleisch, Geflügel oder Fisch.

ERGIBT 1 GLAS

½ EL Cayennepfeffer oder reines Chilipulver
1 EL frisch gemahlener weißer oder schwarzer Pfeffer
1 EL Kreuzkümmel, ohne Fett geröstet und gemahlen
1 EL getrockneter Wilder Thymian, zerrieben
1 EL getrockneter Oregano, zerrieben
½ EL getrockneter Salbei, zerrieben
½ EL Senfpulver
½ EL *Gumbo-filé*-Pulver (wenn erhältlich)

Alle Zutaten vermischen und in einem Glas mit Schraubdeckel aufbewahren. Die Haltbarkeit beträgt mehrere Monate.

Quatre Épices (FRANKREICH)

Traditionsgemäß ziehen die Franzosen getrocknete oder frische Kräuter den Gewürzen vor. Eine Ausnahme bildet diese Mischung. Sie wird gern als »Gegengift« in fettreichen Schweinefleisch-, Enten- und Hühnerleberpasteten sowie in *rillettes*, *saucissons* und anderen Erzeugnissen der französischen Metzgerzunft verwendet. Manchmal enthält sie, entgegen ihrem Namen, auch mehr als vier Gewürze. Im *Larousse Gastronomique* jedenfalls, gleichsam der Bibel französischer Köche, findet sich das folgende Rezept.

ERGIBT 1 GLAS

125 g frisch gemahlener weißer Pfeffer
25 g frisch geriebene Muskatnuss
25 g gemahlener Ingwer
15 g gemahlene Gewürznelken

Die Zutaten gründlich vermischen. In einem fest verschlossenen Glas aufbewahren und möglichst in einigen Wochen aufbrauchen.

Mincemeat (GROSSBRITANNIEN)

Zwar bedeutet *mincemeat* »gehacktes Fleisch«, doch kam dieses irgendwann dem Rezept abhanden und wurde durch geraspeltes Rindernierenfett ersetzt. Unverändert ist jedoch der große Anteil würzender Zutaten. Als Füllung wird es für weihnachtliche Tartes und Pies verwendet, die nach mindestens 2 Wochen erst so richtig gut schmecken.

ERGIBT ETWA 1,5 KG

4 unbehandelte Zitronen
375 g Cox-Orange-Äpfel, geschält, vom Kerngehäuse befreit und in Scheiben geschnitten
250 g kernlose Rosinen
Je 250 g Sultaninen und Korinthen
250 g Orangeat und Zitronat, gehackt
250 g weicher brauner Zucker
1 Prise Salz
250 g Rindernierenfett, geraspelt
2 TL *mixed spice* (siehe Seite 135) oder 1 TL gemahlener Piment
½ Muskatnuss, gerieben
½ TL gemahlene Muskatblüte
½ TL gemahlener Ingwer
½ Weinglas Weinbrand, Whisky oder Rum

Die Schale der Zitronen fein abreiben und reservieren. Die Früchte sauber abschälen und das Fruchtfleisch hacken. Bei niedriger Temperatur mit den Apfelscheiben 10 Minuten garen, bis diese etwas weich werden. Vom Herd nehmen und abkühlen lassen.

In allen Regenboge[n]farben leuchtet dies[er] Gewürzstand im französischen Aix-e[n]Provence.

Die Rosinen, Sultaninen und Korinthen, das Orangeat und Zitronat sowie die abgeriebene Zitronenschale untermischen. Das Ganze fein hacken.

In einer Schüssel mit dem Zucker, dem Salz und dem Rindertalg vermengen. Die Gewürze und den Alkohol untermischen. Das *mincemeat* in sterilisierte Gläser füllen und, fest verschlossen, mindestens 2 Wochen ruhen lassen. Die Haltbarkeit beträgt mehrere Monate.

Piccalilli (GROSSBRITANNIEN)

Jahrhundertelang war Senf eines der wenigen Gewürze, die auf den Britischen Inseln überhaupt kultiviert wurden, und entsprechend preiswert. Wie das *piccalilli* zu seinem Namen kam, ist bis heute ungeklärt. Aber fraglos schmeckt es nicht nur zu kaltem Fleisch und Käse ausgezeichnet, sondern sieht mit seiner gelben Farbe auch hübsch aus. Nach dem Originalrezept gehört Blumenkohl unbedingt mit hinein. Sie können aber beliebige andere Gemüsesorten, die gerade Saison haben, in jeweils gleichen Mengen kombinieren.

ERGIBT 6 GLÄSER

2,5 kg Gemüse wie Blumenkohl, grüne Tomaten, Salat- oder Einlegegurken, Zucchini, grüne Bohnen, Zwiebeln, Möhren, grüne und rote Paprikaschote
425 g Salz
1 l Weißwein- oder Malzessig
175 g Zucker
15 g gemahlene Kurkuma
25 g gemahlener Piment
25 g Senfpulver
25 g gemahlener Ingwer
2 EL Maisstärke

Das Gemüse putzen und in sehr kleine Stücke schneiden. Auf einer großen Platte ausbreiten, mit dem Salz bedecken und mit einem Teller beschweren. 1 Tag ruhen lassen, um dem Gemüse das Wasser zu entziehen. Abgießen, abbrausen und mit einem sauberen Tuch trockentupfen.

Den Essig bis auf 25 Milliliter in einen großen Topf gießen. Den Zucker mit den Gewürzen zufügen und bei niedriger Temperatur rühren, bis er sich aufgelöst hat. Das Gemüse in den Sud geben und etwa 10 Minuten sanft köcheln lassen, bis die Stückchen gar, aber auf keinen Fall zu weich sind.

Die Maisstärke im restlichen Essig auflösen und in den Sud rühren. Unter Rühren zum Kochen bringen und noch etwa 3 Minuten köcheln lassen.

In sterilisierte Gläser füllen, mindestens 6 Wochen ruhen lassen.

Mixed Spice (GROSSBRITANNIEN)

Seit dem 16. Jahrhundert ist diese intensive Mischung in England in Gebrauch, um mächtige Früchtepuddings und -kuchen, *mincemeat* und wärmenden Winterpunsch zu würzen. Man kann sie fertig kaufen, bei eigener Herstellung jedoch die Geschmacksrichtung individuell bestimmen: Etwas Schärfe erhält das *mixed spice* durch Zugabe von 1 Teelöffel gemahlenem Ingwer, süßer schmeckt es durch den Zusatz von 1 Teelöffel Zimtpulver, und eine leicht zitronige Note gewinnt es, wenn man noch 1 Teelöffel gemahlenen Koriander hinzugibt.

ERGIBT 1 GLAS

1 EL gemahlener Piment
1 TL geriebene Muskatnuss
12 Gewürznelken, fein zerstoßen
1 TL gemahlene Muskatblüte
1 TL gemahlener Ingwer, Zimt oder Koriander

Die Zutaten gut vermischen und in ein Glas mit luftdicht schließendem Schraubdeckel füllen.

Einlege-Essig (GROSSBRITANNIEN)

Dieser würzige Essig eignet sich nicht nur als Aufguss für Zwiebeln oder anderes junges Gemüse, dessen knackige Frische Sie in den Winter hinüberretten möchten, sondern ebenso gut für reife Sommerfrüchte wie Pflaumen. Setzen Sie ihn mindestens 2 Monate im Voraus an und verwenden Sie auf jeden Fall ganze Gewürze.

ERGIBT 3 GLÄSER

1 l Malzessig oder – für Pickles mit Früchten – unbedingt Cidre-Essig
5 g Gewürznelken
5 g Muskatblüte im Ganzen
5 g Pimentkörner
5 g Zimtstange
Einige schwarze Pfefferkörner
3 cm frische Ingwerwurzel, gerieben

Alle Zutaten vermischen. In einer Glasflasche mindestens 8 Wochen ziehen lassen. Dabei die Flasche ab und zu schütteln.

Vor der Verwendung durchseihen und die Gewürze wegwerfen. Alternativ die Gewürze in einem Mullsäckchen in den Essig einlegen. Vor der Verwendung ebenfalls entfernen.

Australien und Neuseeland

Exotische Gewürze führten auf dem fünften Kontinent eher ein kulinarisches Schattendasein, bis den australischen und neuseeländischen Köchen in den letzten zwei Jahrzehnten die Erleuchtung kam.

Der moderne Kochstil, gelegentlich als »Pacific Rim« bezeichnet, macht einerseits Anleihen in Thailand, Malaysia und Indonesien, ja selbst in China und Japan, und lässt sich andererseits aber durchaus auch von der Mittelmeerküche inspirieren. So kommen Kreationen zustande, die in ihrer Verbindung von südeuropäischen Rezepten mit asiatischen Zutaten ungeahnte kulinarische Erlebniswelten eröffnen. »Mediterrasisch« – so lautet der sicher nicht eben elegante, aber doch sehr treffende Name dieses neuen Trends.

Gleichzeitig hat Australien seine eigenen, einzigartigen Gewürzschätze erschlossen: Beeren, Wurzeln, Rinden, Samen und Blätter, mit denen die Aborigines schon vor 6000 Jahren erbeutete Kleintiere und Vögel schmackhafter machten. Den ersten wegweisenden Schritt in die Vergangenheit unternahm Vic Cherikoff, der die Rare Spices Company in Sydney leitet.

Nur wenige der über den ganzen Globus verstreuten Akazienarten liefern essbare Samen. Zu ihnen gehören die *wattle seeds*, die, geröstet und gemahlen, nach Haselnüssen und Schokolade schmecken und dank dieser Eigenschaft neuerdings Desserts wie *crème brûlée* und Eiscreme abrunden.

Zu weiteren Wiederentdeckungen Cherikoffs gehören die Blätter verschiedener Eukalyptusarten (insgesamt sind über 1000 Varietäten bekannt) sowie anderer, buschig wachsen-

der Vertreter der Myrtengewächse. Gefriergetrocknet verkauft, bringen diese Blätter, deren Aroma teilweise an Thymian, Basilikum, Zitrone und Zimt erinnert, frischen Wind und reizvolle Noten in die australische Küche.

Noch vor etwa 30 Jahren konnte das gastronomische Angebot Australiens Feinschmecker nicht gerade begeistern. Das Nationalgericht war *meat pie*, Hackfleisch mit würzenden Zutaten unter einem Teigdeckel, und das Standardgetränk Bier. Nicht viel anders verhielt es sich in Neuseeland.

Die fest zementierte Bierkultur geriet ins Wanken, als Australien sich in den 1970er-Jahren auf eine Tradition besann, die bis ins späte 19. Jahrhundert zurückreicht. Damals hatten Einwanderer aus Europa die ersten Reben mitgebracht und im Barossa Valley gepflanzt. Nun wollte man aus dem weitgehend brachliegenden Potenzial mehr machen. Die Kellermeister begaben sich ans Werk und schufen frische Tropfen mit viel Struktur. Die Weinwelt staunte nicht schlecht, und selbst die Aussies wurden dem bis dahin so geliebten Gerstensaft untreu. Rasch hatte der Weinkarton (eine australische Erfindung) die Bierkiste als typisches Mitbringsel zu einer Party, einem Picknick oder Grillfest abgelöst.

Auch in Neuseeland blühte der Weinbau auf (wenngleich in bescheidenerem Umfang, geht doch bis heute nicht einmal ein Prozent der weltweiten Produktion auf sein Konto). Man hatte herausgefunden, dass die dortigen Boden- und Klimaverhältnisse für weiße Rebsorten wie Sauvignon blanc ideal waren, und konnte bald überragende Weißweine präsentieren, die internationale Anerkennung ernteten.

Rind, Lamm und Seafood vom Feinsten

Zwei Jahrhunderte lang hatten die Australier und Neuseeländer keinen Grund gesehen, von ihren Essgewohnheiten abzuweichen, die sie von ihren zumeist europäischen Vorfahren übernommen hatten. Wer brauchte denn schon eine *haute cuisine*, wenn das beste Rind- und Lammfleisch, beste Milchprodukte und Meeresfrüchte in Hülle und Fülle und gleich hinter dem Haus reichlich Gemüse und Obst zur Verfügung standen? Und wer wollte in der Sommerhitze stundenlang am Herd stehen, wo doch alles dafür sprach, einfach Garnelen auf den Grill zu werfen und eine paar Bierdosen zu öffnen? Allmählich aber keimte im Windschatten der boomenden Weinindustrie ein kulinarisches Bewusstsein.

Australien streifte als Erstes die europäischen Fesseln ab. Immigranten aus dem pazifischen Raum, die als billige Küchenhilfen ins Land kamen, hatten eine wertvolle Mitgift im Gepäck: die Küchepraktiken ihrer Heimat. Und eine junge,

AUSTRALIEN

TASMANIEN

NEUSEELAND

abenteuerlustige Generation von Reisenden, die, meist mit dem Rucksack unterwegs, auch Südostasien und die dortigen Straßenmärkte nicht ausließ, entdeckte für sich den Duft der großen, weiten Welt und begann nach der Rückkehr in die Heimat munter zu experimentieren.

Während in armen Regionen Asiens mit Fingerspitzengefühl eingesetzte Gewürze einer simplen Schale Reis oder Nudeln überhaupt erst zu einem Genuss verhalfen, bewirkten sie im großzügigen Australien kulinarische Wunder. Altbewährte Restaurantklassiker wie die imposanten Mangrovenkrabben, Moreton Bay Bugs (Breitkopf-Bärenkrebse) und Yabbies (Flusskrebse), die schon vorher köstlich geschmeckt hatten, erwiesen sich nun, exotisch aromatisiert, als wahre Offenbarung.

Pralle, saftige Oliven sind heute ein Verkaufsschlager in Neuseeland.

In Neuseeland hatten die Restaurants nicht allzu großen Zulauf gehabt, bis eine der größten Kellereien des Landes eine Initiative zur Umsatzsteigerung im In- und Ausland startete und sich dafür an die Gastronomie wandte. Verlockende Preisgelder wurden als Belohnung für attraktive Menüangebote ausgesetzt, die zu den Corbans-Weinen perfekt passten. Zahllose Restaurants, unterstützt auch durch Gäste, engagierten sich mit Feuereifer bei dem Wettbewerb.

Julie Dalzell, Herausgeberin des neuseeländischen Gourmetmagazins *Cuisine*, staunte über den rasanten Wandel. Nach ihrer Einschätzung war sicherlich auch die PR-Aktion der Kellerei dafür verantwortlich, vor allem aber die Lust der Neuseeländer auf neue Erfahrungen. Unter den jungen Studenten gibt es kaum einen, der nicht eine Weltreise plant; und diejenigen, die sich für gutes Essen interessieren, suchen sich ein Restaurant mit Michelin-Stern, in dem sie nur gegen Kost und Logis mitarbeiten dürfen.

Die »jungen Wilden«

Australische und neuseeländische Köche haben sich mit dem innovativen Ansatz, der angelsächsische, asiatische und mediterrane Elemente – Gewürze wie Zubereitungstechniken – miteinander verbindet, internationales Ansehen erworben. Den Begriff »Fusion« hören sie nicht gern, mit »Pacific Rim« (pazifischer Raum) können sie leben. Der neue Trend treibt mitunter wilde Blüten, wie folgendes französisch-italienisch-spanische Vielerlei zeigt: Huhn mit Senf und gegrillter Aubergine mit *rouille* und *gazpacho* – alles auf einem einzigen Teller.

Auf derselben extravaganten Speisekarte in Neuseeland fand sich eine Chili-Tequila-Eiscreme mit Zimt und Schokolade. Wahrlich abenteuerlich, so wie das Bungee-Jumping, das ja auch in Neuseeland erfunden wurde!

Neue Kombinationen haben aber mitunter durchaus ihren Reiz, vor allem, wenn dahinter ein Meister wie Peter Gordon steht. Der Neuseeländer arbeitete in Sydney und Wellington, bevor er seinen Sugar Club in London weltweit berühmt machte. Inzwischen hat er, ebenfalls in der britischen Hauptstadt, zusätzlich das Restaurant Los Providores eröffnet, das spanische Erzeugnisse mit dem New-Wave-Kochstil von der anderen Seite des Globus verbindet. Durch seine Großmutter hatte Gordon einheimische Nahrungsmittel wie *kumera* (gelbe Süßkartoffel) und den festfleischigen Kürbis *kabocha* schätzen gelernt. Wie sehr ihre warmen Farben und ihr Geschmack durch rotes Basilikum, Chilis, Zitronengras und Kaffir-Limettenblätter noch gewinnen, wurde ihm bei Streifzügen durch thailändische Straßenmärkte klar.

Landsleute von ihm wie Greg Heffernan und Warwick Brown reisten nach Frankreich, um dortigen Dreisternenköchen über die Schulter zu sehen, und brachten eine bis dahin nie gekannte Raffinesse in die Küche Neuseelands.

In Australien trieb eine Reihe brillanter Köche die Revolution ebenfalls voran: David Thompson lernte die Sprache der Thai und machte ihre Küche in Sydney salonfähig (er verdiente sich mit seinem Londoner Thai-Restaurant Nahm sogar einen Michelin-Stern). Einem weiteren Revolutionär von Weltrang, dem in Sydney tätigen Japaner Tetsuya Wakuda, ist der Spagat zwischen zwei Kulturen sensationell gelungen.

Jedoch nicht nur die Köche begünstigten den kulinarischen Umschwung, sondern auch Produzenten neuer Erzeugnisse, angefangen bei den exotischen Früchten aus dem australischen Queensland bis zu den Oliven, Avocadoölen und goldgelben Kiwis namens *zespri* Neuseelands.

Auch das *cervena* gehört hierher. Hinter diesem Wort verbirgt sich das Fleisch des Hirschs, der auf der Südinsel geradezu als Plage und daher, genau wie das Lamm, als zu banal angesehen wurde, um auf der Speisekarte ambitionierterer Restaurants überhaupt einen Platz eingeräumt zu bekommen. Also ersann man kurzerhand besagten Namen und neue, interessante Rezepte dazu. Die Rechnung ging auf.

Nachdem Fleisch und Schaltiere auf dem fünften Kontinent seit jeher als Volksnahrungsmittel gedient hatten, nahmen die Australier und Neuseeländer inzwischen in ihren Gewässern exquisite und nur hier vorkommende Fische ins Visier wie den *orange roughy* (Sägebauch), der wegen seines perlweißen, festen Fleisches als »Filetsteak des Meeres« gehandelt wird.

Neben bewährten Klassikern folgen nun innovative Rezepte einer Generation von Küchenchefs, die auf dem fünften Kontinent eine glorreiche neue Ära eingeläutet haben.

Seafoodsuppe mit Hummer-Won-tans (AUSTRALIEN)

Noch vor drei Jahrzehnten begnügten sich die Australier, wie einst die ersten englischen Siedler, mit einfachen Fleisch- und Kartoffelgerichten. Ein weiteres Standardessen war *meat pie*, eine Schüsselpastete mit kräftig gewürzter Hackfleischfüllung. Dann durchbrach eine junge Generation australischer Köche dieses Einerlei und entwickelte einen neuen Kochstil, der auch die Küchen anderer Länder des Pazifikraums einbezieht. Hier ein typisches Beispiel.

FÜR 4 PERSONEN

250 g gekochtes Hummerfleisch oder Garnelen
4–6 Frühlingszwiebeln, fein gehackt
2–3 cm frische Ingwerwurzel, gerieben
16–20 Won-tan-Hüllen (aus dem Asia-Laden)

FÜR DIE FISCHBRÜHE

1 kg Köpfe und Karkassen von Fischen wie Steinbutt,
    Seezunge oder Meeraal
50 g Butter
½ Zwiebel, gehackt
1 Lauchstange, nur das Weiße gehackt
50 g Pilze, gehackt
2 Gläser trockener Weißwein
1,5 l Wasser
1 Bouquet garni aus dem Grün der Lauchstange sowie je
    1 Thymianzweig, Petersilienstängel und Lorbeerblatt
1 Stück getrocknete Orangenschale
1 Vanilleschote

FÜR DIE SUPPE

2 Tomaten, gehackt
1 Möhre, gerieben
1 Stange Bleichsellerie, in feine Scheiben geschnitten
1 Lauchstange, nur das Weiße in Scheiben geschnitten
Panzer und Kopf des Hummers oder Garnelenschalen
    und -köpfe, zerstoßen
1 Prise Safranfäden

Zunächst für die Brühe die Fischköpfe und -karkassen für 3 Stunden in kaltes Wasser legen.

Die Butter in einem Topf zerlassen. Die Zwiebel und den Lauch mit den Pilzen darin etwa 10 Minuten sanft dünsten, aber nicht braun werden lassen.

Inzwischen die Fischköpfe und -karkassen abgießen, hacken, in den Topf geben und durchwärmen. Den Wein zugießen und bei hoher Temperatur auf die Hälfte einkochen lassen. Das Wasser dazugießen – die Zutaten müssen bedeckt sein –, zum Kochen bringen und sorgfältig abschäumen.

Das Bouquet garni, die Orangenschale und die Vanilleschote einlegen und 25 Minuten köcheln lassen. Die Brühe durch ein feines Sieb seihen und zurück in den sauberen Topf gießen.

Alle Zutaten für die Suppe außer dem Safran in die frische Brühe geben und 20 Minuten köcheln lassen. Die Suppe durch ein mit einem Tuch ausgelegtes Sieb seihen.

Den Safran in einer Tasse mit etwas kochendem Wasser übergießen. Mit einem Löffelrücken zerdrücken, 10 Minuten ziehen lassen und dann in die Suppe rühren.

Das Hummer- oder Garnelenfleisch in sehr kleine Stücke hacken. Mit den Frühlingszwiebeln und dem Ingwer vermengen.

Auf jede Won-tan-Hülle 1 Teelöffel dieser Mischung setzen und die Teigblätter über der Füllung zusammenfalten. Wie Sie falten, ist letztlich egal. Wichtig ist nur, die Teigränder anzufeuchten, damit sie gut miteinander verkleben, denn die Füllung muss komplett eingeschlossen sein. (Eine der vielen Falttechniken: Zwei gegenüberliegende Teigecken über der Füllung zusammendrücken, dann die beiden noch freien Zipfel ebenfalls nach oben schlagen und gut andrücken.)

Die Won-tans behutsam in die Suppe einlegen und 3 Minuten pochieren. Heiß servieren.

Wasabi-Seeigel-Butter

(AUSTRALIEN)

Der japanische Küchenmeister Tetsuya Wakuda genießt international Kultstatus und gilt weltweit als der innovativste Koch. Er demonstriert seine Fähigkeiten jedoch nicht in Tokio, sondern in Sydney, wo er Gourmets mit einem fantasievollen kulinarischen Ost-West-Dialog begeistert.

Mit dieser Würzbutter, in Scheiben geschnitten, veredelt er gegrillten Fisch, Hühnerbrust- oder Kalbsfilets, die er bevorzugt mit *hijiki*, einer Seetangart mit langen, teeähnlichen Blättern, fein gehobelter Gurke und eingelegtem Ingwer, typisch japanischen Zutaten also, garniert.

Frische Seeigel sind schwer aufzutreiben, doch liefern spanische Importeure die *erizos de mar* als Dosenkonserve.

FÜR 4 PERSONEN

5 TL *Wasabi*-Pulver oder -Paste
250 g Butter, in Stücke geschnitten
50 g Seeigelrogen oder Seeigel aus der Dose, abgetropft
2 EL helle Sojasauce
2 TL Zitronensaft
1 Prise Chilipulver
2 EL fein gehackter Schnittlauch
2 EL fein gehackter Estragon
Einige frische Thymianblättchen

Sämtliche Zutaten im Mixer bei niedriger Geschwindigkeit vermischen. Zu einer Kugel formen, in Klarsichtfolie einschlagen und zu einer Rolle formen. Die Folie abnehmen, die Rolle in Pergamentpapier wickeln und bis zur Verwendung ins Gefrierfach legen.

Süßkartoffelküchlein

Es ist noch nicht allzu lange her, dass manche Spitzenköche
Neuseelands auf eigene Faust nach Europa reisten, um dort
die mit Michelin-Sternen dekorierten Restaurants auszu-
kundschaften und in einem von ihnen ein Praktikum zu
absolvieren. Geld bekamen sie nicht für ihre Mitarbeit, dafür
aber wertvolles Know-how.

Neuerdings touren angehende Köche aus Neuseeland mit
dem Rucksack durch ganz Südostasien und inspirieren die
zahllosen Garküchen auf den dortigen Straßenmärkten. Was
sie dabei über den Gebrauch exotischer Gewürze lernen,
wenden sie zu Hause auf die Nahrungsmittel an, die ihnen
seit der Kindheit vertraut sind: Lamm, Hirsch, Schaltiere,
Wurzelgemüse wie die gelben Süßkartoffeln namens *kumera*
und *kabocha*, eine Kürbisart mit festem Fleisch.

Einer der namhaftesten Vertreter dieser neuen Kochschule
ist Peter Gordon, der sich in Sydney die ersten Sporen verdiente und dann in Wellington für Aufsehen sorgte, bevor er
schließlich nach London ging. Diese Süßkartoffelküchlein
sind eine seiner verlockenden Kreationen.

FÜR 4 PERSONEN

500 g Süßkartoffeln, gerieben
250 g Möhren, gerieben
1 Zwiebel, gerieben
1 Ei, verquirlt
1 EL Weizenmehl, plus mehr für das Brett
1 EL Chilipulver
2 EL Koriandersamen, ohne Fett geröstet und gemahlen
1 EL Kreuzkümmel, ohne Fett geröstet und gemahlen
Salz und frisch gemahlener schwarzer Pfeffer
Erdnuss- oder Sonnenblumenöl zum Braten und
    für das Blech

Den Backofen auf 180 °C vorheizen.

Die Süßkartoffeln, Möhren und die Zwiebel in ein Sieb füllen
und mit dem Rücken eines Holzlöffels kräftig ausdrücken. In einer
Schüssel mit dem Ei, Mehl, Chilipulver, Koriander, Kreuzkümmel,
Salz und Pfeffer nach Geschmack vermischen.

Die Masse in acht gleiche Portionen teilen. Auf einem bemehlten Brett zu Kugeln rollen und flach drücken.

In einer großen, beschichteten Pfanne Öl erhitzen und die
Küchlein von beiden Seiten einige Minuten anbraten, bis sich eine
Kruste bildet.

Auf ein eingeöltes Backblech legen und für 15 Minuten in den
vorgeheizten Ofen schieben, bis sie durch und durch gar sind.

Spaghettini mit Krebsfleisch, Chili und Limetten (AUSTRALIEN)

Ein Hauch von Asien umweht dieses europäische Pasta-
gericht – ein originelles Beispiel für das Verschmelzen verschiedener Landesküchen.

FÜR 2 PERSONEN

200 g Spaghettini oder Spaghetti oder auch andere
    dünne Nudeln
Salz
150 g Krebsfleisch
1 frische rote Chilischote, sehr fein gehackt
Abgeriebene Schale und Saft von 2 Limetten
1 Knoblauchzehe, fein gehackt
6 Frühlingszwiebeln, schräg in Stücke gehackt
4 Stängel glatte Petersilie, nur die Blätter gehackt
1 kräftige Prise Meersalz
Frisch gemahlener schwarzer Pfeffer
2 EL Olivenöl

Die Spaghettini in reichlich kochendem Salzwasser *al dente*, also
bissfest, kochen.

Inzwischen das Krebsfleisch in einer Schüssel zerpflücken und
mit den restlichen Zutaten vermengen. Eventuell benötigt die
Mischung noch etwas mehr Salz und Pfeffer – sie soll schön kräftig schmecken.

Die Pasta abseihen. Sofort in eine vorgewärmte Schüssel füllen
und rasch den größten Teil des Krebsfleisches untermischen. Den
Rest der Mischung auf den Spaghettini anrichten.

Möhrensuppe mit Safran

(AUSTRALIEN)

Japanische und mediterrane Elemente geben dieser feinen, aber zugleich sättigenden Möhrensuppe das gewisse Etwas.

FÜR 4 PERSONEN

500 g Möhren, fein gehackt
1 Zwiebel, fein gehackt
1 Lauchstange, nur das Weiße fein gehackt
2 Stangen Bleichsellerie, fein gewürfelt
1,25 l Hühnerbrühe
1 EL helle Sojasauce
Etwa 30 Safranfäden
150 ml Sojamilch
Salz und frisch gemahlener weißer Pfeffer
Petersilie, Koriandergrün, Minze oder Schnittlauch,
 gehackt, zum Garnieren

Die Möhren, die Zwiebel, den Lauch und den Sellerie in einer beschichteten Pfanne ohne Öl sanft dünsten, bis das Gemüse weich wird und die Farbe verändert.

Die Brühe und die Sojasauce zufügen. Etwa 15 Minuten köcheln lassen, bis das Gemüse gerade eben weich zu werden beginnt.

Den Safran mit etwas von der Brühe übergießen und mit einem Löffelrücken leicht ausdrücken. Einige Minuten ziehen lassen, bis er seine volle Färbe- und Würzkraft entwickelt hat, und dann in die Suppe rühren.

Das Gemüse im Mixer pürieren und dabei, falls das Püree zu trocken wird, etwas Brühe oder auch ein wenig Wasser zugießen. Abkühlen lassen. Die Sojamilch einrühren, mit Salz und weißem Pfeffer abschmecken.

Gekühlt servieren, bestreut mit Kräutern Ihrer Wahl.

Im Ofen geschmorter Rotkohl

(AUSTRALIEN)

Zu den Siedlern, die die australische Küche von Anbeginn prägten, gehörten die in den Goldminen arbeitenden Chinesen (die später die Chinatown von Melbourne gründeten) und die Europäer, die den Rebstock auf dem fünften Kontinent heimisch machten. Ab etwa 1830 ließen sich deutsche Einwanderer im Barossa Valley nieder, wo sie nicht nur mit den sehr aromatischen Kümmelsamen deutliche Spuren hinterließen.

FÜR 4 PERSONEN

1 Rotkohl, vom Strunk befreit und in feine Streifen
 geschnitten
2 EL Olivenöl
150 g durchwachsener Speck, fein gehackt
20 g kernlose Rosinen oder Sultaninen
2 EL brauner Zucker
2 TL Kümmel
3 EL Weißweinessig
1 Glas Weißwein
1 EL Maisstärke
Salz und frisch gemahlener schwarzer Pfeffer

Den Backofen auf 150 °C vorheizen.

Den Kohl in reichlich kochendem Wasser 4 Minuten blanchieren. Abseihen und kalt abbrausen.

In einer großen, ofenfesten Kasserolle das Öl erhitzen und den Speck darin auslassen. Den Kohl gründlich untermischen, bis er gleichmäßig vom Fett überzogen ist. Die Rosinen oder Sultaninen, 1 Esslöffel Zucker, den Kümmel und Essig untermischen und den Kohl gut durcherhitzen. Einen Deckel auflegen und den Topf für 1 Stunde in den vorgeheizten Ofen schieben.

Den restlichen Zucker und den Wein einrühren und den Kohl weitere 30 Minuten schmoren.

Die Maisstärke in derselben Volumenmenge Wasser anrühren und den Kohl damit binden. Mit Salz und Pfeffer abschmecken und, falls er noch zu hart ist, bis zu 30 Minuten weitergaren.

Bei Bedarf kann der Kohl ohne weiteres aufgewärmt werden.

Roher Thunfisch mit Ziegenfrischkäse (AUSTRALIEN)

Roher Thunfisch ist eine geschätzte Delikatesse in Japan, während Käse dort weitgehend ungebräuchlich ist. Beide verbinden sich hier mit pikanten Würzzutaten zu einer sehr gelungenen Kombination.

FÜR 4 PERSONEN ALS VORSPEISE

250 g Thunfisch bester Qualität, mit einem sehr scharfen Messer fein gewürfelt
75 g milder Ziegenfrischkäse, zerkrümelt
2 eingelegte Sardellen, abgetropft und gehackt
2–3 cm frische Ingwerwurzel, gerieben
2 TL helle Sojasauce
1 TL mirin (nur zum Kochen verwendeter japanischer Reiswein) oder süßer Sherry
1 Knoblauchzehe, sehr fein gehackt
1 kleine Prise Chilipulver
1 Prise Salz
Frisch gemahlener weißer Pfeffer
5 Schnittlauchstängel, gehackt, zum Garnieren
Brunnenkresse oder Rucola zum Garnieren

Alle Zutaten außer der Garnitur in einer Schüssel gründlich vermischen. Bis zum Servieren kalt stellen. In vier Schalen anrichten, mit dem Schnittlauch und der Brunnenkresse oder Rucola garnieren.

Cervena (Hirsch) (NEUSEELAND)

Die Natur schenkt den Neuseeländern einige der köstlichsten Zutaten der Welt. Eine verfeinerte Restaurantkultur blühte dort jedoch erst in den 1990er-Jahren auf, als die Kellerei Corbans mit einer PR-Kampagne die Köche aus der Reserve lockte: Attraktive Geldprämien winkten den Restaurants, die anspruchsvolle Gerichte boten und damit auch zum Weintrinken animierten.

Hatte schon das in Neuseeland allgegenwärtige Lamm in den Augen der Gastronomen kaum einen Platz auf der Speisekarte verdient, galt das umso mehr für den Hirsch. Denn auf der Südinsel neu angesiedelt, hatte sich das Wild zu einer gefräßigen Plage entwickelt, die selbst Gärten nicht verschonte. Entsprechend schlecht war sein Image. Dennoch wagten geschäftstüchtige Unternehmer auf der Nordinsel den Versuch, Hirsche zu züchten. Deutschland wurde schnell zu einem großen Abnehmer, und auch die Neuseeländer legten ihre Vorurteile ab, nachdem sie in einem Preisausschrei-

ben selbst einen neuen Namen für das schmackhafte, zarte Fleisch hatten erfinden dürfen. Die Wahl fiel auf »Cervena«, abgeleitet vom italienischen Wort für die Hirschkuh (cerva).

Gepfefferter Hirschrücken

In diesem Rezept wird Hirschfleisch ähnlich behandelt wie ein französisches Pfeffersteak, wobei ein Profitrick dafür sorgt, dass es ganz zart gelingt und einen rosa Kern behält. Avocadoöl, eine neuseeländische Erfindung, verträgt auch hohe Temperaturen, ohne zu verbrennen.

FÜR 2 PERSONEN

400 g ausgelöster Hirschrücken oder 2 Steaks, je 200 g
1 EL schwarze Pfefferkörner
2 EL Avocado- oder Olivenöl
30 ml Rinder- oder Hühnerbrühe
1 EL Sojasauce
1 EL Butter
Salz

Das Fleisch nach Möglichkeit so zuschneiden, dass zwei 12 cm lange und 4 cm dicke Stücke entstehen.

Die Pfefferkörner auf einem Schneidbrett mit einem Küchentuch oder einem Stück Klarsichtfolie bedecken (so können sie nicht wegspringen) und mit einem Fleischklopfer oder Nudelholz in kleine Stücke schlagen. (Mit der Pfeffermühle erzielt man nicht den intensiven Geschmack.)

Das Fleisch im zerstoßenen Pfeffer wälzen, fest andrücken, in Klarsichtfolie wickeln und bis zur Zubereitung (nach Belieben auch über Nacht) in den Kühlschrank legen.

Den Backofen auf 200 °C vorheizen.

Das Öl in einer schweren Eisenpfanne kräftig erhitzen und das Fleisch von beiden Seiten 2–3 Minuten anbraten, sodass sich die Poren rasch schließen.

Die Pfanne in den vorgeheizten Ofen stellen oder das Fleisch auf ein Bratblech legen und 8 Minuten im Ofen braten. Herausnehmen, mit einem Deckel oder umgedrehten Topf abdecken und 15–20 Minuten ruhen lassen.

In einem kleinen Topf die Brühe mit jeglichem restlichen Pfeffer und der Sojasauce erhitzen. Das Fleisch aus der Pfanne oder vom Blech nehmen und den Bratensatz mit der würzigen Brühe losrühren. Die Sauce durch ein feines Sieb in einen kleinen Topf gießen, warm stellen und unmittelbar vor dem Servieren mit der Butter aufschlagen. Das Fleisch quer in feine Scheiben schneiden – jetzt wird der rosa Kern schön sichtbar – und mit der Sauce umgießen.

Dazu passen Pürees von kabocha (Kürbis) und kumera (Süßkartoffeln) und ein grünes Gemüse.

Marinaden (NEUSEELAND)

Ein neuer Trend der Kreativküche Australasiens sind würzige Marinaden, in denen Huhn, Lamm, Kabeljau und Lachs vor ihrer eigentlichen Zubereitung schön mürbe gemacht werden. Nachfolgend drei Beispiele auf der Basis von Öl oder Joghurt, wobei die Zutatenmengen jeweils für 1 Kilogramm Fleisch, Fisch oder Huhn ausreichen.

Mit viel Fantasie baut Starkoch Peter Gordon immer wieder neue Zutaten aus aller Welt in seine Rezepte ein, etwa auch das geräucherte Paprikapulver namens *pimentón de la Vera*, eine Spezialität der spanischen Extremadura.

Marinade mit geräuchertem Paprikapulver und Rosmarin

2 EL *pimentón de la Vera* (siehe oben)
1 EL fein gehackter Rosmarin
½ Zwiebel, fein gehackt
150 ml Olivenöl
1 kräftige Prise Salz
Frisch gemahlener schwarzer Pfeffer

Sämtliche Zutaten mit dem Schneebesen gründlich verrühren. Die Marinade in eine Schüssel füllen. Das Fleisch, den Fisch oder das Huhn darin wenden und, mit Klarsichtfolie abgedeckt, über Nacht im Kühlschrank marinieren.

Vor dem Grillen oder Braten die Marinade abgießen.

Joghurtmarinade mit Ingwer, Kardamom und Koriander

Nach dem Vorbild indischer Joghurtmarinaden entstand diese neuseeländische Version. Der Geschmack lässt sich beliebig abwandeln, etwa durch Zugabe von Fenchelsamen oder auch anderer Gewürze und Kräuter wie Minze, Koriandergrün und Petersilie.

Etwa 400 ml griechischer Joghurt
5 cm frische Ingwerwurzel, gerieben
6 Kardamomkapseln, die Samen ausgelöst, ohne Fett
** geröstet und gemahlen**
1 EL Koriandersamen, ohne Fett geröstet und gemahlen
1 kräftige Prise Salz
Frisch gemahlener schwarzer Pfeffer
2 Koriander- oder auch Minze- oder Petersilienstängel,
** nur die Blätter gehackt**

Sämtliche Zutaten in einer Schüssel verrühren. Hühnerschenkel, Schweinefleischwürfel oder Fischstücke in die Marinade legen und darin wenden. Mit Klarsichtfolie abdecken und über Nacht im Kühlschrank marinieren.

Vor dem Grillen oder Braten die Zutaten herausheben und überschüssige Marinade abschütteln.

Marinade mit Kreuzkümmel, Thymian und Ahornsirup

Ein starkes Trio steckt in diesem Rezept, das eine Ahnung von der Gluthitze Indiens, aber zugleich auch Bilder von zauberhaften mediterranen Hügellandschaften und winterlichen Ahornwäldern in Kanada weckt.

2 TL Kreuzkümmel, ohne Fett geröstet und gemahlen
2 TL gehackte Thymianblättchen oder getrockneter
** Thymian**
100 g Olivenöl
2 EL Balsamico- oder Apfelessig
1 EL Ahornsirup oder Honig
1 kräftige Prise Salz

Alle Zutaten mit einem Schneebesen verrühren. Enten- oder Hühnerschenkel mit der Marinade bestreichen, mit Klarsichtfolie abdecken und über Nacht im Kühlschrank marinieren.

Beim anschließenden Braten oder Grillen karamellisiert das Fleisch ganz leicht dank des Ahornsirups oder Honigs.

Dessertgebäck mit Schoko-glasur und Kokos (AUSTRALIEN)

Die kleinen, feinen Gebäckstücke sind eine australische Erfindung. Mit ihrem Namen – *lamingtons* – erinnern sie an den zweiten Baron Lamington, der 1896 das Amt des Gouverneurs von Queensland antrat. Vanille gehörte zu den ersten Gewürzen, mit denen die Siedler auf dem fünften Kontinent die Süßspeisen und Kuchen ihrer noch jungen Kolonialküche geschmacklich veredelten.

ERGIBT 12 STÜCK

200 g Butter
150 g extrafeiner Zucker
3 Eier
1 TL Vanilleessenz
225 g Weizenmehl
½ Päckchen Backpulver
125 ml Milch

FÜR DIE SCHOKOGLASUR

200 g Puderzucker
5 EL Kakaopulver
25 g weiche Butter
1 TL Vanilleessenz
100 g frische oder getrocknete Kokosraspel

Den Backofen auf 150 °C vorheizen.

In einer großen Schüssel die Butter mit dem Zucker cremig rühren. 2 der Eier – eines nach dem anderen – unterrühren. Anschließend nacheinander die Vanilleessenz, das mit dem Backpulver gesiebte Mehl abwechselnd mit der Milch und schließlich das dritte Ei untermischen. Den Teig in eine etwa 15 x 20 cm große und 5 cm hohe Backform füllen.

Im vorgeheizten Ofen 30 Minuten backen – ein in die Mitte eingestochenes Messer soll sauber wieder herauskommen. Auf ein Drahtgitter stürzen und abkühlen lassen.

Für die Schokoglasur den Puderzucker, das Kakaopulver, die Butter und die Vanilleessenz in einer Schüssel mit etwas kochendem Wasser verrühren. Die Schüssel in ein heißes Wasserbad stellen, damit die Glasur streichfähig bleibt.

Den Kuchen in zwölf Quadrate von 5 x 5 cm Kantenlänge schneiden. Die Stücke mit der Schokoglasur bestreichen, anziehen lassen und zuletzt in die Kokosraspel drücken.

Wattle Seeds (AUSTRALIEN)

In den australischen Restaurantküchen gehören die *wattle seeds* zu den neueren Entdeckungen. Vic Cherikoff, Gründer der Rare Spices Company, hält es allerdings für möglich, dass die Aborigines bereits vor 6000 Jahren die Samen von etwa 15 der insgesamt ungefähr 600 Akazienarten als Nahrungsmittel verwendeten. Durch gezielte Züchtungsbemühungen gelang es Cherikoff, bei einer *Wattle*-Art ganz besondere geschmackliche Eigenschaften herauszuarbeiten. Die betreffenden Samen schmecken geröstet wie eine Mischung aus Schokolade und Haselnüssen und sind, nachdem man sie inzwischen in Australien mühelos bekommt, heute eine beliebte Zutat in süßen Zubereitungen.

Eiscreme mit Wattle Seeds

FÜR 4 PERSONEN

500 ml Milch
175 g extrafeiner Zucker
4 Eigelb, verquirlt
1 gehäufter EL *wattle seeds*
250 ml Sahne

Die Milch mit dem Zucker in einem Topf erhitzen und dabei rühren, bis sich der Zucker gelöst hat. Den Topf vom Herd nehmen. Langsam die verquirlten Eigelbe zur Milch gießen und dabei kontinuierlich mit dem Schneebesen rühren.

Die *wattle seeds* zufügen und bei niedriger Temperatur 5–10 Minuten rühren, bis die Creme eindickt. Vom Herd nehmen und 15 Minuten ruhen lassen. Die Sahne gründlich einrühren und die Creme, nachdem sie völlig erkaltet ist, in der Eismaschine nach Anweisung des Herstellers weiterverarbeiten.

Alternativ die Creme in eine flache Metallschale gießen und für etwa 6 Stunden ins Gefrierfach stellen. Stündlich mit dem Schneebesen oder einer Gabel kräftig durchrühren, um die Bildung von Eiskristallen zu vermeiden. Perfekt gelungen ist die Eiscreme, wenn sie zart am Gaumen schmilzt und keine harten Bröckchen den Genuss stören.

Crème Brûlée mit Wattle Seeds

FÜR 4 PERSONEN

425 ml Sahne
¼ TL Vanilleessenz
6 Eigelb
1 EL extrafeiner Zucker
4 EL *wattle seeds*
50 g brauner Zucker
1 EL Rohzucker

Die Sahne mit der Vanilleessenz aufkochen. In einem für das Wasserbad geeigneten Gefäß die Eigelbe mit dem Zucker zu einer hellcremigen Masse rühren. Langsam die warme Sahne untermischen und anschließend die *wattle seeds* einrühren.

Auf das Wasserbad stellen – das Wasser soll zwar heiß sein, aber nicht kochen – und etwa 6 Minuten mit einem Holzlöffel rühren, bis die Creme den Löffelrücken dick überzieht. Die Masse in kleine Becherformen gießen und für mindestens 1½–2 Stunden kalt stellen.

Den braunen Zucker, anschließend den Rohzucker gleichmäßig über die Creme streuen. Die Förmchen in einen mit Eiswasser gefüllten Bräter setzen und bei mittlerer Temperatur unter den Grill schieben, bis der Zucker karamellisiert. Bis zum Servieren nochmals kalt stellen.

Shortbread mit Wattle Seeds

FÜR 4 PERSONEN

250 g Butter
125 g extrafeiner Zucker
2 gehäufte EL *wattle seeds*
350 g Weizenmehl
75 g Reismehl

Den Backofen auf 180 °C vorheizen.

Die Butter mit dem Zucker und den *wattle seeds* cremig rühren. Das Weizen- und das Reismehl untermischen.

Den Teig auf ein großes, beschichtetes Backblech drücken, mit Pergamentpapier bedecken und auf eine Stärke von 1 cm ausrollen. Das Papier wieder abziehen.

Mit dem Messer ein Zickzackmuster einritzen und 30 Minuten im vorgeheizten Ofen backen. Noch heiß in fingergroße Stücke schneiden und auf einem Drahtgitter auskühlen lassen. In einer gut schließenden Blechdose aufbewahren.

Pavlova-Meringen (AUSTRALASIEN)

Ob die eindrucksvollen Meringen nun in Australien oder Neuseeland das erste Mal zubereitet wurden, ist noch nicht endgültig geklärt. Fest steht indes, dass sie zu Ehren der großen Primaballerina Anna Pavlova kreiert wurden, die Anfang der 1930er-Jahre das australische Publikum in Begeisterung versetzte. Auch andere Früchte wie Kiwis, Maracujas und Bananen eignen sich als Dekoration.

FÜR 4–6 PERSONEN

4 Eiweiß, 1 Prise Salz
225 g extrafeiner Zucker
2 TL Vanilleessenz (kein Vanillin)
1 TL Weißweinessig oder Zitronensaft
1 TL Maisstärke, gesiebt
200 ml Crème double
500 g Erdbeeren, Blütenkelche entfernt

Den Backofen auf 140 °C vorheizen.

Die Eiweiße mit dem Salz in einer großen Schüssel zu Schnee schlagen. Die Hälfte des Zuckers einrieseln lassen und dabei steif schlagen. 1 Teelöffel Vanilleessenz, den Essig oder Zitronensaft und die Maisstärke untermischen. Den restlichen Zucker mit einem Spatel unterheben.

Eine Springform mit Backpapier auskleiden und die Baisermasse einfüllen (alternativ ein Stück Backpapier auf einem großen Blech ausbreiten, die Baisermasse darauf häufen und zu einem Kreis verstreichen). 1–1½ Stunden backen, bis sie außen krustig und leicht gebräunt ist. Im abgeschalteten Ofen abkühlen lassen – so bekommt sie keine Risse. Über Nacht in den Kühlschrank stellen.

Vor dem Servieren in 2 Halbkreise schneiden. Die Crème double mit der restlichen Vanilleessenz luftig aufschlagen. Den größten Teil auf einen Halbkreis streichen, den zweiten auflegen und mit dem Rest der Creme bestreichen. Die Erdbeeren dekorativ darauf arrangieren.

Wodka-Cocktail mit Roter Bete, Mango und Ingwer (NEUSEELAND)

Typisch für die neuseeländische Avantgarde-Küche ist dieser wilde, aber äußerst gelungene Multi-Kulti-Mix. Zu den lieblich-erdigen Noten der nordeuropäischen Roten Beten gesellt sich die markante säuerliche Süße tropischer Mangos, und im Hintergrund provoziert frischer Ingwer. Für dieses Rezept benötigen Sie einen Entsafter.

FÜR 4 PERSONEN

100 ml einfacher Wodka
Saft von 1 rohen großen Roten Bete
Saft von 2 reifen Mangos
Saft von 5 cm frischer Ingwerwurzel
Abgeriebene Schale von ½ Limette
Eiswürfel

Den Wodka mit den Säften und der Limettenschale in einem Krug vermischen. Reichlich Eiswürfel hinzufügen und rühren, bis der Cocktail ausreichend gekühlt ist. In vier Gläser abseihen und in jedes ein, zwei Eiswürfel geben.

Hafer-Kokos-Kekse (AUSTRALASIEN)

Zu den dramatischen Kapiteln der australischen Geschichte gehört die Entsendung von Truppen zu den Dardanellen, genauer nach Gallipoli, im Ersten Weltkrieg. Gemeinsam mit den neuseeländischen Soldaten bildeten sie das Australian and New Zealand Army Corps, kurz ANZAC. Um die jungen Männer moralisch aufzubauen, schickten ihre Familien ihnen Fresspakete. Unter anderem waren darin diese Kekse enthalten, die bis heute *anzacs* heißen.

ERGIBT 18–24 STÜCK

150 g Weizenmehl
225 g Haferflocken
2 TL gemahlener Ingwer
1 Prise Salz
225 g getrocknete Kokosraspel
200 g brauner Zucker
125 g Butter, plus mehr zum Bestreichen
1 EL Rohrzuckersirup
1 TL Natron

Den Backofen auf 180 °C vorheizen.

Das Mehl in eine Rührschüssel sieben. Die Haferflocken, den Ingwer, das Salz, die Kokosraspel und den Zucker untermischen.

In einem kleinen Topf die Butter zerlassen. Den Topf vom Herd nehmen und den Sirup einrühren. Das Natron in 1 Esslöffel kochendem Wasser auflösen und in die Butter-Sirup-Mischung rühren. Mit einem Holzlöffel unter die trockenen Zutaten mischen, bis ein gleichmäßiger Teig entsteht.

Ein, eventuell auch zwei beschichtete Backbleche buttern. Mit einem Teelöffel kleine Teighäufchen darauf setzen – sie brauchen etwas Abstand, da der Teig auseinander läuft. Etwa 12 Minuten backen, bis die Plätzchen fest und goldbraun sind.

Pikante Auberginen-Pickles

(AUSTRALIEN)

Die ungekrönte Gewürzkönigin von Sydney ist unumstritten Christine Manfield, eine der derzeit innovativsten Köchinnen Australiens. Viel Beachtung fand ihr Buch *Spice Paramount Cooking*, das nach ihrem erfolgreichen Restaurant Paramount benannt ist. Hier eine Anleitung für ihre unwiderstehlichen Auberginen-Pickles.

ERGIBT MEHRERE GLÄSER

2 getrocknete Vogelaugenchilis
½ Zwiebel, fein gehackt
2 Knoblauchzehen
2–3 cm frische Ingwerwurzel, gerieben
2 TL gemahlene Kurkuma
5 EL Erdnuss- oder Sonnenblumenöl
500 g kleine Auberginen, in 1 cm dicke Scheiben
  geschnitten
150 ml Wein- oder Apfelessig
100 g Palmzucker *(jaggery)* oder brauner Zucker
1 EL braune Senfsamen, ohne Fett geröstet
Saft von 1 Limette
1 EL *garam masala* (siehe Seite 31)
Olivenöl zum Abdecken

Die Chilis in einer Tasse mit kochendem Wasser bedecken und 30 Minuten einweichen. Abseihen, hacken und in den Mixer füllen. Die Zwiebel, den Knoblauch, den Ingwer, die Kurkuma und das Erdnuss- oder Sonnenblumenöl zufügen und alles zu einer Paste verarbeiten.

Die Paste im Wok 1–2 Minuten sanft anbraten (am besten schalten Sie wegen der aufsteigenden beißenden Dämpfe die Dunstabzugshaube ein oder öffnen das Fenster). Die Auberginenscheiben zufügen und etwa 5 Minuten pfannenrühren, bis sie gleichmäßig mit der Würzpaste überzogen und gar sind.

Den Essig und den Zucker untermischen und weiterrühren, bis die Flüssigkeit etwas eindickt. Vom Herd nehmen. Die Senfsamen, den Limettensaft und das *garam masala* einrühren.

In sterilisierte Gläser mit Schraubdeckel füllen und mit etwas Olivenöl bedecken. Fest verschlossen im Kühlschrank aufbewahren und innerhalb von 2 Monaten verwenden.

Vorzüglich schmecken diese Auberginen zu asiatischen und indischen Gerichten.

Süße Chilisauce

(AUSTRALIEN)

Als pikante Ergänzung zu den würzigen New-Wave-Gerichten Australiens ist diese Sauce inzwischen sehr angesagt.

ERGIBT 1–2 KLEINE GLÄSER

100 g getrocknete Vogelaugenchilis
100 g getrocknetes Tamarindenmark
100 ml kochendes Wasser
2–3 frische scharfe rote Chilischoten, fein gehackt
2 Zwiebeln, fein gehackt
2 Knoblauchzehen, gehackt
4 EL Olivenöl
100 g Palmzucker *(jaggery)* oder brauner Zucker

Die getrockneten Chilis in einer kleinen Schüssel mit kochendem Wasser bedecken und 30 Minuten einweichen. Abseihen und fein hacken.

Das Tamarindenmark ebenfalls 30 Minuten in dem abgemessenen kochenden Wasser einweichen. Die Flüssigkeit durch ein feines Sieb abseihen und beiseite stellen.

Die eingeweichten und die frischen Chilis, die Zwiebeln, den Knoblauch und das Öl in den Mixer füllen und zu einer Paste verarbeiten.

Die würzige Paste in einer großen Pfanne auf kleinster Stufe behutsam erhitzen und 30 Minuten ständig rühren, damit sie nicht anbrennt. Das Tamarindenwasser und den Zucker einrühren und die Mischung weitere 30 Minuten köcheln, aber auf keinen Fall anbrennen lassen.

Die Sauce in kleine Gläser mit Schraubdeckel füllen. Fest verschlossen hält sie sich im Kühlschrank bis zu 2 Monate. Dabei dient das Öl, das sich oben abscheidet, als »Siegel«.

Teil 2 Die Gewürze

Das A und O: Zucker und Salz

Streng genommen sind Zucker und Salz keine Gewürze. Trotzdem stehen sie hier an erster Stelle, denn ohne sie kommt man in der Küche nicht weit.

Zucker

Das meist verwendete Süßungsmittel ist der aus Zuckerrohr oder -rüben gewonnene Weißzucker in mittelfeiner Körnigkeit (so genannter Kristall- oder Haushaltszucker), als extrafeiner Zucker oder auch als Puderzucker. Bei aller Popularität hat dieser raffinierte Zucker, verglichen etwa mit Palmzucker

(jaggery), Ahornsirup oder aromatischen Honigsorten verschiedenster Herkunft, geschmacklich wenig zu bieten. Nachfolgend sind einige Alternativen aufgeführt.

Barbados-Zucker. Nicht raffinierter, weicher und feuchter Zucker aus Barbados in der Karibik, der eine dunkelbraune Farbe und einen vollen, intensiven Geschmack besitzt. In Zubereitungen der südostasiatischen Küche bildet er einen vollwertigen Ersatz für Palmzucker (jaggery, siehe unten).

Demerara-Zucker. Aus Guyana stammender raffinierter, grobkristalliner Zucker, aus Geschmacksgründen versetzt mit nicht raffiniertem braunem Zucker.

Ahornsirup. Durch Einkochen des Safts des Zuckerahorns gewonnener sehr süßer Sirup mit nussig-rauchigem, karamellartigem Geschmack. Das einzige im Winter gewonnene Süßungsmittel und ebenfalls ein Ersatz für Palmzucker (jaggery, siehe unten).

Palmzucker (jaggery). Abgezapfter Saft bestimmter Palmenarten, der zu einer klebrig dicken Masse eingekocht wird und ein kräftiges, volles Aroma entfaltet. In Südostasien und Indien (dort als gur) verbreitet.

Melasse, Treacle. Dunkler, im Aroma an Toast erinnernder Sirup, der als Nebenprodukt bei der Zuckergewinnung aus Zuckerrohr entsteht. In den USA gelegentlich zur Abrundung von Schweinefleisch- und Bohneneintöpfen verwendet.

Rohrzuckersirup, Golden Syrup. Hoch raffinierter und extrem süßer, aber milder, honigartiger Sirup, hergestellt aus Rohrzucker und vornehmlich in Großbritannien sowie in den amerikanischen Südstaaten verwendet. Unerlässlich für bestimmte Desserts und Tartes mit klebriger Konsistenz wie dem amerikanischen Pekan-Pie.

Honig. Bei hochwertigen Erzeugnissen kann man riechen, welche Blüten die Bienen beim Sammeln aufgesucht haben. Bekannte Beispiele sind griechischer Thymianhonig, speziell vom Berg Hymettos bei Athen; Orangenblütenhonig aus Mexiko; der herb-süße Honig von den Blüten des neuseeländischen Manuka-Strauchs oder auch der würzige Heidehonig aus Schottland.

Zuckersirup. Im Orient und in Indien wird er verwendet, um Gebäck wie baklava oder auch Reis- oder Linsenküchlein damit zu tränken. Er wird durch Lösen und Konzentrieren von Zucker in Wasser gewonnen. Verschiedene Zusätze – im Orient etwa Rosen- oder Orangenblütenwasser und in Indien häufig parfümiertes Kewra-Blütenwasser – verleihen den Sirups eine unwiderstehliche orientalische Note. In stark konzentrierte Sirups legt man in Griechenland, Libanon und der Türkei Zitronen- und Melonenschalen, Auberginen, Pistazien und anderes mehr ein.

Salz

Mehr als jede andere Substanz vermag Salz – eine chemische Verbindung von Natrium und Chlor – noch den fadesten Nahrungsmitteln einen appetitlichen Geschmack zu entlocken. Es unterstreicht ihren Eigengeschmack und verstärkt diesen sogar, als Prise hinzugefügt, bei süßen Gerichten. Darüber hinaus dient es zur Konservierung, indem es beispielsweise Schinken oder Fisch Feuchtigkeit und damit Bakterien den Nährboden entzieht.

Salz macht sage und schreibe 0,9 Prozent unseres Körpers aus. Es ist für uns also lebensnotwendig und muss ständig mit der Nahrung zugeführt werden. Tatsächlich aber leidet, wer sich vornehmlich von industriell hergestellten Lebensmitteln ernährt, meist an einer Überversorgung, die auf Dauer zu Bluthochdruck führen kann.

In den Mittelmeerländern isst man seit jeher regelmäßig gesalzene Nahrungsmittel. Dazu gehört der Klippfisch (in Spanien als *bacalao* und in Portugal als *bacalhau* bekannt) ebenso wie der gepökelte und luftgetrocknete Parma-, Serrano- und Iberico-Schinken aus Italien beziehungsweise Spanien, die gesalzenen Oliven, Kapern und Sardellen Spaniens, Frankreichs, Italiens und Griechenlands oder auch die gesalzenen und sonnengetrockneten Tomaten Italiens. Eine Piemonteser Spezialität ist *bagna caôda*, eine Sauce aus heißem Öl, Knoblauch und eingesalzenen Sardellen, in die man Stücke von rohem Gemüse dippt.

Die Rolle des Salzlieferanten übernehmen in der asiatischen Küche Sojaprodukte und versorgen den Körper nebenbei mit anderen wertvollen Nährstoffen. Eingesalzene und (manchmal unter Zusatz von Weizen) neun bis zwölf Monate fassvergorene Sojabohnen ergeben Sojasaucen. Getrocknete, fermentierte Sojabohnenkerne werden gern, oft zusammen mit Chilischoten und Ingwer gehackt, in chinesische pfannengerührte Gerichte gemischt oder zu salzigen Bohnenpasten verarbeitet, die man abgepackt oder in Gläsern kaufen kann.

Vom Aussehen den Sojasaucen ähnlich und ebenso durch Fermentation gewonnen sind die Fischsaucen: Dafür füllt man kleine Fische abwechselnd mit Salz in Fässer, die man dann der Sonne aussetzt, bis sich eine intensiv würzige Flüssigkeit abscheidet. In Thailand heißt diese Sauce *nam pla*, in Vietnam und Laos *nuoc nam* und in Myanmar, dem früheren Birma, *ngapi*. Schon im alten Rom wurde ein entsprechendes Erzeugnis namens *garum* viel verwendet.

Eine weitere stark salzhaltige Zutat vieler asiatischer Gerichte ist die feste Garnelenpaste, für die die eingesalzenen Krustentiere an der Sonne getrocknet und anschließend fein zerstoßen werden. In Malaysia ist sie als *blachan* oder *balachan* bekannt, in Indonesien als *terasi* oder *trasi*. Sie wird nie im Rohzustand verwendet, sondern stets – wegen ihres penetranten Aromas fest in Alufolie gewickelt – zunächst auf dem Grill oder in der Pfanne geröstet.

Bei gewöhnlichem Salz, für eine bessere Rieselfähigkeit mit Magnesium versetzt, handelt es sich um Steinsalz, gewonnen durch Fluten unterirdischer, höhlenartiger Lagerstätten und anschließendes Eindampfen der Lösung, wobei sich Salzkristalle bilden.

Den besten Geschmack bietet Meersalz (gelegentlich auch unter seinem französischen Namen *gros sel* gehandelt), für das man Meerwasser in flachen Buchten oder künstlichen Becken durch Wind und Sonne verdunsten lässt. Manche Sorten wie das Maldon-Salz aus Essex werden nach einem von den Römern hier eingeführten Verfahren bei Flut in den ufernahen salzigen Marschen gewonnen. Nach dem Kochen bildet dieses spezielle Salz hübsche Kristalle, die an Schneeflocken erinnern. Meist wird Meersalz in grobkristalliner Form, gelegentlich aber auch fein gemahlen angeboten.

Wurzeln und Rinden

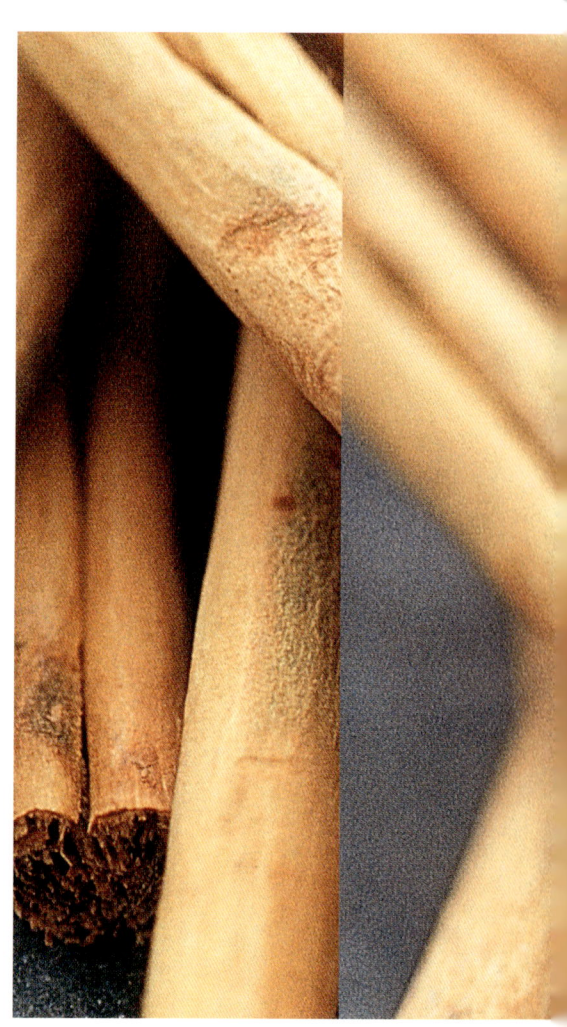

Alpinia galanga / Alpinia officinarum Galgant

Der scharfe, durchdringende Duft und bitter-aromatische Geschmack lässt an Hustenmittel und Brustsalben denken. Gleichzeitig vermittelt er aber das Gefühl, dass man mit dem Galgant gegen Erkältungserreger oder Giftstoffe gut gewappnet ist.

Aussehen

Als Gewürz werden die Rhizome verwendet. Beim Großen Galgant sind sie cremefarben, dick und knollig wie beim Ingwer, mit dem die Pflanze auch verwandt ist, beim Kleinen Galgant dagegen rötlich und zierlicher, aber von intensiverem Aroma. Gemahlener Galgant schmeckt wie eine Mischung aus Ingwer und Pfeffer.

Kulinarische Verwendung

Galgant wird vor allem in der thailändischen, malaysischen und indonesischen Küche verwendet. Den süßsauren Thai-Suppen, die mit einer ungeheuren Aromavielfalt von pikantem Ingwer, herbem Zitronengras, bitteren Kaffir-Limettenblättern, saurem Limettensaft und scharfen roten sowie grünen Chilis aufwarten, verleiht Galgant eine geheimnisvolle Note. In Indonesien ist er Bestandteil des *nasi goreng* (gebratener Reis mit Fleisch und Gemüse) und der *Rendang*-Gewürzpaste (siehe Seite 63), mit der man hier zum Beispiel Fleisch einreibt, bevor es auf den Grill kommt. Der Kleine Galgant wird wie Gemüse geschält, geraspelt und in Eintöpfe gemischt. *Kaempferia galanga*, die Gewürzlilie, würzt Liköre und Magenbitter.

Herkunft

Bereits im 9. Jahrhundert hatte die ursprünglich aus China stammende Pflanze in der arabischen Welt Fuß gefasst, von wo sie sich im Mittelalter in Europa ausbreitete.

Medizinische und sonstige Verwendung

Die Chinesen nutzen Galgant vor allem für medizinische Zwecke. Wegen des Wärmegefühls, das er erzeugt, wird er insbesondere in Indien bei rheumatischen Beschwerden und Katarrh eingesetzt.

Armoracia rusticana Meerrettich

Selbst Hartgesottenen treibt Meerrettich, pur genossen, die Tränen in die Augen. Er ist quasi die nordeuropäische Antwort auf die Chilischote und entwickelt, mit scharfem Senf gemischt wie in der englischen Meerrettichsauce, die doppelte Schärfe.

Aussehen

Die Wurzel erinnert von der Form her an eine Möhre, ist aber gewöhnlich bis zu 45 cm lang, hat eine derbe bräunliche Schale und weißliches Fruchtfleisch. Wie Rüben, Kohl und Senf gehört der Meerrettich zur Kreuzblütlerfamilie.

Kulinarische Verwendung

Die Wurzel waschen, schälen und reiben. Meerrettich ist absolut geruchsneutral, bis man beim Zerkleinern die Zellstrukturen aufbricht, wodurch das Senföl Isothiocyanat freigesetzt wird. Die Zugabe von Essig stoppt rasch die Reaktion und stabilisiert den Geschmack.

In Tuben und Gläsern ist Meerrettich überall fertig erhältlich. Er bildet einen willkommenen Kontrast zu fettreichen Nahrungsmitteln wie Räucheraal und schmeckt in Form von Meerrettichsahne zu kaltem gekochtem Rindfleisch ebenso wie zum *pot-au-feu*, dem populären französischen Eintopfgericht. Außerordentlich beliebt ist Meerrettich in Osteuropa und speziell in Russland (sein dortiger Name *khrine* erinnert an den in Süddeutschland und Österreich gebräuchlichen Namen Kren), wo er oft mit Roter Bete kombiniert oder zu Fisch und kaltem Fleisch serviert wird.

Herkunft

Die winterharte Staude wächst wild in Osteuropa und Westasien, heute aber in vielen Gegenden der Welt auf fruchtbarem, gut durchlässigem Boden auch in Kultur. Zu den rosettig stehenden, langen und derben Blättern erscheinen Trauben weißer Blüten, die etwa daumendicken Pfahlwurzeln reichen tief in den Boden. Geerntet wird, wenn das Grün nach den ersten Frösten abgestorben ist.

Medizinische und sonstige Verwendung

Meerrettich soll schleimlösend wirken und den Atem befreien. Er hilft bei Erkältung und Grippe, Entzündungen der Nasennebenhöhlen und Heuschnupfen, entwässert und lindert Blasenprobleme sowie prämenstruelle Beschwerden.

Cinnamomum cassia Zimtkassie

Anders als für den Ceylonzimt (siehe rechts) wird für die Zimtkassie, auch Kaneel oder Chinesischer Zimt genannt, die äußere Rinde von älteren als einjährigen Zweigen verwendet. Entsprechend kräftiger fällt auch das Aroma dieser Zimtart aus, das besonders gut zu herzhaften Speisen passt.

Aussehen

Während die Ceylonzimtstangen eine gelblich braune Farbe besitzen, ist Kassiarinde eher rotbraun. Ein weiterer Unterschied besteht darin, dass sich die Quills des Ceylonzimts gewöhnlich zu beiden Seiten einrollen, die der Zimtkassie dagegen nur zu einer Seite. Zudem sind sie dicker und gröber und erzielen daher niedrigere Preise. Vom Kauf gemahlener Kassia ist abzuraten, da sie schnell ihr Aroma verliert.

Kulinarische Verwendung

Die robuste Kassiarinde – in Röllchen wie in Stücken im Handel – übersteht auch längere Garzeiten und ist ideal für geschmorte Gerichte aus dem Reich der Mitte. Außerdem gehört sie neben Sichuanpfeffer, Sternanis, Gewürznelken und Fenchelsamen zum Grundrezept des in der chinesischen Küche allgegenwärtigen Fünf-Gewürze-Pulvers (siehe Seite 44). Nordafrikanische Eintöpfe würzt sie ebenso wie indische Currys. Zudem ist sie fester Bestandteil von *paan*, jener Mischung aus Samen und Gewürzen, die man, in ein Betelblatt gehüllt, in Indien nach dem Essen kaut.

Ähnlich wie Gewürznelken verleihen Kassiaknospen Fleischtöpfen und Pickles einen kräftigen Geschmack. Die Blätter werden, ebenfalls getrocknet, wie Lorbeerblätter zum Kochen und in Nepal zum Aromatisieren eines süßen Tees auf Milchbasis verwendet.

Herkunft

Eigentlich aus Birma (heute Myanmar) kommend, wird die Zimtkassie in China, Indonesien und Indien kultiviert. Wie beim Ceylonzimt handelt es sich um einen immergrünen Baum mit ledrigen, glänzenden, lorbeerähnlichen Blättern. Die Rinde wird während der Regenzeit geerntet, wenn sie weicher und leichter abzulösen ist.

Medizinische und sonstige Verwendung

Genau wie der Ceylonzimt war auch die Zimtkassie als Jungbrunnen angesehen. In einem Pomander – einem kleinen, durchbrochenem Gefäß in Kugelform – am Körper getragen, sollte sie Krankheiten abwehren, und alle römischen Kaiser legten sie zum Schutz zwischen ihre Schätze. Den Anhängern der taoistischen Religion galt sie als Speise der Götter.

Cinnamomum verum Ceylonzimt

Vor allem als Pulver auf Plätzchen und Apfelkuchen oder, gemischt mit Kakao, auf Cappuccino gestreut, entfaltet Zimt einen betörenden, lieblichen Duft.

Aussehen

Der Zimtbaum bildet zahlreiche gerade Triebe, die bei Erreichen von etwa 2 m Länge abgeschlagen werden. Nachdem die äußere Rinde entfernt ist, werden die darunter liegenden Schichten abschnittsweise abgelöst, gereinigt, gerollt, beschnitten und getrocknet. Zuletzt werden sie in passende Längen geschnitten und nach Qualität sortiert. Als besonders hochwertig gelten die ganz hellen, dünnen Röllchen – oder Quills –, die von jungen Trieben stammen.

Kulinarische Verwendung

In Europa aromatisiert Echter Zimt vornehmlich Backwaren, Süßspeisen, Cremes, gedünstetes Obst, Punsche und Glühwein. Dagegen würzt er im Orient manchen süßsauren Eintopf, und genauso gehört er in die marokkanische *tagine* (siehe Seite 88). Auch in Mischungen wie dem chinesischen Fünf-Gewürze-Pulver (siehe Seite 44) und dem indischen *garam masala* (siehe Seite 31) ist er enthalten.

Herkunft

Seiner ursprünglichen Heimat Sri Lanka verdankt das Gewürz den Namen Ceylonzimt. Seit der Antike bekannt, erlangte es im 16. Jahrhundert einen solchen Marktwert, dass sich die Konquistadoren auf die Suche nach ihm machten und seinetwegen Kriege entbrannten. Ceylon wurde zunächst von den Portugiesen erobert, die die Handelsrouten entlang der afrikanischen Küste entschlossen kontrollierten. Dann übernahmen die Holländer die Macht auf der Insel, und schließlich obsiegten die Engländer. Längst wird der Ceylonzimtbaum auch in Indien und Malaysia, auf Java, den Seychellen, Madagaskar und Mauritius sowie in Ägypten kultiviert.

Medizinische und sonstige Verwendung

Dank seines hohen Phenolgehalts soll Zimtöl den Kreislauf, die Verdauung und die Atemwege unterstützen. Es ist in Kosmetika enthalten, wird als wirksames Bakterizid eingesetzt und verhilft angeblich zu einem langen Leben.

Curcuma longa Kurkuma

Eine Currymischung wäre ohne den Indischen Safran oder Gelbwurz, wie dieses Gewürz auch heißt, undenkbar, was aber vor allem an seiner intensiven gelben Farbe liegt. Das leicht moderige, bittere Aroma ist etwas gewöhnungsbedürftig.

Aussehen
Die krautige Staude bildet große, lilienähnliche Blätter und knollige Rhizome mit fingerartigen Ausläufern, deren Fleisch dem Pigment Cucurmin seine intensive Färbung verdankt. Sie – und nicht etwa das Aroma – macht gemahlene Kurkuma zu einem preiswerteren Ersatz für Safran.

Kulinarische Verwendung
In Südostasien ist Kurkuma das meistverwendete Gewürz und in Reisgerichten ebenso enthalten wie in Zubereitungen mit Fisch und Meeresfrüchten. Als Farbgeber ist Kurkuma ein wichtiger Bestandteil von Currypulver. In Europa würzt sie Senffrüchte wie *piccalilli* (siehe Seite 135). In der Regel wird Kurkuma gemahlen angeboten, das ganze Rhizom findet man selten.

Herkunft
Ursprünglich in Indien und Südostasien heimisch, wird die Kurkuma heute auch in den Tropen angebaut.

Medizinische und sonstige Verwendung
Angeblich besitzt Kurkuma eine mild abführende Wirkung, sie wird auch gegen Leber- und Gallenbeschwerden eingesetzt. Mancherorts in Asien wird ihrer leuchtenden Farbe Zauberkraft nachgesagt, und oft sieht man einige Pflanzen als Glücksbringer in den Reisfeldern wachsen. In Indien und China dient Kurkuma zum Färben von Stoffen, im alten Persien wurde sie mit der Sonnenanbetung in Verbindung gebracht. Tamilische Frauen färben sich mit ihr vor der Hochzeit Hände und Füße.

Auf Sri Lanka wiegt ein Markt-händler frische Zitwerwurzeln ab.

Curcuma zedoaria Zitwerwurzel

Wie Galgant erinnert auch diese noch schärfer schmeckende Wurzel an Arznei. Suppen verleiht sie, in Scheiben geschnitten untergemischt, eine eindringliche, kampferartige Note, die sicherlich gewöhnungsbedürftig, aber zweifellos auch faszinierend ist.

Aussehen

Das auch als »weiße Kurkuma« bekannte, mit dem Ingwer und der Gelbwurz verwandte ausdauernde Kraut erreicht eine Höhe von 1,5 m. Es bildet dunkelgrüne Blätter und ein Rhizom, das aufgeschnitten ein blassgelbes bis weißliches Fruchtfleisch enthüllt.

Kulinarische Verwendung

Das Rhizom enthält viel Stärke, die extrahiert wird und in pulverisierter Form als *shoti* in den Handel gelangt. Wie Pfeilwurzmehl wird sie zum Binden von Suppen und Saucen verwendet. Die Blätter besitzen ein ähnliches Aroma wie Zitronengras und dienen als Würze für Fischgerichte; die Herzen von Jungpflanzen werden als Gemüse gegessen. Aus dem ganzen getrockneten Rhizom gewinnt man ein Pulver, das allerdings wegen seines bitteren Geschmacks selten allein, sondern vornehmlich in indonesischen und malaysischen Gewürzmischungen verwendet wird.

Herkunft

Wild wachsend wie auch in Kultur begegnet man der Zitwerwurzel in Südostasien und im Nordosten Indiens. Im Mittelalter bereicherte sie mit ihrem moschusartigen, beißenden Geschmack so manches Gericht der europäischen Küchen.

Verwendung

Bei Magendrücken und Blähungen soll die Zitwerwurzel Abhilfe schaffen. Das aus ihr gewonnene ätherische Öl ist in Parfüms und Likören enthalten.

Eutrema wasabi Wasabi

Was den Europäern der Meerrettich, ist in Japan der grüne *wasabi*. Mehr als jede andere dort gebräuchliche Würzzutat rüttelt er die Sinne auf und belebt die alltägliche Reisdiät.

Aussehen

Da es sich um eine Wasserpflanze handelt, bekommt man in Japan die Wurzeln in einem mit Wasser gefüllten Topf. Sauber abgeschält, werden sie zu einer feinen grünen Paste zerrieben. Außerhalb Japans ist *wasabi* als Pulver oder in Pastenform in der Tube erhältlich.

Kulinarische Verwendung

Wasabi-Paste wird sparsam in Sushi gestrichen oder als kleiner Klecks auf die Röllchen gesetzt (siehe Seite 41). Man bekommt sie auch, begleitet von hauchdünnen Scheiben eingelegten rosafarbenen Ingwers und Schälchen mit Sojasauce zum Dippen, zu *sashimi* (rohem Fisch), und sie wird in Suppen gerührt. Aus den gehackten Blättern, Blüten, Stängeln und Rhizomen der Pflanze werden Wasabi-Pickles hergestellt.

Herkunft

Das mehrjährige, wie Kohl zu den Kreuzblütlern gehörende Kraut wächst wild im Uferbereich von Gebirgsflüssen in Japan und Ostsibirien (*wasabi* bedeutet »Bergmalve«). Auf gefluteten Bergterrassen und in kühlen fließenden Gewässern kultiviert, erreicht die Pflanze etwa Kniehöhe und bildet einen kräftigen Mittelspross ähnlich dem Rosenkohl.

Medizinische und sonstige Verwendung

In Japan glaubt man an die vorbeugende Wirkung von *wasabi* gegen Lebensmittelvergiftung sowie, infolge der antimikrobiellen Eigenschaften, gegen Karies.

Glycyrrhiza glabra Süßholz

Von allen Gewürzen, die geschmacklich in die Nähe von Anis rücken, ist das Süßholz das intensivste. Erstaunlicherweise war es die Süßwarenindustrie, die bei uns die Wurzel beinahe exklusiv für sich pachtete.

Aussehen

Beim Süßholz handelt es sich um eine bläulich blühende Staude, die, genau wie etwa die Erbse, zu den Hülsenfrüchtlern gehört und sich mit unterirdischen Ausläufern ausbreitet. Ihre sehr kräftigen und bis zu 1 m langen Wurzeln enthalten eine chemische Substanz namens Glycyrrhizin (der Name ist aus dem Griechischen abgeleitet und bedeutet »süße Wurzel«). In reinster Form besitzt dieses Glycyrrhizin etwa die 50fache Süßwirkung von Zucker, die aber durch gleichzeitig in der Pflanze enthaltene Bitterstoffe kaschiert wird.

Kulinarische Verwendung

In Europa wird der aus den Wurzeln ausgekochte und eingedickte Saft vor allem – gemischt mit Zucker, Wasser, Gelatine und Mehl – zu Naschwerk verarbeitet, das laut einem vollmundigen Werbeslogan nicht nur Kinder froh macht. Die Rede ist natürlich von Lakritze in seinen vielen Erscheinungsformen. Außerdem ist Süßholz in Lebkuchen, Sambuca, Softdrinks und dem beinahe schwarzen Bier namens *stout* enthalten.

Herkunft

Das Süßholz wächst wild in Mittelasien und Südeuropa, wird aber schon seit dem 16. Jahrhundert in Westeuropa gewerblich angebaut.

Medizinische und sonstige Verwendung

Seit der Antike wird Süßholz bei Asthma, trockenem Husten, Atembeschwerden und Magenverstimmung verabreicht. Außerdem soll es ein langes Leben schenken. Darüber hinaus ist es ein viel verwendeter Wirkstoff in Lippenstiften, Schuhcreme und Schaumlöschanlagen. 90 Prozent der heutigen Süßholzproduktion aber sorgen als Beimischung in Tabak dafür, dass er gleichmäßig brennt. Ein Teil wird auch Kautabak beigemischt (Napoleon soll einst die in Stücke geschnittenen und getrockneten Wurzeln und Ausläufer gekaut und sich damit schwarze Zähne eingehandelt haben).

Zingiber officinale Ingwer

Auf einzigartige Weise verbindet Ingwer Aromaintensität mit beißender Schärfe. Roh In Scheiben geschnitten oder gerieben, öffnet er unsere Geschmacksknospen. Auch verleiht er so mancher Gewürzmischung ihre charakteristische Wärme.

Aussehen

Die in den Tropen heimische Staude erreicht etwa 1 m Höhe und zeigt zu lanzettförmigen, in einer feinen Spitze endenden Blättern gelbliche Blüten mit rotem Rand. Als Gewürz wird das aus knollenförmigen Abschnitten bestehende Rhizom verwendet, das ätherisches Öl enthält. Sein Duft und Geschmack hängen vom Standort der Pflanze und den Umgebungsbedingungen zum Erntezeitpunkt ab.

Kulinarische Verwendung

Ingwer wird frisch oder getrocknet, gerieben, in Sirup oder Essig eingelegt oder auch kandiert angeboten. Frische Ingwerwurzel passt zu herzhaften wie süßen Speisen. In China und anderen Gebieten Asiens würzt sie Fischgerichte, speziell auf der Basis von Süßwasserfisch, dessen oft schlammiger Beigeschmack so kaschiert wird. Die Japaner schätzen eingelegten rosa Ingwer namens *gari* als Beilage zu Sushi. Frisch gerieben, macht sich die Wurzel gut in Chutneys (siehe Seite 30), getrocknet und gemahlen hingegen vor allem in Plätzchen, Broten und Desserts. Aus England kommen mit dem alkoholfreien, erfrischenden *ginger ale* und dem vergorenen, schwach alkoholischen *ginger beer* zwei kühle Durstlöscher mit prickelnder Ingwerwürze, und in Kaschmir wird aus der Wurzel ein Tee gekocht.

Herkunft

Die Heimat des Ingwers wird in Südostasien vermutet. Seit Jahrtausenden in Kultur, genoss er im alten Rom eine hohe Wertschätzung und war im Mittelalter in ganz Europa als Naschwerk und, speziell in Frankreich, auch in Kombination mit Zimt, äußerst beliebt und entsprechend kostspielig. Heute kommen etwa 50 Prozent des weltweit erzeugten Ingwers aus Indien, aber er wird auch in China, Taiwan, Thailand, Afrika, Nord- und Südamerika sowie Australien angebaut, wobei er in der Nachbarschaft der verwandten Kurkuma besonders gut gedeiht.

Medizinische und sonstige Verwendung

Bei Kopfschmerzen, Übelkeit, Durchfall, Blähungen und Koliken wird Ingwer ebenso empfohlen wie generell zur Unterstützung der Verdauung, um den Appetit anzuregen, als Stimulans sowie als Aphrodisiakum.

Beeren und Samen

Aframomum melegueta Paradieskörner

Schon das Aroma und der brennend scharfe Geschmack der kleinen braunen Samen verraten eine Verwandtschaft mit dem Kardamom. Das Gewürz heißt auch Meleguetapfeffer, hat aber nichts mit den nordbrasilianischen *Malagueta*-Chilis zu tun.

Aussehen
Die Samen stammen von einer hoch aufschießenden, schilfähnlichen Staude, deren leuchtend rote oder orangefarbene Früchte von 5–10 cm Länge jeweils etwa 60–100 der kleinen Kügelchen bergen.

Kulinarische Verwendung
Paradieskörner werden im tropischen Westafrika, ihrer Heimat, anstelle von Pfeffer verwendet und sind mitunter auch in der marokkanischen Gewürzmischung *ras-el-hanout* (siehe Seite 96) enthalten. In den meisten Rezepten erzielt man mit einer Mischung aus weißem Pfeffer und gemahlenem Ingwer ein ähnliches Geschmacksergebnis. Die Römer würzten mit den Körnern, kombiniert mit Ingwer und Zimt, einen süßen Wein. Im 14. Jahrhundert lebte diese Praxis in England für den Hippocras wieder auf, einen bis ins 17. Jahrhundert gern getrunkenen Würzwein, dessen Name auf das Tuch anspielt, durch das er geseiht wurde: Angeblich erinnerte es an den Ärmel des Gewandes, das Hippokrates getragen hatte. Gewöhnlich wurde dieser Wein mit den schweren, süßen Weinen aus Kreta, Zypern, Nordspanien und später aus Madeira gemischt, wo die Portugiesen begonnen hatten, die Malvasia-Traube anzubauen und daraus einen besonders süßen, aromatischen Wein zu keltern. Hippocras genoss man am Ende einer Mahlzeit zu gewürzten Plätzchen.

Herkunft
Da die Paradieskörner aus Westafrika stammen, werden sie gelegentlich auch Guineapfeffer genannt. Im Mittelalter gelangten sie in Europa zu großer Beliebtheit.

Medizinische und sonstige Verwendung
In Westafrika wird die markähnliche Masse, von der die Samen umgeben sind, als »Aufputschmittel« gekaut. Die Skandinavier schätzen Paradieskörner als würzende Zutat für ihren Aquavit.

Anethum graveolens Dill

Das fedrige Grün des Dills hat in der nordeuropäischen Küche einen festen Platz. Sein frisches, anisartiges Aroma gibt dem fetten Geschmack von rohem Lachs angenehm Kontra. Zusammen mit Salz und Zucker bildet es die Marinade, dank derer der *gravad lax* (übersetzt »begrabener Lachs«), ordentlich beschwert, binnen einiger Tage zu einer echten Delikatesse reift.

Aussehen
Dill ist botanisch mit der Petersilie und enger noch mit dem Fenchel verwandt, den er in seiner Aromakraft aber übertrifft.

Kulinarische Verwendung
In Skandinavien, Polen und Russland wird Dill so häufig verwendet wie die Petersilie in Westeuropa. Gehackt würzt das Grün nicht nur Kartoffeln und Salate, Joghurt und saure Sahne, sondern häufig auch pochierten Fisch. Die noch geschmacksintensiveren Samen werden oft zusammen mit dem zerkleinerten Grün an Pickles gegeben. Dillgurken etwa sind eine berühmte polnische Spezialität.

Herkunft
Die in Westasien heimische Pflanze gedeiht auch im Mittelmeerraum und in Südrussland, sie wird heute in vielen anderen Gegenden der Welt kultiviert.

Medizinische und sonstige Verwendung
Neben einem frischen Atem begünstigt Dill die Verdauung und fördert den Appetit. Dillöl tötet Bakterien ab und vertreibt Blähungen. Außerdem wird Dill bei Fieber, Geschwüren, Nieren- und Augenproblemen eingesetzt. Die alten Römer schrieben ihm stärkende Eigenschaften zu, weshalb er in rauen Mengen auf Speisen für die Gladiatoren gestreut wurde. Sein Name leitet sich von dem altnordischen Wort *dilla* (= beruhigen) ab. Tatsächlich wirkt er bei Säuglingen mit Magendrücken wahre Wunder.

Apium graveolens Sellerie

Im Mittelalter war der Schnittsellerie ein sehr populäres Küchenkraut. Seine pikanten Samen bilden einen echten Gaumenkitzel, was sich insbesondere die indische Küche zunutze macht. Ein westlicher Favorit ist dagegen Selleriesalz, das die gemahlenen oder zerstoßenen Samen enthält.

Aussehen

Von *Apium graveolens* sind drei Varietäten bekannt: der als kleine Heckenpflanze wachsende Wilde oder Schnittsellerie, der Bleichsellerie mit grünen oder weißen Sprossen sowie der Wurzel- oder Knollensellerie (die beiden Letzteren sind nur in Kultur anzutreffen).

Kulinarische Verwendung

Ein leicht bitteres, aber unverwechselbares Selleriearoma verbreiten die Samen, die man über Salate oder gekochtes Gemüse streuen kann, die sich aber auch gut in Eintöpfen, Suppen, Saucen und Fischgerichten machen. Selleriesalz wird auf stilvollen Hotelbüffets zu Wachtel- und Möweneiern angeboten. In einer Bloody Mary gleicht die frisch-salzige Mischung die Süße des Tomatensafts und die feurige Tabasco-Note gekonnt aus.

Herkunft

Wilder Sellerie wächst seit Urzeiten in Europa und den gemäßigten Gegenden Asiens. Seit dem 17. Jahrhundert wird er in Europa kultiviert; kurz darauf fassten der Wilde Sellerie wie auch die Kulturformen in Amerika Fuß.

Medizinische und sonstige Verwendung

Sellerie hat sich beim Ausbleiben der Regel ebenso bewährt wie bei Angina, Arthritis und Gicht. Außerdem wirkt er entwässernd und kuriert Erkältungen. Die Samen sorgen für Entspannung und guten Schlaf. Bei Bestattungen flochten die Griechen und Ägypter Girlanden aus Sellerie.

Bixa orellana Annatto

Weniger wegen ihres erdigen, leicht jodähnlichen Geschmacks, sondern vor allem als Färbemittel sind die Samen des Orleansstrauchs in aller Welt bekannt.

Aussehen

Der Orleansstrauch ist ein kleiner, buschig wachsender Baum mit großen, rot geäderten Blättern und rosa Blüten. Die dicken, herzförmigen Kapseln bergen etwa 50 leuchtend rote Samen. In den fleischigen Samenschalen ist das intensiv färbende Bixin enthalten.

Kulinarische Verwendung

Noch heute wird Annatto in Europa genutzt, um bestimmten Käsesorten eine besonders appetitliche Farbe zu verpassen. In Zentral- und Südamerika stellt man aus den Samen eine Paste namens *achiote* her, die als Marinade Fisch eine besonders attraktive Farbe und ein säuerliches Aroma verleiht, bevor er auf den Grill kommt (siehe Seite 104). Auf Jamaika

ist Annatto in der würzigen Sauce enthalten, die das Nationalgericht *ackee* und Klippfisch begleitet; und auf den Philippinen ist er häufiger Bestandteil in den ziegelroten, mit Fleisch und Fisch kombinierten *Adobo*-Saucen.

Herkunft

Der ursprünglich in Lateinamerika und der Karibik heimische Orleansstrauch ist in Kultur inzwischen auch in Asien und Afrika anzutreffen. Schon im 17. Jahrhundert wurden die Samen von europäischen Schokoladenherstellern eingeführt, und die Spanier brachten sie auf die Philippinen.

Medizinische und sonstige Verwendung

Annatto wird bei Fieber, Ruhr und Niereninfektionen sowie als Mittel zur Insektenabwehr eingesetzt.

Einst nutzten die Kariben den Farbstoff zur Körperbemalung – so kamen letzten Endes die nordamerikanischen Indianer zu der volkstümlichen Bezeichnung »Rothäute«.

Brassica juncea und nigra, Sinapis alba Senf

Als eines der gebräuchlichsten und auch ältesten Würzmittel Europas gehört Senf zu Rindfleisch, ob kalt oder heiß serviert, und zu Schinken wie das Salz in der Suppe. Beim Zerkauen spaltet der Senf das Fett auf, das dadurch leichter verdaulich wird. Besonders hoch ist der Senfverbrauch in Deutschland, Frankreich und Großbritannien, wo bekanntlich viel Fleisch gegessen wird. Großer Popularität erfreut er sich aber auch in den USA, Kanada und Argentinien, das quasi ein Synonym für Rindfleisch ist.

Aussehen

Botanisch werden drei Senfarten unterschieden, die aber ausnahmslos Vertreter der Kreuzblütlerfamilie und enge Verwandte des Kohls sind. Kleinwüchsig und gelb blühend ist der Weiße Senf *(Sinapis alba)*, dessen Schoten jeweils 2–4 dicke blassgelbe Samen enthalten. Schwarzer Senf *(Brassica nigra)* wird bis 3,5 m hoch und entwickelt kleine schwärzlich braune Samen. Von rotbrauner Farbe sind schließlich die kleinen Samen beim Indischen oder Sareptasenf *(Brassica juncea)*.

Kulinarische Verwendung

Speise- beziehungsweise Tafelsenf wird meist aus den zerquetschten oder gemahlenen Samen hergestellt. Wenn man Senfpulver mit kaltem Wasser verrührt, wird ein Enzym frei, das einem binnen 5–10 Minuten die Tränen in die Augen treibt. Fügt man dagegen heißes Wasser zu, so wird damit das Enzym in seiner Entfaltung gleich gestoppt. Daher schmeckt beispielsweise Kaninchen mit Senfsauce (siehe Seite 127) überraschend mild.

Während in Deutschland das ganze Geschmacksspektrum vertreten ist – vom recht dezenten, so genannten Delikatessenf über den extrascharfen Düsseldorfer Senf bis zum süßen Senf, den man in Süddeutschland traditionell zu Weißwurst und Leberkäse isst –, muss man bei englischem Senf grundsätzlich auf eine heftige Attacke auf die Sinne gefasst sein. Dagegen ist der amerikanische Hot-Dog-Senf eine äußerst zahme Angelegenheit, und Milde lässt auch der für den südamerikanischen Markt produzierte Senf namens *Savora* walten. Sehr aromatisch sind die französischen Senfsorten, die oft mit Kräutern wie Estragon und neuerdings auch mit Blauschimmelkäse, Chablis oder sogar mit Cassis angereichert sind, dem in Beaune hergestellten Likör aus schwarzen Johannisbeeren. Die Firma Maille ist der größte Senfproduzent in Frankreich.

Ganz anders werden die feinen schwarzen Senfsamen aus Indien verwendet: Man röstet sie in der Pfanne, bis sie springen und ein pikant-nussiges Aroma entfalten, und streut sie dann auf *dal* (siehe Seite 22) oder, auch zur Dekoration, auf *naan* und andere Brotfladen.

Herkunft

Der Weiße und der Schwarze Senf wuchsen in Südeuropa ursprünglich als Unkraut zwischen anderen Kulturen. Dagegen stammt der Sareptasenf aus Asien, wird aber inzwischen verbreitet kultiviert. Schon seit der Antike wird Senf in Europa angebaut und war stets kulinarisch von großer Bedeutung, da er mit den hiesigen Umgebungsbedingungen gut zurechtkommt und relativ wenig kostet. Die alten Römer brachten ihn nach Frankreich, wo in Bordeaux und in Dijon ganz eigene Verfahren der Senfherstellung entstanden: Im ersten Fall wurden die ganzen Samen mit Traubenmost vermischt, im zweiten versetzte man die Saat mit dem Saft unreifer Trauben und siebte sie später durch.

Ganz ähnlich wurde Senf im englischen Tewkesbury hergestellt und dabei oft noch mit ebenfalls scharfem Meerrettich vermischt, bis gegen Ende des 18. Jahrhunderts eine gewisse Mrs Clements eine Methode entwickelte, um die Saat zu Pulver zu mahlen. Bis dahin war dies ein schwieriges Unterfangen gewesen, da die Samen viel Öl enthalten, das sich schnell auf den Walzen ablagern kann.

Jeremiah Colman griff 90 Jahre später dieses Verfahren auf und animierte die Bauern in Norfolk, wo seine Firma ihren Sitz hatte, vermehrt Senf anzubauen. Wegen der Farbe setzte er seinem Produkt Kurkuma zu – sein Senf war von Natur aus nicht wirklich so »senfgelb« – und als Stabilisator mischte er Maisstärke bei. Mittels Zeitungsanzeigen und Plakaten, zwei Ende des 19. Jahrhunderts gerade neu aufkommenden PR-Instrumenten, machte er den »Colman's Mustard« in Großbritannien zu einem echten Verkaufsschlager. Dieser Senf wird auch in Deutschland als Colman-Senf gehandelt.

Medizinische und sonstige Verwendung

Senf wirkt anregend, hustenlösend und entwässernd. Die indische Volksmedizin empfiehlt ihn bei schmerzenden Füßen, Arthritis und Hexenschuss. In Korea kuriert man mit den Samen Abszesse, Erkältungen und Magenverstimmungen. Als Mittel gegen Epilepsie, Schlangenbisse und Zahnschmerzen wird Senf schließlich in den alten Heilkräuterbüchern geführt.

Carum carvi Kümmel

Seit etwa 5000 Jahren wird Kümmel als Gewürz verwendet. Dass er es in sich hat, kann man zunächst mit der Nase kaum wahrnehmen. Sobald man Kümmel jedoch zerkaut, bekommt man seinen fast schon beißend scharfen Geschmack zu spüren, der entfernt an Anis und ein wenig auch an Fenchel denken lässt.

Aussehen

Das zweijährige Kraut wird etwa 60 cm hoch. Zu fein gefiedertem Grün treibt es zusammengesetzte Dolden rahmweißer Blüten, aus denen im zweiten Jahr die kleinen, sichelförmigen und längs gerippten Spaltfrüchte hervorgehen (botanisch handelt es sich nicht um Samen).

Kulinarische Verwendung

Besonders gut wissen die Deutschen mit diesem Gewürz umzugehen: Dort gibt Kümmel der säuerlichen Note von Roggenbrot wirksam Paroli und mildert den vorlauten Geschmack von Sauerkraut. Außerdem entschärft er penetrant riechenden Käse wie Tilsiter, Munster au cumin oder den aus Ungarn stammenden angemachten Liptauer. Zusammen mit Zucker zu Pulver zerstoßen und auf Butterbrot gestreut, schmeckt er delikat zu reifem Gorgonzola. In Österreich und Ungarn wie auch in Deutschland würzt Kümmel Wurstwaren, Schweinebraten, Gulasch und viele Mixed Pickles. Gut passt er auch zu in Butter gedünstetem Kohl und zu Kartoffeln.

In der arabischen Welt verleiht er Gewürzmischungen wie *tabil* eine geheimnisvolle Note und bildet in der nordafrikanischen Würzpaste namens *harissa* (siehe Seite 98) einen wohltuenden Ausgleich zur feurigen Chilischärfe.

Herkunft

Seine Wurzeln hat der Kümmel sowohl im westasiatischen als auch im Mittelmeerraum, und vermutlich wurde er in Europa früher als jede andere Gewürzpflanze in Kultur genommen. Heute wird er schwerpunktmäßig in Europa, Nordafrika und den USA angebaut.

Medizinische und sonstige Verwendung

Kümmel ist bekannt für seine appetitfördernde, schleimlösende und anregende Wirkung. Darüber hinaus unterstützt er die Verdauung und wirkt lindernd bei Magen- und Darmkrämpfen sowie Übelkeit. Um in den Genuss seiner verdauungsfördernden Wirkung zu kommen, kann man ihn am Ende einer Mahlzeit kauen, als Tee aufbrühen oder sich ihn in hochprozentiger Form – als »Kümmel«, in Norddeutschland auch kurz »Köm« genannt – zu Gemüte führen.

Coriandrum sativum Koriander

Das Grün des Korianders gehört nicht nur in der asiatischen Küche zu den meistverwendeten Kräutern, sondern wird auch in Lateinamerika unter dem Namen *cilantro* vielseitig verwendet. Sein frischer, appetitanregender Geschmack hat mit dem süßlichen, an Orangen- und Zitronenschalen erinnernden Aroma der Samen jedoch nichts gemein.

Aussehen

Trotz seiner botanischen Verwandtschaft und äußerlichen Ähnlichkeit mit der Petersilie schmeckt das vielfach verzweigte, 60–90 cm hohe Kraut mit den hübschen Blättern und rosa oder weißen Blüten doch völlig anders. Die kleinen Samen sind hellbraun und kugelig bis eiförmig.

Kulinarische Verwendung

Da die Samen rasch an Aroma verlieren, sollten sie erst unmittelbar vor der Verwendung gemahlen oder zerstoßen werden. Vorher röstet man sie kurz ohne Zugabe von Fett in

einer kleinen Pfanne. So vorbereitet, sind sie – meist in Kombination mit Kreuzkümmel – aus der indischen Küche nicht wegzudenken.

Koriandergrün ist, wie bereits erwähnt, ein beliebtes Küchenkraut und wird mitunter auch als Chinesische Petersilie bezeichnet. Vor allem in Thailand verwendet man gern auch die gehackte dünne Wurzel speziell als Suppenwürze. *Taklia* heißt eine in Indien für Spinat, Kichererbsen und Fleischbällchen sehr gebräuchliche Gewürzmischung, die unter anderem zerstoßene Koriandersamen enthält.

Herkunft

Der ursprünglich in Südeuropa, im Mittelmeerraum und im Orient heimische Koriander gehört zu den ältesten Gewürzpflanzen überhaupt. Er wird bereits in der Bibel im Exodus erwähnt und findet sich in Rezepten des antiken Griechenland. Bis zum heutigen Tag ist er an jeder Zubereitung mit dem Attribut »à la grecque« beteiligt, so zum Beispiel an den in Olivenöl und Essig mit Gewürzen geschmorten Pilzen, die man raumtemperiert genießt. Sein Name leitet sich vom griechischen Wort *koris* (= Wanze) ab, und dementsprechend lautet ein weiterer deutscher Name des Korianders »Wanzenkraut«. Die Blätter und unreifen Samen verströmen einen kräftigen Geruch, den mancher als unangenehm empfindet, der sich aber verliert, sobald die Samen ausgereift sind.

Medizinische und sonstige Verwendung

Schon die alten Römer nutzten die appetitanregenden, verdauungsfördernden, Blähungen lindernden und antibakteriellen Eigenschaften dieses Krauts. Bei den Chinesen war der Koriander als Garant für ein langes Leben angesehen, und im Mittelalter wurde er in so manchen Liebestrank gemischt. Die reifen Samen sorgen mitunter in Potpourris für frischen Duft.

Cuminum cyminum Kreuzkümmel

Unter dem Namen *jeera* gehört der Kreuzkümmel in Indien zu den bedeutendsten Gewürzen überhaupt. Gemahlen entfalten die Samen einen herben, sauren und holzigen Geschmack, im Ganzen geröstet schmecken sie dagegen süßlich-nussig.

Aussehen
Das botanisch der Petersilie nahe stehende einjährige Kraut wird etwa 30 cm hoch und trägt hell malvenfarbene, rosa oder weiße Blüten.

Kulinarische Verwendung
Sein mildes Aroma verliert sich unter Hitzeeinwirkung, kommt aber wundervoll zur Geltung, wenn man den Kreuzkümmel als Bestandteil des *garam masala* (siehe Seite 31) – einer warmen, auch Zimt enthaltenden indischen Gewürzmischung – erst ganz zuletzt an die Speisen gibt. Außerdem ist Kreuzkümmel eine unverzichtbare Zutat in der herzhaften Version des persischen *advieh* (siehe Seite 79). In der Schweiz und den Niederlanden würzt er Käse wie Munster. Auch in Nordafrika mischt er kulinarisch mit, etwa in der Gewürzpaste *harissa* (siehe Seite 98) und in Couscous.

Herkunft
Angeblich entstammt der Kreuzkümmel dem östlichen Mittelmeerraum, doch wird er heute auch in vielen Gegenden Asiens angepflanzt. Er kann auf eine lange Geschichte zurückblicken. So kommt er in dem berühmten altrömischen Kochbuch des Apicius, mit anderen Gewürzen kombiniert, in vielen Marinade-ähnlichen Mischungen für Fleisch und Fisch zur Verwendung.

Medizinische und sonstige Verwendung
Kreuzkümmel soll den Appetit anregen, Verdauungsstörungen und Magenverstimmungen beheben und Fieber senken. Das aus ihm gewonnene ätherische Öl ist in so manchem Parfüm enthalten.

Elettaria cardamomum Kardamom

Nicht von ungefähr ist der mit dem Ingwer und der Kurkuma verwandte Kardamom als »König der Gewürze« bekannt. Preislich steht er hinter Safran und Vanille gleich auf Platz drei.

Aussehen

Die wie ein buschiger Bambus anmutende, dekorative Pflanze trägt breite, lanzettliche Blätter. Ihre niederliegenden und nur an der Spitze aufragenden Blütenstiele erinnern an Orchideen. Die pergamentartig knitterigen Fruchtkapseln sind grün (gebleicht auch weiß) und enthalten winzige schwarze Samen. Die großen braunen bis schwarzen und weniger begehrten Samenkapseln stammen von der Art *Elettaria major*.

Kulinarische Verwendung

Man gibt entweder die gemahlenen Samen an die Speisen oder die ganzen Kapseln, die man vor dem Servieren jedoch entfernt. In Indien ist Kardamom eine unverzichtbare Zutat im *garam masala* (siehe Seite 31), aromatisiert aber auch, im Ganzen verwendet, Reisgerichte wie *pillau* oder *biriani*. Im arabischen Raum parfümiert Kardamom Kaffee und Tee und in Europa, speziell in Deutschland und Skandinavien, würzt er Backwaren und sauer eingelegtes Gemüse. Schwedens Spirituosenhersteller schließlich importieren ein Viertel der indischen Kardamomproduktion.

Herkunft, Anbau und Ernte

Seit über 1000 Jahren wird Kardamom in Indien – speziell auf den fruchtbaren Hügeln von Kerala im Südwesten des Subkontinents – und Sri Lanka angebaut, in neuerer Zeit auch in Guatemala, Tansania, Papua-Neuguinea, Thailand und Kambodscha. Richtig gut gedeiht er nur in Hochlagen, denn er verlangt trockene, luftige Bedingungen. Außerdem verträgt er sich nicht mit Unkraut und ist krankheitsanfällig. Viel Pflege ist also nötig, und wirklich gute Qualität ist im Angebot begrenzt, was den hohen Preis erklärt.

Die Früchte werden unreif gepflückt, bevor sie aufplatzen und ihr kräftiges Aroma einbüßen. Inmitten der Gummibaum- und Teepflanzungen erstrecken sich in Kerala die größten Plantagen. In riesigen, kühlen, mit Palmwedeln gedeckten Schuppen wird die Ernte von in farbenprächtige Saris gekleideten Frauen, die mit gekreuzten Beinen auf dem gestampften Boden sitzen, in Windeseile und mit geschärftem Blick in sieben Größen sortiert. Anschließend werden die Kapseln in der Sonne getrocknet, bis ihre Umhüllung hart

wird. Teilweise werden sie anschließend gebleicht. Jede Frucht birgt in drei Kammern anfangs weiße und mit zunehmender Reife immer dunklere Samen. Die größten Kapseln sichern sich die Küchenchefs in den exklusiven Hotels der Taj- und Oberoi-Kette sowie die besten Gewürzläden Bombays und Neu-Delhis, die »zweite Wahl« wird auf den Märkten und von kleineren Händlern verkauft.

Medizinische und sonstige Verwendung

Schon die Römer und Griechen schätzten Kardamom als Mittel gegen schlechten Atem, Halsschmerzen, Husten und Magenverstimmung. Das aus den Samen gewonnene, entfernt nach Eukalyptus duftende ätherische Öl wird bei Blähungen, Übelkeit und Durchfall eingesetzt und unterstützt die Verdauung. Im antiken Griechenland wurde das Gewürz zudem mit Wachs verknetet und diese Substanz, in kleinen Hülsen im Haar oder an den Kleidern befestigt, als Parfüm verwendet.

Foeniculum vulgare Fenchel

Der Fenchel gehört zur großen Gruppe der Pflanzen mit Anisaroma und wird seit Jahrtausenden als Kraut, Gewürz und Gemüse genutzt. Mehr als anderswo sonst ist Gemüsefenchel in Italien eine feste kulinarische Größe, ob etwa roh als knackiger Salat oder auch geschmort oder gekocht und, mit Olivenöl beträufelt, warm oder kalt serviert.

Aussehen

Beim Wilden Fenchel (*Foeniculum vulgare* ssp. *vulgare* var. *vulgare*) handelt es sich um eine mehrjährige winterharte und anmutige Staude mit bis zu 2 m hohen, kräftigen leuchtend grünen Sprossen, fein gefiederten, fast fadenartigen Blättern (dem Dill sehr ähnlich), goldgelben Doppeldolden als Blütenständen und stark gerippten, kümmelartigen und im Geschmack recht bitteren Samen. Dagegen schmeckt der Gewürzfenchel (var. *dulce*) ähnlich wie Anis, aber kräftiger und weniger lieblich. Zu unterscheiden ist außerdem der eingangs erwähnte, im 17. Jahrhundert in Italien gezüchtete Gemüse- oder Knollenfenchel (var. *azoricum*).

Kulinarische Verwendung

Mit ihrem warmen, süß-aromatischen Geschmack harmonieren Fenchelsamen gut mit Fisch. Sie sind auch in verschiedenen Broten enthalten und geben der toskanischen Salamispezialität *finocchiona* nicht nur ihr charakteristisches Aroma, sondern auch den Namen (das italienische Wort für »Fenchel« lautet *finocchio*).

Herkunft

Schon der römische Genießer und Kochbuchautor Apicius führte in den von ihm beschriebenen Gewürzmischungen den Fenchel an. In freier Natur ist die Pflanze in den gemäßigten Klimazonen Europas, besonders häufig an Flussufern und auf Ödland, anzutreffen. Vermutlich breitete sie sich durch arabische Händler von den Mittelmeerküsten bis in den Orient und weiter bis nach Indien und China aus. Heute gedeiht sie rund um den Globus in Gegenden, die nicht von allzu großer Hitze heimgesucht werden.

Medizinische und sonstige Verwendung

Fenchel soll dem, der ihn regelmäßig isst, Kraft und Mut verleihen und ein langes Leben schenken. Er regt die Verdauung an, wirkt gegen Kopfschmerzen, Blähungen, Magen- und Darmkrämpfe und gibt vielen Hustenmitteln ein dominantes Aroma. Außerdem wird er als probates Mittel bei ermüdeten

Augen und Schlangenbissen empfohlen. In Indien kaut man die Samen nach dem Essen, um den Atem zu erfrischen, und in Spanien hofft man, auf diese Weise Magengrimmen loszuwerden. Darüber hinaus liefern Fenchelsamen einerseits die Grundlage für einen beruhigenden Säuglingstee, andererseits aber auch für Alkoholika wie den berühmten spanischen Likör namens *Hierbas*.

Bittergurken, Blattgemüse, scharfe Rettiche, Limetten und Chilischoten – all das und noch vieles mehr findet man auf vietnamesischen Straßenmärkten.

Illicium verum Sternanis

**Kaum ein anderes Gewürz sieht so dekorativ aus.
In den Kapseln der sternförmigen Früchte liegen große,
ovale Samen, die schimmern wie poliertes Mahagoni.
Sternanis ist in der chinesischen Küche eines der
bedeutendsten Gewürze.**

Aussehen
Bei Sternanis handelt es sich um die Früchte eines immergrünen, Magnolien-ähnlichen Baumes, der etwa 8 m hoch
wird und leuchtend rote, tellerförmige Blüten hervorbringt.
Er trägt erst ab dem sechsten Jahr Früchte, dann aber bis zu
100 Jahre lang.

Kulinarische Verwendung
Ihr kräftiges Aroma verdanken die sternförmigen Gebilde
dem vornehmlich in den Schalen enthaltenen ätherischen Öl,
das zu 90 Prozent aus Anethol besteht. Eben diese Substanz
findet sich beispielsweise auch im Anis und Fenchel, die aber
mit der hier besprochenen Gewürzpflanze nicht verwandt
sind. Mit seinem volleren, eher erdigen Geschmack passt
Sternanis gut zu Sojasauce und rundet als Bestandteil des
Fünf-Gewürze-Pulvers (siehe Seite 44) langsam geschmorte
chinesische und malaysische Gerichte mit Schweinefleisch,
Ente und Rindfleisch gekonnt ab.

Herkunft
Da der Anbau von Sternanis sehr kompliziert ist, blieb der
Baum seiner vermutlichen Urheimat China weitgehend treu.
Nur in bestimmten anderen Gebieten Asiens ist er ansonsten
noch anzutreffen.

Medizinische und sonstige Verwendung
Sternanis wirkt anregend, harntreibend und hilft bei Halsschmerzen. In Asien wird er als Arznei bei Koliken und
Rheuma sowie zum Aromatisieren von Hustenmitteln eingesetzt. Auch in Anisette (Anislikör) ist er enthalten. Er aromatisiert den besten Ouzo Griechenlands, nämlich den von der
Insel Lesbos, wo Sternanis mit dem dort heimischen Anis zu
einem Konzentrat verbunden wird. Um dem rauen Alkohol
mehr Milde zu verleihen, wird er mit Getreide versetzt.

Juniperus communis Wacholder

Die Nordeuropäer lieben den Duft dieser Samen, der fast unweigerlich Bilder von Nadelwäldern heraufbeschwört. Schon immer waren sie für Jäger buchstäblich das nächstliegende Gewürz, und so bilden die Beeren mit ihrem herben, leicht harzigen Aroma bis heute eine klassische Ingredienz von Wildgerichten.

Aussehen

Eine Besonderheit beim Wacholder besteht darin, dass die Samen 3–4 Jahre zum Reifen benötigen und der Nadelbaum daher verschieden alte Beeren gleichzeitig trägt. Im erntereifen Zustand sind die bläulich schwarzen, so genannten Wacholderbeeren etwa 0,5–1 cm groß.

Kulinarische Verwendung

In Marinaden für das Fleisch von Wildschwein, Reh und Hirsch, das anschließend langsam geschmort wird, darf der Wacholder eigentlich nicht fehlen. Auch für Federwild sind Wacholderbeeren ein klassischer Partner. Und sie gehören auf jeden Fall ins Sauerkraut.

Herkunft

Der Nadelbaum ist überall in Europa, in Nordamerika und im Himalaja anzutreffen.

Medizinische und sonstige Verwendung

Das Gewürz wirkt entwässernd und anregend, lindernd bei Blähungen sowie Magen- und Darmkrämpfen und heilend bei Blasenbeschwerden. Einen festen Platz in jedem Gewürzkompendium verdienen die Wacholderbeeren nicht zuletzt durch ihre Mitwirkung im englischen Gin beziehungsweise im holländischen Genever (beide Namen gehen auf die französische Bezeichnung von *Juniperus communis*, nämlich *genièvre*, beziehungsweise auf das spanische *ginebra* zurück). Wer die echten Samen gerade nicht im Haus hat, kann einem Wildgericht durchaus mit einer dieser Spirituosen die passende würzige Note einhauchen. Ein Schuss Steinhäger tut es übrigens auch.

Nigella sativa Schwarzkümmel

Der Duft des Schwarzkümmels ist untrennbar vor allem mit der indischen Küche verbunden. Sein Name geht auf die lateinischen Wörter für »dunkel« und »schwarz« – *nigellus* **beziehungsweise** *niger* **– zurück.**

Aussehen
Das einjährige winterharte Kraut wird etwa 60 cm hoch. Die Sammelfrüchte werden geerntet, bevor die Hüllen aufplatzen und die kleinen schwarzen Samen, die denen der Zwiebel verblüffend ähnlich sehen, herausfallen.

Kulinarische Verwendung
Gern werden die Samen auf das indische *naan*, aber auch andere Fladenbrote aus der Türkei und dem ganzen Orient gestreut, um ihnen zu einem zart pfefferigen Geschmack, darüber hinaus aber auch zu einem leichten Knuspereffekt und einem interessanteren Aussehen zu verhelfen. In Europa verwendet man Schwarzkümmel gelegentlich als Ersatz für Pfeffer und bestreut damit Buttergemüse wie Möhren, Weißkohl und Blumenkohl.

Herkunft
Aus seiner westasiatischen Heimat verbreitete sich der Schwarzkümmel als Kulturpflanze über Indien und den Orient.

Medizinische und sonstige Verwendung
Die Inder verwenden Schwarzkümmel gegen Blähungen und Verdauungsprobleme sowie als anregendes Mittel. Wie Mottenkugeln verwendet, hält es Insekten fern.

Papaver somniferum Mohn

Nicht nur auf unseren Mohnbrötchen, sondern auch in vielen Broten aus dem osteuropäischen Raum kann man die hübschen kleinen Samen schmecken und auch leise spüren, wenn man sie zerkaut. Sie stammen zwar vom Schlafmohn, enthalten aber keinerlei berauschende Substanzen (Opium wird aus dem Milchsaft gewonnen, den man aus den noch unreifen Kapseln abzapft).

Aussehen
Die bis zu 1,2 m hohe Pflanze trägt weiße, rosa, rote oder purpurne Blüten. Ihre Samen sind so winzig wie Stecknadelköpfe, das Farbspektrum reicht von Weißlich bis Stahlblau.

Kulinarische Verwendung
Archäologischen Funden zufolge wurden Mohnsamen in Ägypten bereits 1500 v. Chr. in der Küche verwendet. In Polen, Ungarn und Österreich lässt man sie zunächst quellen, bevor man sie zu saftigen Füllungen für Mohnstrudel (siehe Seite 122) und andere Kuchen verarbeitet. Die indische Küche favorisiert hellere, eher bräunliche Mohnsamen, die gern auf *naan* (Fladenbrot) und über Kartoffelgerichte gestreut werden.

Herkunft
In zahlreichen Ländern, darunter in Iran, der Türkei, den Niederlanden, Rumänien, Teilen Asiens sowie Mittel- und Südamerika, wird die in Südosteuropa und Westasien heimische Pflanze heute angebaut.

Medizinische und sonstige Verwendung
Mohn ist als Substanz in Husten-, Beruhigungs- und Schlafmitteln sowie Adstringenzien, also entzündungshemmenden und blutstillenden Medikamenten enthalten. Man behandelt mit ihm Zahnschmerzen, Asthma, Kopfschmerzen und Furunkel. Zudem wirkt er angeblich aphrodisierend.

Pimenta dioica Piment

Jamaikapfeffer, Nelkenpfeffer und Allgewürz sind weitere Namen des Piments, die ihn perfekt charakterisieren. Denn er stammt von den Westindischen Inseln und duftet erstaunlicherweise nach Muskatnuss, Zimt und Nelken gleichzeitig. Die Samen enthalten Eugenol, ein ätherisches Öl, das sich in Gewürznelken in hoher Konzentration, aber auch im Zimt findet.

Aussehen

Aufgrund seiner Ähnlichkeit mit Pfefferkörnern gaben die spanischen Entdecker diesem Gewürz den Namen *pimiento de Jamaica*. Bei den etwa 7 mm großen, kugeligen Gebilden handelt es sich um die unreif geernteten Früchte eines 7–13 m hohen, immergrünen Baumes, der zu großen, ledrigen Blättern zunächst kleine weiße Blüten trägt. Aus ihnen entwickeln sich die anfangs grünen, später dann purpurnen Beeren, die im Ganzen, aber auch gemahlen angeboten werden.

Kulinarische Verwendung

Im Ganzen verwendet, liefern die »Körner« die stärkste Würzkraft. Weniger intensiv schmecken sie, wenn sie vorher gemahlen, zerdrückt oder zerstoßen werden.

In der karibischen *Jerk*-Paste (siehe Seite 115), mit der man dort gern Schweine- und Ziegenfleisch mariniert, bildet Piment die Hauptzutat. Ausgesprochen beliebt ist er auf der Nordhalbkugel, in den USA und Kanada ebenso wie in Russland, Finnland, Schweden und Deutschland. Dort verleiht er Rindfleischtöpfen ein warmes, volles Aroma. Auch in der Türkei wird er viel verwendet. Unverzichtbar ist er schließlich in Großbritannien als Gewürz in Mixed Pickles sowie im klassischen *mixed spice* (siehe Seite 135), das schwere Fruchtkuchen und den berühmten *Christmas pudding* (siehe Seite 132) aromatisiert.

Herkunft

Wild wächst der Pimentbaum in den Regenwäldern Mittel- und Südamerikas, angebaut wird er in Mexiko, Zentralamerika und auf Jamaika.

Medizinische und sonstige Verwendung

Ähnlich wie die Gewürznelke fördert Piment die Verdauung, nimmt Blähungen, wirkt mild betäubend, lindert arthritische Beschwerden und hilft bei Muskelverhärtungen.

Pimpinella anisum Anis

Dank seines kraftvollen Aromas, das sich am Gaumen zu einer angenehmen Süße entwickelt, gehört Anis zu den meistverwendeten Gewürzen weltweit. Er enthält das ätherische Öl Anethol, das sich in konzentrierter Form, ähnlich wie Pfefferminze, gegen alle anderen Empfindungen durchsetzt.

Aussehen
Die aufrecht wachsende einjährige Pflanze erreicht eine Größe von etwa 60 cm. Aus ihren kleinen weißen Blüten entwickeln sich zierliche Spaltfrüchte von nur 2–4 mm Durchmesser und graugrüner bis brauner Farbe.

Kulinarische Verwendung
Vielen chinesischen Schweinefleisch- und Entengerichten wird Anis zugesetzt. In Ägypten wurde er bereits zur Zeit der Pharaonen zum Süßen von Kuchen verwendet. Die Römer übernahmen diese Praxis und in jüngerer Vergangenheit auch die Amerikaner.

Vor allem in Kombination mit Zucker schmeckt Anis den Briten, etwa in Form von Anisbonbons, aber auch den Franzosen, die gern mit dragierten Anispastillen ihren Atem erfrischen. Ebenso goutiert man in Frankreich jedoch das liebliche Aroma von Anis in Verbindung mit herzhaften bis deftigen Fischtöpfen, wie sie im Süden des Landes häufig aufgetischt werden.

Herkunft
Das Anbaugebiet des ursprünglich im Mittelmeerraum und in Ägypten heimischen Krauts erstreckt sich über Europa (auch Russland), Asien, Indien, Mexiko und Nordafrika.

Medizinische und sonstige Verwendung
Anis lindert Blähungen und Magenbeschwerden, er hilft generell bei Verdauungsproblemen und wirkt harntreibend. Bewährt hat er sich auch bei Bronchitis und Husten und sogar als Läusemittel.

Keinesfalls unerwähnt bleiben dürfen an dieser Stelle die diversen Spirituosen, an denen Anis maßgeblich beteiligt ist. Zu den bekanntesten dieser so genannten Anisettes zählen der französische Pastis, der Sambuca Italiens, der griechische Ouzo sowie sein türkisches Pendant Raki. Zunächst klar, trüben sie sich, mit Wasser aufgegossen, milchig ein.

Piper cubeba Kubebenpfeffer

Ein trockenes, holziges Aroma und ein kräftiger, kampferähnlicher Geschmack kennzeichnen die auf Java heimische Pfefferart, die gelegentlich auch als Stielpfeffer bezeichnet wird.

Aussehen
Wie bei *Piper nigrum*, der uns vertrauten Pfefferart, handelt es sich auch bei *P. cubeba* um eine Kletterpflanze. Die runzeligen, an kleinen Stielen sitzenden Früchte sind etwas größer als die üblichen Pfefferkörner und meist hohl. Vor der Verwendung müssen sie im Mörser zerstoßen oder wie Pfeffer gemahlen werden.

Kulinarische Verwendung
Kubebenpfeffer findet sich in so mancher arabischen Gewürzmischung. Auch die marokkanische Mischung *ras-el-hanout* (siehe Seite 96) wird gern damit angereichert. Schon die Römer würzten mit ihm einen Aperitifwein. In Europa wurde Kubebenpfeffer einst anstelle von schwarzem oder weißem Pfeffer verwendet. Als dieser jedoch preiswerter wurde, verschwand der bittere Kubebenpfeffer schnell aus den hiesigen Küchen. Nur für Pickles wird er gelegentlich noch verwendet.

Herkunft
Auf den Großen Sunda-Inseln und insbesondere auf Java heimisch, wird der Kubebenpfeffer inzwischen auch in Afrika, der Karibik und auf Sri Lanka kultiviert.

Medizinische und sonstige Verwendung
Medizinisch wird das Gewürz zur Gewinnung von Kampfer genutzt. In China und Südostasien setzt man es bei Verdauungsstörungen und zur Behandlung von Sonnenstich ein. In anderen Gegenden der Welt gilt Kubebenpfeffer als Entwässerungsmittel und als geeignet bei Lungenkrankheiten. Es soll auch bei Erkrankungen der Atemwege hilfreich sein und harntreibend wirken.

Rhus coriaria Sumach

Die sauer-fruchtigen Beeren (Steinfrüchte) des Gerbersumachs werden zerstoßen auf Salate und Kebabs gestreut. Wo keine Zitronen verfügbar sind, bieten sie einen guten Ersatz, zumal sie eine mildere Säure mitbringen.

Aussehen

Der etwa 3 m hohe, strauchartige Baum – der Gartenversion unseres Essigbaums ähnlich – trägt behaarte Zweige und Blätter, deren gelbrote Herbstfärbung äußerst dekorativ ist. Er bringt weiße Blüten hervor. Seine samtigen, kolbenartigen Fruchtstände sind von einem orangeroten Flaum überzogen.

Kulinarische Verwendung

Bevor die Zitrone in Kultur genommen wurde, nutzte man in der römischen Antike die Beeren des Sumachs als Säuerungsmittel. Bis heute werden sie in Teilen Nordindiens, der Türkei und des Iraks, wo keine Zitronen wachsen, viel verwendet. In der libanesischen Küche kommen sie dann zum Einsatz, wenn zwar ein saurer Geschmack erwünscht, eine flüssige Zutat aber unpassend ist. Zusammen mit Wildem Thymian, Sesamsamen und Salz ergibt Sumach die jordanische Gewürzmischung *za'atar* (siehe Seite 78), die gern über Eierspeisen gestreut oder zu in Öl gedipptem Brot gegessen wird.

Herkunft

In freier Natur ist Sumach im Mittelmeerraum anzutreffen, insbesondere in den südlichen Regionen des italienischen Stiefels und auf Sizilien, in der Türkei, in Jordanien und im Libanon sowie in Iran. Ebenso wächst er in Nordafrika und Indien.

Medizinische und sonstige Verwendung

Sumach fördert die Verdauung und erfrischt. Zudem soll er fiebersenkend wirken und Magenbeschwerden lindern.

Sesamum indicum Sesam

Im Rohzustand weitgehend geschmacklos, entfaltet Sesam, trocken geröstet, ein köstlich süßes, leicht bitteres Aroma. Die Samen bestehen zu 50 Prozent aus Öl.

Aussehen

Sesam, ein einjähriges und 1–2 m hohes Kraut, schmückt sich mit glockenförmigen weißen, blassrosa oder weinroten Blüten. Aus ihnen entwickeln sich kleine Fruchtkapseln, die bei Erreichen der Reife mit einem leisen Knall aufplatzen und die zierlichen, platt-eiförmigen Samen – sie sind weiß, bräunlich oder schwarz – freigeben. Auf diese Eigenheit spielt wohl die schatzerschließende Zauberformel »Sesam, öffne dich!« an, die man aus dem Märchen von Ali Baba und den vierzig Räubern kennt.

Kulinarische Verwendung

Sesamsaat verleiht Brötchen, Fladenbroten wie dem indischen *naan* und dem chinesischen frittierten Garnelentoast zusätzlichen Reiz, ebenso karamellisierten Äpfeln, die man zuletzt in den Samen wälzt. Eine wichtige Rolle spielt Sesam auch in der orientalischen Küche. Zerstoßen ergeben die Samen eine Paste namens *tahin*, die gewöhnlich *humus* (Kichererbsenpüree), aber auch manche andere libanesische und türkische *mezze* (Vorspeise) bereichert. Außerdem liefern sie die Grundzutat für *halva*, eine knusprige Süßigkeit, für die man die bei der Gewinnung von Sesamöl anfallenden festen Rückstände mit Zucker und Eiweiß vermischt.

Das nussige Sesamöl wird in China, wo es aus gerösteten Sesamsamen gepresst wird und leicht karamellartig duftet, tropfenweise auf pfannengerührte Gerichte geträufelt.

Herkunft

Das tropische Gewächs zählt zu den ältesten Kulturpflanzen der Welt: Schon vor über 4000 Jahren stand es in Babylonien und Assyrien in hohem Ansehen. Heute wird Sesam verbreitet angebaut, unter anderem in China, Indien, Äthiopien, Mittelamerika und den USA.

Medizinische und sonstige Verwendung

Als Abführmittel und Tonikum ist Sesam seit langem bekannt, außerdem gilt er als Sinnbild für Glück und Unsterblichkeit. Das eiweißreiche Sesamöl ist nicht nur in Margarine und Ölen zum Kochen enthalten, sondern auch in manchen Seifen und Kosmetika.

Trachyspermum ammi Ajowan

In dem leicht pfefferigen Aroma von Ajowan entdeckt man hintergründige Anklänge an Oregano und Anis. Dass die zerdrückten Samen nach Thymian duften, liegt an dem in ihnen enthaltenen ätherischen Öl Thymol.

Aussehen

Äußerlich erinnern die kleinen und harten schwarzen Samen an die des Kümmels oder Kreuzkümmels. Sie stammen von einer 30–70 cm hohen einjährigen Pflanze, die wie Kümmel und Liebstöckel zur Familie der Doldenblütler gehört.

Kulinarische Verwendung

Auf *naan* (indisches Fladenbrot) und Gebäck, aber auch auf frittierte Snacks aus Kichererbsenmehl gestreut, sorgt Ajowan für eine pikant-beißende Note. Stärkehaltigen Gerichten aus Hülsenfrüchten, beispielsweise Linsen, oder aus Kartoffeln, Möhren und anderen Wurzeln verleihen die Samen einen geschmacklichen Kick und eine bessere Verdaulichkeit.

Herkunft

Das ursprünglich im südlichen Indien heimische Gewächs wird auch in Pakistan, Iran, Afghanistan, Ägypten und Äthiopien kultiviert.

Medizinische und sonstige Verwendung

Nicht nur als Antiseptikum steht Ajowan in einem guten Ruf, sondern ebenso als Antioxidans, das Krebs erzeugende freie Radikale unterdrückt. Außerdem haben sich die Samen bei Verdauungsproblemen wie Durchfall und Blähungen und als Asthmamittel bewährt. Sie sollen auch aphrodisierend wirken und das Verlangen nach Alkohol zügeln.

Trigonella foenum-graecum Bockshornklee

Die indische Küche ist ohne Bockshornklee nur eine halbe Sache. Geröstet und gemahlen sind die Samen häufig ein Hauptbestandteil des Currypulvers; sie fügen der Gewürzmischung einen nussartigen, leicht bitteren Geschmack hinzu. Und die Blätter, die fast ausschließlich in indischen Gerichten verwendet werden, sind Gewürz und Gemüse zugleich.

Aussehen

Mit ihrem aufrechten Wuchs bringt es die stark duftende Einjährige auf eine Höhe von 30–80 cm. Aus den cremeweißen Blüten gehen schlanke, spitz zulaufende Hülsen hervor, in denen sich kleine braune Samen verbergen.

Kulinarische Verwendung

Der bittere, adstringierende Geschmack von Bockshornklee, der in Anlehnung an seinen botanischen Namen auch »Griechisch Heu« heißt, verliert sich, wenn man die Samen trocken röstet. Dabei dürfen sie auf keinen Fall verbrennen, sonst schmecken sie fast wie Gift und Galle.

Bockshornklee ist mit dem bei uns verbreiteten, mit viergeteilten Blättern Glück bringenden Klee verwandt und besitzt ebenso saftige Blätter. Unter dem Namen *methi* sind diese in der indischen Küche frisch wie getrocknet in Gebrauch und verleihen Gemüsegerichten eine frische, sellerieähnliche Note. Kartoffeln mit Bockshornkleeblättern – *aloo methi* – sind beispielsweise ein beliebtes Gericht. Man kann die Samen auch genauso wie die von Senf oder Kresse keimen lassen und so eine ebenso leckere wie nahrhafte Salatzutat gewinnen.

Herkunft

Ursprünglich in Südeuropa, Indien und Marokko heimisch, wird Bockshornklee inzwischen außer im Mittelmeerraum, in Indien und Nordafrika auch in Frankreich, den USA und Argentinien angebaut.

Medizinische und sonstige Verwendung

Früher als fast jede andere Heilpflanze wurde der Bockshornklee in Kultur genommen. Seit jeher wird er bei Blähungen, Durchfall, Husten und Erkältung empfohlen, hat sich aber auch bei Bronchitis, Halsschmerzen, Mandelentzündung, Diabetes, Geschwüren und Entzündungen bewährt und wird als Aphrodisiakum gehandelt.

Zanthoxylum piperitum Sichuanpfeffer

Zerkaut man nur ein Stückchen dieses Gewürzes, spürt man binnen Sekunden ein Prickeln auf der Zunge, gefolgt von einem beginnenden Taubheitsgefühl. Größter Beliebtheit erfreut sich der Sichuanpfeffer in der westchinesischen Provinz gleichen Namens, wo er seit Jahrhunderten genutzt wird.

Aussehen
Bei den rostroten, etwa 5 mm dicken, kurz gestielten und oben offenen Beeren handelt es sich um die Früchte eines dornigen Strauches, der wie die verschiedenen Zitrusarten der Familie der Rautengewächse angehört.

Kulinarische Verwendung
Als Zutat im Fünf-Gewürze-Pulver (siehe Seite 44) gehört der Sichuanpfeffer zum festen Ensemble der chinesischen Küche. In seiner Heimatprovinz wird er gern auch mit feurig scharfen Chilischoten kombiniert. Ebenso schätzt man ihn, geröstet und mit Salz zerrieben, als Tischwürze zu gegrillten oder gebratenen Speisen. Um den unverfälschten Geschmackseindruck zu bekommen, sollte man nie überlagerten Sichuanpfeffer verwenden, sondern den Vorrat regelmäßig auffrischen, was heute über Versandhandlungen ohne Probleme möglich ist.

Herkunft
Außer in der Provinz Sichuan und anderen klimatisch nicht extremen Gebieten Asiens, insbesondere des Himalajas, gedeiht er in jeder anderen gemäßigten Klimazone.

Medizinische und sonstige Verwendung
Bauchschmerzen, Erbrechen und Durchfall gehören zu den klassischen Indikationen, aber auch bei Ekzemen hat sich Sichuanpfeffer, äußerlich angewendet, bewährt.

Blüten und Blätter

Chenopodium ambrosioides Epazote

Wie Kreuzkümmel und Koriandergrün – vor Ort als *comino* **beziehungsweise** *cilantro* **bekannt – ist auch das »Mexikanische Teekraut«, wie dieses Gewürz ebenfalls genannt wird, aus der Küche Mittelamerikas und der Karibik nicht wegzudenken. Sein zunächst befremdlicher, stark medizinischer Geruch weicht beim Kochen einer reizvollen Bitternote, die hervorragend zu suppenartigen Bohnengerichten passt.**

Aussehen

Epazote wuchert auf Ödland wie Unkraut. Als junge Pflanze trägt das Kraut fleischige, mild-aromatische Blätter. Ab 60 cm bis 1 m Höhe sieht es aus wie Spinat, der struppig ins Kraut geschossen ist (tatsächlich gehören beide derselben Familie an), und entwickelt einen ausgesprochen kräftigen Geschmack.

Kulinarische Verwendung

Nicht nur in Fleischfüllungen für *tortillas* ist das Kraut unerlässlich, sondern vor allem in den meisten Bohnengerichten, denn es soll Blähungen entgegenwirken.

Herkunft

Sein Name entstammt der in seiner Heimat Oaxaca (Mexiko) bis heute gebräuchlichen Aztekensprache »Náhuatl«. Zusammengesetzt aus den Wörtern *epatl* und *tzotle*, bedeutet er eigentlich »Geruch des Stinktiers«, was den Sachverhalt aber nicht wirklich trifft. Vielmehr ist die Pflanze so geschätzt, dass fast alle ihre Teile – Blätter und Sprosse sowie Blüten und Samen – gesammelt und durch Trocknen konserviert werden für die Jahreszeiten, in denen sie frisch nicht zur Verfügung steht. Auch außerhalb ihrer eigentlichen Heimat ist sie in gemäßigten Klimazonen, unter anderem auf den Britischen Inseln, anzutreffen.

Medizinische und sonstige Verwendung

Das Kraut verhindert Blähungen, lindert Magen- und Darmkrämpfe und soll sogar Würmer austreiben. Außerdem fördert es die Wundheilung und wirkt, als Umschlag auf die Bissstelle aufgelegt, gegen Schlangengift.

Citrus hystrix Kaffir-Limette

Die Frucht, in Thailand als *makrut* bekannt, enthält fast keinen Saft. Dafür sind die Schalen und auch die Blätter wundervoll aromatisch.

Aussehen
Eine runzelige, dicke Schale umgibt die birnenförmige Zitrusfrucht, die »Doppelblätter« sehen wie Achten aus.

Kulinarische Verwendung
Kaffir-Limettenblätter sind fast ein Muss in den scharf-sauren Suppen Thailands wie Tom Yam Kung (siehe Seite 52). Ihr Zitrusduft und der bittere Geschmack ergänzen sich mit Ingwer, Korianderwurzel, frischen Chilis, der medizinischen Note von Galgant und Limettensaft zu einem aufregenden Aromapotpourri. Getrocknete Blätter zunächst 10 Minuten in warmem Wasser einweichen, frische Blätter bis zur Verwendung in einem gut verschlossenen Plastikbeutel im Kühlschrank oder Eisfach aufbewahren.

Herkunft
Die Kaffir-Limette wird vor allem der Blätter wegen in ihrer südostasiatischen Heimat auch kommerziell angebaut.

Medizinische und sonstige Verwendung
Aus der Außenschicht der dicken Schale wird ein Öl extrahiert, das vielen Parfüms beigemischt wird.

Schwimmende Märkte mit einem bunten Angebot an Früchten, Gemüse, Kräutern und Gewürzen sind typisch für Thailand.

Crocus sativus Safran

Das Gewürz ist so begehrt und auch kostenintensiv in der Gewinnung, dass sein Grammpreis den von Gold übersteigt. Es verleiht Reisgerichten in aller Welt – der *paella* aus Valencia, dem Mailänder Risotto, den *polows* aus Iran und den *birianis* Nordindiens – einen überaus delikaten Geschmack und schenkt allem, womit es in Berührung kommt, eine warme gelbe Farbe. Nicht von ungefähr bedeutet sein aus dem Arabischen abgeleiteter Name »gelb sein«.

Aussehen

Die Gewinnung der orangeroten Blütennarben des *Crocus sativus* ist eine äußerst arbeitsintensive und entsprechend kostspielige Angelegenheit. Nur drei Narbenfäden gibt jede Krokusblüte her. Die bläulich schimmernden Blütenblätter bleiben nach getaner Arbeit, zu Haufen getürmt, am Feldrand zurück. Schätzungsweise eine halbe Million der getrockneten Narben ergeben ein Kilogramm Safran.

Kulinarische Verwendung

Mit seinem geheimnisvollen Duft weckt Safran Assoziationen mit antiken, mit Politur behandelten Möbeln in einem muffigen, staubigen Kellergewölbe. In hoher Konzentration riecht er fast wie das komplette Inventar eines Medizinschranks. Er schmeckt leicht süßlich wie Honig und gleichzeitig zartbitter. Nur in winzigen Mengen verwendet, geht er dagegen mit anderen Aromen einen gelungenen Pakt ein, bezähmt noch die vorlautesten Mitzutaten und holt dann das Beste aus ihnen heraus. So wird etwa aus einem deftigen Fischtopf nach Seemannsart eines der meistgerühmten Gerichte überhaupt, die klassische *bouillabaisse*.

Zwar passt Safran besonders gut zu Fisch, doch ist er in Indien auch in mancher traditionellen Lammzubereitung enthalten. Spanische Köche streuen, während sie eine *paella* nach allen Regeln der Kunst zubereiten (siehe Seite 128), eine kräftige Prise in die Pfanne. Andernorts wird das Gewürz dagegen meist eher sparsam verwendet, zum Beispiel in Form von Safranwasser (siehe Seite 74). Schon in minimaler Dosis entfaltet es während des Kochvorgangs eine ungeheure Farbkraft und gibt nicht nur Reis- und Fischgerichten, sondern auch etwa Kartoffelpüree oder Brot, wie den Safranbrötchen auf Seite 130, eine zusätzliche geschmackliche Dimension.

Herkunft

Möglicherweise ist die Heimat des Safrans in China zu suchen. Man fand ihn auch in Kaschmir, wie unter anderem einem Bericht Alexanders des Großen zu entnehmen ist, der von der Krokusernte in einer Vollmondnacht vor einer Kulisse erzählt, die in ein unheimliches Blau getaucht war.

Aufgrund seines hohen Verkaufswerts wird Safran rund um den Globus angebaut. Er verlangt heiße Sommer, gefolgt von eisigen Wintern, so wie in Spanien. Dort steigt das Quecksilber im Sommer auf 40 °C, um später bis –30 °C zu fallen. So haben bodenbürtige Insekten, die sich an den saftigen Krokusknollen gütlich tun könnten, keine Chance. Trotzdem müssen die Kulturen vor Mäusen, Ratten und gefräßigen Vögeln geschützt werden.

Bis heute gehört Kaschmir zu den größeren Erzeugern, genau wie der Iran, dessen Safran eine dunklere, Mahagoni-ähnliche Farbe und einen eher rauchig getönten, dunkleren Geschmack aufweist.

Die Phönizier sollen den Safran nach Spanien gebracht haben und später bis nach Cornwall, wo sie das Gewürz gegen Zinn eintauschten.

Links: In Heimarbeit werden bei der Safranernte im spanischen La Mancha aus den violetten Krokusblüten die orangeroten Narben gezupft

Safrangewinnung

Im südspanischen La Mancha, dem größten Produktionszentrum von hochwertigem Safran überhaupt, wird das Gewürz in Heimarbeit unter Beteiligung der ganzen Familie gewonnen. Behände zupfen die jungen Mädchen am Küchentisch die Fäden aus den Blüten und häufen sie auf einem in der Mitte stehenden Teller auf, der bald orangerot leuchtet wie die untergehende Sonne. Gewöhnlich ist die Großmutter (abuela) mit der Aufgabe betraut, die empfindliche Ausbeute in einem Sieb über der glimmenden Holzkohle im Herd – natürlich mit gebührendem Abstand – geduldig zu trocknen, wobei die Fäden mitunter eine Räuchernote hinzugewinnen. Bei diesem Prozess verlieren sie ein Drittel ihres Gewichts. Bleiben sie dagegen zu feucht, stellen sich Lagerschäden ein, die jeden Profit zunichte machen.

Handelsformen

In Spanien wird Safran häufig als Pulver verkauft, gelegentlich jedoch als fertiges Paella-Gewürz auch mit einem anderen Färbemittel versetzt. Außerhalb Spaniens bekommt man aber oft verfälschte Produkte: Entweder sind sie mit anderen Färberpflanzen wie Saflorblüten und den Blütenblättern der Studentenblume versetzt, oder diese bilden gar den alleinigen Bestandteil. Sie färben weniger kräftig und duften nicht. Der Preis liefert unter Umständen einen Hinweis, worum es sich jeweils handelt. In manchen Ländern wird die sattgelbe Kurkuma als Safran angeboten, was allerdings eher aus Unwissenheit denn aus betrügerischer Absicht geschieht, da das Wort Safran nur die Farbe Gelb vermitteln soll. Im 15. Jahrhundert stand in Deutschland als Strafe auf das Verschneiden von Safranpulver mit gemahlener Gelbwurz sogar der Tod auf dem Scheiterhaufen oder durch Vergraben bei lebendigem Leibe.

Medizinische und sonstige Verwendung

Seit langem wird Safran gegen die verschiedensten Beschwerden und Krankheiten von Kopfschmerzen über Masern bis zu Gicht empfohlen. Vielleicht war er ja einst das, was heute das Cannabis ist. Denn, in kleiner Dosis genossen, bewirkte er ein leichtes Hochgefühl, in größerer Menge ausgelassene Fröhlichkeit und, exzessiv konsumiert, heftige Konvulsionen. Das jedenfalls schrieb der naturheilkundige Nicholas Culpeper im 17. Jahrhundert. Bis heute findet Safran auch als Färbemittel Verwendung.

Cymbopogon citratus Zitronengras

Mit seinem frischen, lebhaften Aroma prägt das Zitronengras viele südostasiatische Gerichte. In den scharfen, süßsauren Suppen Thailands ist es geradezu unverzichtbar.

Aussehen

Das robuste winterharte Staudengras breitet sich durch Horstbildung rasant aus und wird in so manchem Privatgarten für kulinarische Zwecke gezogen. Es erreicht etwa 60 cm Höhe und bildet rohrartige Stängel. Was nach dem Abziehen der harten, faserigen Außenblätter übrig bleibt, erinnert an eine lange, schlanke Frühlingszwiebel mit verdicktem Ende. Als weitere Namen hört man gelegentlich »Citronella« oder *sereh* (die indonesische Bezeichnung).

Kulinarische Verwendung

Man schneidet das zarte, helle Innere (das Herz) der Stängel in 5 cm lange Stücke und mischt diese – eventuell leicht angedrückt, um ihr Aroma besser zu erschließen – in Suppen. Die Stängel werden auch mit Chilischoten, Schalotten und anderen würzenden Zutaten im Mörser zu einer Paste für indonesische oder malaysische Snacks verarbeitet. Hierzu gehören gedämpfte oder gegrillte Päckchen, bestehend aus gehacktem Schweinefleisch und Garnelen in einer Hülle aus Bananenblättern, die oft am Straßenrand oder auf Märkten feilgeboten werden. In unseren Breiten bekommt man Zitronengras frisch und gebündelt, aber auch getrocknet oder in Pulverform in Asia-Läden. Frisches Zitronengras bewahrt man in einem Plastikbeutel im Kühlschrank auf oder friert es ein.

Herkunft

Zitronengras wächst wild in den tropischen Gebieten Südostasiens und Lateinamerikas.

Medizinische und sonstige Verwendung

In Ostindien und auf Sri Lanka wird Zitronengras, gemischt mit anderen Kräutern, als Tee und gegen Fieber sowie bei Menstruationsbeschwerden und Bauchschmerzen verabreicht. Gegen Verdauungsprobleme und als Beruhigungsmittel setzt man es in Lateinamerika und in der Karibik ein. Die Chinesen behandeln mit dem Kraut Kopf- und Bauchschmerzen, Erkältung und Rheuma.

Laurus nobilis Lorbeer

Kein Koch möchte das belebende und kraftvolle Aroma des Lorbeerblatts missen. Es übertönt weniger einnehmende Geschmacksnuancen in ausgiebig gekochten Brühen, unterdrückt wirksam fischige Noten, bereichert Fischbrühen und -suppen und darf auch in einer Court-Bouillon nicht fehlen, in der Könner ganze Fische wie Lachs und Steinbutt pochieren.

Aussehen
Die dunklen, glänzenden Blätter stammen vom immergrünen Lorbeerbaum, der in vielen Gärten als zierlich gestutzte Kübelpflanze wächst, aber, wenn er sich ungehindert entfalten darf, auch 20 m Höhe erreichen kann.

Kulinarische Verwendung
In Frankreich, wo man seit Jahrhunderten Kräuter gegenüber Gewürzen favorisiert, unterstützt Lorbeer die Güte des *bouquet garni*. Für dieses Kräuterbündel, mit dem man hier fast immer Suppen, Eintöpfen und Brühen geschmacklich gekonnt auf die Sprünge hilft, umhüllt man gewöhnlich ein Lorbeerblatt, einige Thymianzweige und einige Sellerieblätter mit dem Grün einer Lauchstange und schnürt das Ganze mit Küchengarn zusammen. So lässt es sich zuletzt mit einem Griff aus dem Topf fischen.

Vor allem an herzhaften Zubereitungen ist Lorbeer rund um den Globus beteiligt – so wird er bei vielen Lamm-Kebabs zwischen die Fleischstücke geschoben. In England mischt er jedoch auch in Milch- und Reispuddings mit, um ihrer ausgeprägten Süße etwas entgegenzusetzen. Beim skandinavischen Brathering schließlich, der erst paniert, in der Pfanne Farbe annehmen und anschließend in einer Marinade – aus verdünntem Wein, Essig oder Cidre, an der ansonsten noch Lorbeerblätter, Pfefferkörner und manchmal Wacholderbeeren beteiligt sind – abkühlen muss, weist er die deftigen Aromanoten in ihre Schranken.

Er ist auch in anderen Marinaden enthalten und stark genug, um im Zusammenspiel mit kräftigem Rotwein, Wacholderbeeren und gehackten Zwiebeln dem Fleisch vom Hausschwein jene Ahnung von Hautgout zu verleihen, wie man ihn bei den verwandten Schwarzkitteln so schätzt.

Herkunft
Der Lorbeerbaum ist vom nördlichen Europa bis zum Mittelmeerraum und generell in den meisten gemäßigten Klimazonen heimisch.

Medizinische und sonstige Verwendung
Lorbeer besitzt wertvolle medizinische Eigenschaften. So wurde er von den Römern als Arznei bei Leberleiden eingesetzt. Außerdem soll er die Verdauung fördern, Übelkeit beseitigen, das Gedächtnis schärfen, Kopfschmerzen lindern und das Nervenkostüm stärken. Ebenso hat er sich in Salben bei Rheuma, Blutergüssen und Hautproblemen bewährt.

Der Lorbeer symbolisiert aber auch Ruhm und Ehre, was schon in seinem lateinischen Namen anklingt, denn *nobilis* bedeutet »edel, vortrefflich«. Daher wurde im alten Rom der *victor ludorum*, der Sieger der Spiele, mit einem Lorbeerkranz geschmückt. Nicht zuletzt schützt Lorbeer angeblich vor Feuer und Blitz.

Mentha Minze

Aus ihrer Heimat im Orient, wo ihr markantes, kühlend frisches Aroma viele Zubereitungen beherrscht, hat die Minze ihren Siegeszug um die Welt angetreten. Das in dem Kraut enthaltene ätherische Öl Menthol bildet die bestimmende Zutat in Kaugummis, Bonbons und Schokoladenerzeugnissen ebenso wie in manchen Getränken, Zahncremes und sogar einigen Zigarettensorten. Die getrockneten Blätter werden als Tee aufgebrüht.

Aussehen

Minze ist eine mehrjährige Staude von meist etwa 60 cm Höhe. Von den über 600 Arten besitzen die Pfefferminze (*Mentha piperita*) und Spearmint (*M. spicata*) nicht zuletzt als Menthollieferanten kommerziell die größte Bedeutung. Das Spektrum der heute erhältlichen Varietäten ist vielfältig. So gibt es Ananas-, Apfel-, Ingwer- und Zitronenminze.

Kulinarische Verwendung

Allgegenwärtig ist die Minze im arabischen Raum als stark gesüßter, konzentrierter Tee, der zu jeder Tageszeit, auch zur Begrüßung von Gästen, getrunken wird. Eisgekühlt ist Pfefferminztee ebenfalls sehr geschätzt. In vielen Spezialitäten der Nahostküche bildet Minze eine unverzichtbare Zutat, etwa im Bulgursalat *tabbouleh* (siehe Seite 68).

Typisch für den südostasiatischen Raum ist eine besonders pikante Form mit pelzig behaarten Blättern, die Suppen und Salate aromatisiert.

In Griechenland verleiht Minze gefüllten Weinblättern (*dolmades*) wie auch dem Joghurt-Gurken-Dip namens *tzatziki* eine unnachahmliche Würze. Ebenfalls mit Joghurt verbindet sich das Kraut in Indien zu einem erfrischenden *raita*, einer Art Sauce, die man zu scharfen Currys genießt. Die Franzosen lieben den leicht beißenden Minzehauch in Pastillen, die den Atem erfrischen, ebenso wie in Likören. Die Amerikaner machten sich den Geschmack für ihre Kaugummikultur zu Eigen und ließen sich durch ihn zu einem der leckersten Cocktails überhaupt, dem Mint Julep, inspirieren. Ein Pimm's schließlich wäre nicht komplett ohne ein Minzezweiglein. Auch Fruchtsalate rundet das Kraut optisch als Garnitur wie auch aromatisch reizvoll ab.

Herkunft

Benannt wurde das Kraut nach der Nymphe Minthe. Als diese mit Hades eine Liebelei begann – so erzählt es die griechische Mythologie –, wurde sie von dessen erzürnter Frau Persephone zur Strafe in eine Pflanze verwandelt, die umso süßer duftet, je kräftiger man auf ihr herumtritt.

Eigentlich ein Gewächs des Orients, gedeiht Minze heute fast überall. Die Römer brachten sie nach England, wo sie in klösterlichen Küchengärten intensiv angebaut wurde. Wie man sie wirklich schmackhaft verwenden kann, etwa in einer Sauce zu gebratenem Lamm, lernten die Köche aber erst durch heimkehrende Kreuzfahrer.

Medizinische und sonstige Verwendung

Vor allem als verdauungsförderndes Kraut, das aber auch den Atem erfrischt, wird die Minze seit jeher gepriesen. Außerdem wird sie bei Gallensteinen, Magenverstimmungen und Erkältung eingesetzt. Pfefferminzöl verbessert den Geschmack von Zahncremes, Hustenpastillen und Kaugummi und wird in Parfüms, Gesichtscremes und Lippenstifte gemischt.

Murraya koenigii Curryblätter

Außerhalb ihrer Heimat auf dem indischen Subkontinent und Sri Lanka ist diese Pflanze schwerlich anzutreffen. Ihre als *kari patta* bekannten Blätter lassen fast unweigerlich an das Currypulver denken, das es in unseren Breiten als fertige Mischung zu kaufen gibt. Tatsächlich aber sind sie auf der teils bis zu dreißig Posten umfassenden Zutatenliste für diese Mischungen nicht zu finden.

Aussehen
Ein Strauch liefert die kleinen, glänzenden Blätter, die Lorbeerblättern nicht nur ähnlich sehen, sondern auch ähnlich verwendet werden.

Kulinarische Verwendung
Curryblätter werden von der vegetarischen Gemeinde im Süden Indiens viel verwendet. Gewöhnlich in Kombination mit Asant aromatisieren sie *dals* (Gerichte auf der Grundlage von getrockneten Hülsenfrüchten) wie auch Gemüsecurrys. Dafür werden beide Gewürze zusammen mit Senfsamen in *ghee* gebraten, und sobald die Senfsamen in der Pfanne zu springen beginnen, wird die Mischung in das Gericht eingerührt.

Herkunft
Überall in Indien und auf Sri Lanka und speziell in den Ausläufern des Himalajas ist der Strauch anzutreffen. Frische Blätter, die man mit etwas Glück in einem Asia-Laden bekommt, bewahrt man bis zur Verwendung in Gefrierdosen im Kühlschrank oder Eisfach auf. Getrocknete Blätter bilden einen akzeptablen Ersatz, müssen aber in einem Glas mit Schraubdeckel vor Aromaverlust geschützt werden.

Medizinische und sonstige Verwendung
Als Tonikum wie als Arznei gegen Durchfall und Ruhr sollen Curryblätter ihre Wirkung nicht verfehlen. Außerdem begünstigen sie, als Umschlag aufgelegt, bei Verbrennungen und Wunden die Heilung. In größeren Mengen verzehrt, sollen sie vorzeitiges Ergrauen der Haare verhindern.

Myristica fragrans Muskatblüte

Nussig, trocken und aromatisch – so lässt sich der angenehme und etwas altmodische Geschmack der Muskatblüte beschreiben. Er ähnelt dem der Muskatnuss, ist aber milder und lieblicher.

Aussehen

Entfernt man von einer Frucht des Muskatbaums die Schale, die man sich vorstellen muss wie die einer Walnuss, kommt ein Same zum Vorschein. Er ist von einem leuchtend roten, zerschlitzten Samenmantel (Arillus) umhüllt, der, solange er noch weich ist, vom Samen abgelöst und in der Sonne getrocknet wird, wobei er sich in Orange umfärbt. (Auf Grenada lagert man diese Samenmäntel einige Monate im Dunklen, sodass ihre Farbe stärker verblasst.) Die hart gewordenen Samenmäntel gelangen unter der Bezeichnung Muskatblüte oder Mazis in ganzen Stücken oder gemahlen in den Handel.

Kulinarische Verwendung

Muskatblüte und Muskatnuss sind in Rezepten austauschbar, nur fällt der Geschmack im ersten Fall, wie gesagt, feiner und süßer aus. Wegen des enthaltenen Öls lässt sich die Muskatblüte leichter mahlen, wenn man dabei etwas Reis oder Mehl zufügt.

Herkunft

Der auf den Molukken (Gewürz-Inseln) beheimatete Muskatnussbaum wird auch in Singapur, Brasilien, Kolumbien, Mittelamerika, Madagaskar und der Karibik angebaut. Heute kommen etwa 40 Prozent der Weltproduktion von der Insel Grenada.

Medizinische und sonstige Verwendung

Die Muskatblüte hilft bei Blähungen, wirkt als Stimulans und Tonikum, unterstützt die Verdauung ebenso wie die Durchblutung und wird in Asien auch bei Übelkeit verabreicht. Früher galt der *toddy*, das mit Whisky zubereitete Pendant des Grogs, gewürzt mit Muskatblüte, als probates Mittel gegen Schlaflosigkeit.

Ocimum basilicum Basilikum

Schon wegen seines außerordentlich intensiven und betörenden Dufts gehört Basilikum auf italienischen Terrassen und Balkonen zum festen Inventar. Während die bei uns verbreitete Art entfernt an Nelken erinnert, duftet das purpurn überhauchte Basilikum Südostasiens eher Lakritz-ähnlich. Es gibt eine Reihe von Varietäten und Züchtungen, unter anderem mit Zitronen- oder Zimtaroma.

Aussehen
Die buschige, bis zu 1 m hohe Pflanze bildet eiförmige, zugespitzte Blätter und zu Scheinähren zusammengesetzte weiße, rosa oder purpurrote Blüten.

Kulinarische Verwendung
In Europa haben die Italiener das Basilikum fast exklusiv für sich gepachtet. Ein paar Scheiben sonnengereifte Tomaten und sahnig zarter Mozzarella, einfach mit gutem Olivenöl und Meersalz angemacht, werden mit dem zart pfefferig duftenden Kraut zu einem Genuss ohnegleichen.

Zusammen mit Ingwer, Zitronengras und Kaffir-Limettenblättern gibt Basilikum in Thailand, Vietnam und Kambodscha vielen Suppen eine pikante Würze. Häufig wird es auch am Ende der Zubereitung in pfannengerührte Gerichte gemischt, und manchmal werden die Blätter als aromatische Garnitur knusprig ausgebacken.

Basilikumsamen spielen trotz ihrer Winzigkeit in der Küche Südostasiens durchaus eine Rolle. In Wasser eingeweicht, gewinnen sie nach 10 Minuten eine gelatinöse Konsistenz und werden sowohl ihres Geschmacks als auch ihrer dekorativen Wirkung wegen an pikante Zubereitungen wie kalte oder warme Nudelspeisen, aber auch an Desserts gegeben. Mit Kokosmilch, frischen Kokosraspeln und Palmzucker ergeben sie zudem ein erfrischendes Getränk.

Herstellung von Pesto
Zum Trocknen eignet sich Basilikum nicht, denn sein einzigartiges Aroma verliert sich schnell. Schon die alten Römer entdeckten, dass man es konservieren kann, indem man die zarten Blätter abwechselnd mit Salz in ein Gefäß schichtet und zuletzt mit Öl bedeckt. Aus dieser Methode entwickelte sich das *pesto alla genovese*, quasi das kulinarische Wahrzeichen Genuas und auch ganz Liguriens.

Das Wort *pesto* leitet sich ab vom lateinischen *pistare* und bedeutet »zerstoßen«. Für Liebhaber der italienischen Küche wurde es zu einem Synonym für Basilikum. Allerdings bezeichnet es auch vergleichbare Mischungen mit anderen Kräutern und aromatischen Zutaten. In Ligurien nach altem Hausrezept selbst hergestellt, enthält es Basilikumblätter und Knoblauch, bestes Olivenöl und Pinienkerne aus der Region sowie salzigen, spröden Pecorino. Industrielle Erzeuger verarbeiten mitunter auch andere Zutaten, müssen aus Sicherheitsgründen ihr *pesto* aber pasteurisieren, was zwangsläufig den Geschmack verändert. Es geht also nichts über hausgemachtes *pesto* aus besten Zutaten, die man von Hand im Mörser zerstößt, so wie es schon der Name will.

Nicht nur in seinem Namen sehr ähnlich ist das *pistou*, das man gleich jenseits der westlichen Landesgrenze in der Provence zubereitet. Hier gehört es unbedingt in eine deftige Gemüsesuppe, die gegen Ende der Garzeit mit Rigatoni angereichert wird. Wenn die Suppe bereits in Tellern angerichtet ist, kommt als Clou die aromatische Paste aus Basilikum, zerdrücktem Knoblauch, Olivenöl und Salz hinzu.

Herkunft
Als eigentliche Heimat des Krautes wird Indien vermutet. Einst Herrscherkreisen vorbehalten, wurde es mit einer goldenen Sichel geschnitten. Heute wächst es hingegen fast überall auf der Welt.

Medizinische und sonstige Verwendung
In manchen Gegenden Indiens wird das Basilikum als heilige Pflanze angesehen, die böse Geister vertreibt. Mit Basilikumwasser werden Leichname abgerieben, und ein Blatt des Krauts wird auf die Brust von Verstorbenen gelegt. Die Chinesen schworen bei Magen- und Nierenbeschwerden und Blutkrankheiten, die Europäer bei Erkältungen, Warzen und Wurmbefall auf die Pflanze. Auch bei Husten, Hautproblemen und Ohrenschmerzen greift man auf sie zurück. In Italien ist Basilikum ein Liebessymbol.

Origanum vulgare Oregano

Dank seines betörenden, appetitanregenden Aromas gehört Oregano, auch als Dost bekannt, im Mittelmeerraum – von Spanien bis nach Griechenland – zu den meistverwendeten Kräutern. Als Pizzagewürz ist er in Italien unverzichtbar.

Aussehen
Die mehrjährige Staude, die eine Höhe von etwa 75 cm erreicht, schmückt sich mit purpurnen Blüten. Gemeinsam mit dem mit ihm eng verwandten Majoran *(Origanum majorana)* dürfte der Oregano zu den meistverwendeten Vertretern der insgesamt etwa 3200 Arten umfassenden Familie der Lippenblütler zählen, zu der ansonsten etwa noch Lavendel, Thymian und Salbei gehören. Beide Arten enthalten die auch in Thymian gefundenen ätherischen Öle Thymol und Carvacrol.

Kulinarische Verwendung
Oregano passt zu gegrilltem Fisch und schmeckt gut in Füllungen und Wurstbrät. Geradezu perfekt harmoniert er mit Tomaten, deren Säure seiner leicht seifigen Note entgegenwirkt und die umgekehrt in ihrer Bissigkeit durch das Kraut gemildert wird. Wie gut dieses Zusammenspiel klappt, beweist ein Tomatensalat mit frischem Oregano.

Gekochten Zubereitungen wird er erst gegen Ende zugefügt, sodass er sein volles Aroma entfalten und sich andererseits noch der ziemlich bittere, pfefferige Geschmack besänftigen kann. Es eignet sich hervorragend zum Trocknen und verleiht so, erst gegen Ende der Garzeit zugefügt, einer Tomatensauce das mediterrane Etwas.

Herkunft
Der Name Oregano ist griechischen Ursprungs und bedeutet »Freude der Berge«. Das Kraut wächst wild im Mittelmeerraum und gedeiht besonders in Griechenland, doch gilt die Türkei heute als der bedeutendste Lieferant. Unter den zahlreichen Züchtungen finden sich Formen mit goldgelben, graugrünen, dunklen oder panaschierten Blättern. Der ohnehin sehr aromatische Duft intensiviert sich noch bei starker Sonneneinstrahlung, die die ätherischen Öle konzentriert. Geschmacklich geben die als *rhigani* bekannten Sorten auf Kreta sowie Wilder Oregano aus Mexiko besonders viel her. In die USA gelangte der Oregano nach dem Zweiten Weltkrieg durch heimkehrende GIs, die in Italien stationiert waren.

In Lateinamerika ist er dagegen schon viel länger ein viel verwendetes Gewürz und verleiht manchem Chilipulver eine pikant-aromatische Note.

Medizinische und sonstige Verwendung
Oregano gehört zu den traditionellen Heilmitteln gegen Erkältung und Verdauungsbeschwerden und dient darüber hinaus als Antiseptikum.

Pandanus tectorius Pandanblätter

In der südostasiatischen Küche, speziell in Malaysia und Indonesien, sind die stark aromatischen Blätter unverzichtbar. Ihr zarter Duft wird mit dem von Rosen, gelegentlich auch von frischem Heu verglichen. Der eindringliche, blumig getönte Geschmack ist ähnlich nachhaltig wie der von Vanille.

Aussehen

Die leuchtend grünen, steifen, schwertförmigen Blätter stammen von einer aromatischen, bis zu 60 cm hohen Pflanze. In Thailand sind sie als *bay touhy* oder *toey* bekannt, in Indien als *kewra* beziehungsweise *kevda*. »Schraubenpalme« lautet der Name der Pflanze selbst. Er wurde einst von Seefahrern als Beschreibung einer Varietät geprägt, die ein Gewirr oberirdischer Wurzeln bildet.

Kulinarische Verwendung

Zu einer Paste zerrieben, verleihen Pandanblätter vielen Süßspeisen nicht nur ein intensives Aroma, sondern auch eine grüne Färbung. Oft wird ein Blatt zu einem Knoten gebunden, bevor man es in die Zubereitung gibt. Pandanblätter werden auch gern zusammen mit grünen Chilischoten und Zitronengras zu Pasten verarbeitet, mit der die Schweinefleisch-Garnelen-Füllung für Bananenblätter gewürzt wird.

In Malaysia lässt man Pandanblätter in heißem Zuckersirup ziehen, bis sie ihre Farb- und Aromastoffe abgeben. Mit dem durchgeseihten Sirup werden Reis-, Tapioka- und Grießdesserts aromatisiert.

Die besten Ergebnisse erzielt man mit den frischen Blättern, die man eventuell in einem großen Asia-Laden bekommt. Ansonsten muss man auf in Beuteln abgepackte getrocknete und pulverisierte Blätter ausweichen.

Herkunft

Die Schraubenpalme ist in Südostasien, Indien und dem tropischen Australien heimisch, wächst aber im gesamten pazifischen Raum.

Medizinische und sonstige Verwendung

Pandanblätter enthalten viel Vitamin A und C.

Rosmarinus officinalis Rosmarin

Das Kraut ist ein echtes Multitalent. Ob Lamm- oder Schweinebraten oder auch Huhn, nach einem köstlichen provenzalischen, spanischen oder italienischen Rezept zubereitet – alles gerät, unterstützt durch Rosmarin, nochmals um eine Klasse besser. Und auf den heißen Gartengrill gelegt, verbreitet er einen betörend aromatischen Duft. (Übrigens geben verholzte Zweige, von den Blättern befreit, perfekte Spieße für Kebabs ab.)

Aussehen
Die ledrigen Blätter des kleinen, immergrünen Strauches sehen aus wie breite Nadeln. Im Frühjahr erscheinen in Trauben hübsche blassblaue Blüten.

Kulinarische Verwendung
Es gibt kaum ein kulinarisches Einsatzgebiet, für das man Rosmarin nicht empfehlen könnte: In einem *bouquet garni* macht er sich ebenso gut wie in Marinaden für Fleisch, Geflügel und Fisch; er eignet sich, kombiniert mit Knoblauch, zum Spicken eines Lammbratens und, beim Grillen in die Glut gelegt, weckt er mit dem rauchigen, herb-süßen Aroma, das er verbreitet, bereits im Vorfeld den Appetit. Rosmarin ist auch ideal zum Aromatisieren eines süßsauren, scharfen Gelees als Beilage zu Braten, und selbst in manchen Desserts spielt er eine pikante Nebenrolle.

Seine zierlichen Blüten bilden eine ebenso schmackhafte wie dekorative Zutat in einem Salat aus Tomaten, Zwiebeln und Feta, dem griechischen Schafkäse. Bienen fühlen sich von den Blüten magisch angezogen, und Rosmarinhonig, in dem die ganze Aromafülle der Pflanze enthalten ist, gehört zu den delikatesten Honigen überhaupt.

Herkunft
Der lateinische Name *rosmarinus*, übersetzt »Tau des Meeres«, spielt vielleicht darauf an, dass die Mittelmeerpflanze in freier Natur häufig an Hängen in Meeresnähe zu finden ist.

Medizinische und sonstige Verwendung
Als Heil- und Wundermittel kann der Rosmarin auf eine lange Geschichte zurückblicken. Bei unseren Altvorderen stand er in dem Ruf, das Hirn zu stärken. Er konnte angeblich Albträume verhindern und böse Geister abwehren. Ein Tee von getrocknetem Rosmarin sollte Kopfschmerz besänftigen. Außerdem ist er die Pflanze des Todes wie auch der Liebe. Oft wird er neben Grabsteinen gepflanzt. Auch verwendet man ihn bei Akne, Asthma, Muskelschmerzen, Bronchitis, Erkältung, Grippe und Stress.

Schließlich wirkt Rosmarin wie kaum etwas sonst gegen üble Gerüche im Haus, etwa in der Küche. Dafür verbrennt man getrocknete Zweige und verteilt, sobald die Flammen erloschen sind, den Rauch durch Wedeln im Raum. Im Nu kann man wieder befreit atmen.

Salvia officinalis Salbei

Nicht nur heilende, kräftigende Eigenschaften wurden dem Salbei einst nachgesagt, sondern er sollte sogar Weisheit verleihen. Sein beißender, durchdringender Duft fasziniert die Sinne, während der Gaumen einen kraftvollen Geschmack wie bei kaum einem anderen Kraut sonst zu spüren bekommt. Die frischen Blätter lassen sich, zwischen mit Olivenöl bestrichenes Papier und Alufolie gelegt, gut einfrieren.

Aussehen

Auf etwa 60 cm Höhe bringt es dieser immergrüne Halbstrauch, an dessen verholzten Zweigen derbe graugrüne und samtig behaarte Blätter sprießen. Heute bieten Gartencenter panaschierte Formen in vielen Farbstellungen und auch Züchtungen mit Zusatzaroma wie Ananas- oder Lavendelsalbei an.

Kulinarische Verwendung

Da Salbei bei der Verdauung fetter Speisen hilft, ist er oft in Schweinswurstbrät enthalten und bildet zusammen mit Zwiebel eine traditionelle Füllung für die Weihnachtsgans. Die Pilgerväter nahmen den Salbei mit nach Amerika, wo er bis heute am Thanksgiving Day, dem dortigen Erntedankfest im November, den Truthahn würzt.

Maßvoll dosiert, bildet Salbei eine gelungene Ergänzung zu bestimmten Nahrungsmitteln mit kräftigem Geschmack, etwa Leber, die man in Italien bevorzugt mit diesem Kraut kombiniert. Die Franzosen mischen Salbei in Schweinswürste und stecken ihn in die *bouquets garnis*, mit denen sie ihre Suppen, Brühen und Eintöpfe aromatisieren. In den Niederlanden ist er Bestandteil einer grünen Sauce, die man dort zu Aal und anderen Fischgerichten reicht. Ein Käseklassiker aus England ist der Sage Derby, der durch das Kraut eine grüne Farbe erhält.

Herkunft

In seiner mediterranen Heimat entwickelt Salbei an warmen, sonnigen Standorten ein besonders intensives Aroma. Nach wie vor wird er hauptsächlich in Europa und den USA verwendet, doch würzte er in Mexiko schon im 15. Jahrhundert die Bohnen, mit denen Montezuma den spanischen Eroberer Cortez an seinem Hof in Tenochtitlán bewirtete. Wie Epazote (siehe Seite 196) gibt das herbe Kraut dem sanften Geschmack von Bohnenkernen genau den richtigen Kick. Wenn sich der Salbei im Garten erst einmal richtig eingewöhnt hat, legt er eine solche Wuchsfreude an den Tag, dass man bedenkenlos mehr als die zwei, drei Blätter abpflücken könnte, die man jeweils nur braucht.

Medizinische und sonstige Verwendung

Im Mittelalter durfte Salbei in keinem Apothekergarten fehlen. Seither bereitet man aus den getrockneten Blättern Tees und Tonika. Indikationen sind Fieber, Schweißausbrüche, Leberbeschwerden, Erkältung, Hals- und Gelenkschmerzen, Masern und nervös bedingte Kopfschmerzen.

Sassafras albidum Sassafras

Das für den amerikanischen Süden typische Gewürz spielt in den *gumbos*, den Eintöpfen der Cajun-Küche, eine wichtige Rolle.

Aussehen
Sassafras ist ein stattlicher immergrüner Baum aus der Familie der Lorbeergewächse.

Kulinarische Verwendung
Die ganze Pflanze – Wurzeln, Rinde, Blätter und Knospen – wird genutzt. Schon lange bevor die Cajun-Küche die Blätter des Baumes als Würz- und Bindemittel für sich entdeckte, kauten die Indianer die Wurzeln, bereiteten aus ihnen einen Tee oder mischten sie mit anderen Zutaten zu einem aromatischen Likör. Man kann sie auch zu einem Gelee mit einer interessanten Bitternote verarbeiten. Die getrockneten, vermahlenen Blätter sind als Pulver, manchmal unter der Bezeichnung *gumbo filé*, im Handel. Es wird gegen Ende des Garvorgangs als Bindemittel in die Speisen gemischt, aber auch als Würze bei Tisch verwendet.

Herkunft
Sassafras wächst im Süden der USA, wo er Zugang in die Küche der Cajun-Siedler fand. Diese waren aus Nordwest-Frankreich vertrieben worden, nachdem sie dem katholischen König ihre Gefolgschaft verweigert hatten. Zunächst fanden die Siedler in Kanada eine neue Heimat. Ihr selbst gewählter Name »Arcadians«, im Slang von Frankokanadiern ›arkadschian‹ ausgesprochen, wurde im Lauf der Zeit kurz und bündig zu »Cajun«. Abermals bekamen sie es mit religiöser Diskriminierung zu tun und wurden in die feucht-heißen Sümpfe Louisianas, damals eine französische Kolonie, zwangsumgesiedelt.

Aus dem wenigen, was ihre unwirtliche Umgebung hergab – Reis, Flusskrebse, tropisches Gemüse –, holten sie das Beste heraus. Beflügelt durch die tief in ihrer Seele verwurzelte Lust am Genuss, schufen sie eine Küche, die heute Gourmets ins Schwärmen bringt. Statt *roux brun* (braune Mehlschwitze) nutzten sie die gelatineartige Eigenschaft von Okraschoten, um Eintöpfe zu binden; und sie fanden heraus, dass Sassafras Ähnliches für ihre so wundervollen, sämigen *gumbos* bewirken konnte.

Medizinische und sonstige Verwendung
Lange ist Sassafras als Mittel gegen Bluthochdruck, Rheuma, Arthritis, Gicht, Menstruations- und Nierenbeschwerden bekannt und wird auch gegen Kopfläuse, Hautprobleme und Geschwüre eingesetzt. Das aus der Wurzelrinde gewonnene Öl wird in der Parfümindustrie, aber auch zum Aromatisieren von Getränken verwendet.

Auf einem Markt in Peru interessiert sich eine Indianerin für das Angebot eines Gewürzhändlers.

Syzygium aromaticum Gewürznelke

Nelken besitzen ein so kräftiges und beißendes Aroma wie kaum ein Gewürz sonst. Kulinarisch und auch in der Medizin finden sie vielfältige Verwendung. Lange extrem kostspielig, erzielen sie noch heute hohe Preise.

Aussehen
Ihren Namen erhielten die im geschlossenen Zustand gepflückten Blütenknospen eines hohen immergrünen Baumes aus den Tropen wegen ihrer Form: *negelke* lautete das mittelniederdeutsche, *negellin* das mittelhochdeutsche Wort für kleine Nägel. Die kurzen, stiftförmigen und vierkantigen Gebilde bestehen aus dem Fruchtknoten und vier Kelchblättern. Bei der Ernte rosa, werden sie beim anschließenden Trocknen in der Sonne hart und dunkelbraun.

Kulinarische Verwendung
Das leicht brennende Aroma trägt mit zum charakteristischen Geschmack des *garam masala* (siehe Seite 31) bei, einer »warmen« Gewürzmischung, die oft zum Schluss in indische Currys gerührt wird.

Eine Zwiebel, mit Nelken gespickt und in Milch gekocht, würzt die Brotsauce zum Truthahn. Köstlich aromatische Spuren hinterlassen Nelken, in gleichmäßigen Abständen in die Fettauflage gedrückt, in einem Schinkenbraten. Brühen verhilft ein »Näglein« zu einem vollen, erdigen Geschmack, ohne jedoch mit seiner Schärfe den Gaumen zu malträtieren. Einem *apple pie* (siehe Seite 130), aber auch anderen Zubereitungen mit Äpfeln bekommt ein Nelkenhauch exzellent. Stets aber muss das Gewürz mit Feingefühl dosiert werden, damit es nicht alle anderen Aromen erschlägt.

Aufgrund ihrer konservierenden Eigenschaften werden Nelken gern an eingelegtes Gemüse gegeben. Sie tragen außerdem zur wärmenden Kraft des Glühweins bei, der die Winterkälte vergessen lässt.

Eine extravagante Kreation mit Nelken kommt aus Brasilien, wo man aus Eiern, Kokosnuss und Zucker gleich dutzendweise köstliche Desserts zu zaubern versteht. Eines von ihnen sind die Schwiegermutteraugen (siehe Seite 112), bei denen Nelken die Pupillen darstellen. Kandierte, mit Nelken aromatisierte Walnüsse schließlich sind eine Spezialität aus Turin.

Herkunft
Nachdem Marco Polo im 13. Jahrhundert auf den Molukken die Nelken entdeckt hatte, suchten die europäischen Seemächte eilends nach einer Möglichkeit, um die arabischen Händler, die das kostbare Gewürz auf dem Landweg vertrie-

ben, auszuschalten. Die Portugiesen rissen sich als Erste die Gewürz-Inseln unter den Nagel. Im 17. Jahrhundert wurden sie von den Holländern vertrieben, die sämtliche Plantagen bis auf jene auf der Insel Ambon rodeten und jeden hinrichteten, der ihr Monopol in Gefahr brachte.

Schließlich machte der Franzose Poivre, Gouverneur von Mauritius und La Réunion, der Vormachtstellung ein Ende, indem er die Pflanzung von Nelkensetzlingen auf den damals französischen Inseln anordnete. Von dort breitete sich der Gewürznelkenbaum nach Madagaskar, Sansibar und die Karibik, insbesondere Grenada, aus.

Medizinische und sonstige Verwendung
Nelkenöl (Eugenol) wird als Antiseptikum von Zahnärzten benutzt und lindert Zahnweh. Inder kauen die Nelken mit Betelnüssen, um den Atem zu erfrischen.

Im 16. Jahrhundert kamen die Pomander auf, nelkengespickte Orangen, die, gewissermaßen als Vorläufer heutiger Schrankdeos, noch den ärgsten Muff vertrieben.

300 000 Tonnen jährlich werden in Indonesien für die Herstellung von besonderen Zigaretten (*kretek*) verbraucht, deren atemberaubendes Aroma an Menthol erinnert.

Thymus vulgaris Thymian

Wegen seines intensiven, herzhaften Aromas und auch seiner medizinischen Eigenschaften ist Thymian seit langem ein geschätztes Kraut. Sein Name leitet sich von dem griechischen Wort für »Brandopfer« ab. Tatsächlich entwickelt er auf dem Grill einen höchst appetitlichen Duft, aber auch beißende Dämpfe, die einem beinahe die Tränen in die Augen treiben.

Aussehen
Thymian ist ein kleiner Halbstrauch mit zum Teil verholzenden Zweigen, graugrünen Blättchen und violetten Blüten. Er wird nur etwa 40 cm hoch.

Kulinarische Verwendung
Aus den mediterranen Landesküchen ist der Thymian nicht wegzudenken. Dort geht er würzige Verbindungen ein mit Oliven, Knoblauch, Auberginen, Zucchini, Paprikaschoten und Tomaten. Das dominierende Merkmal dieses Krauts ist sein eindringlicher Duft, während sein Geschmack vor allem warme, wohlige Empfindungen vermittelt. Thymian passt zu Schmorfleisch, Lamm, Fisch und dunklem Geflügel ebenso wie zu Gemüse (siehe oben), Hülsenfrüchten und Kartoffeln.

Auch im getrockneten Zustand besitzt er hervorragende Würzeigenschaften. Zu Pulver zerrieben, ist er in Jordanien und im Jemen Bestandteil einer Gewürzmischung namens *za'atar* (siehe Seite 78), die man gern auf heißes Fladenbrot streut. Ihr betörendes Aroma verdankt sie einer besonders stark aromatischen Form des Thymians, die dort *za'atar fars'i* (Persischer Thymian) heißt.

Herkunft
Durchstreift man die kargen Hügellandschaften des Mittelmeerraums, steigt einem immer wieder der unverwechselbare Thymianduft in die Nase. Die Gattung *Thymus* ist mit mehreren hundert Arten und Kreuzungen vertreten. Sehr beliebt ist der Zitronenthymian *(T. x citriodorus)*. Daneben findet man Vertreter, die nach Orangen, Kiefer, Kümmel und sogar Muskatnuss duften.

Medizinische und sonstige Verwendung
Seit dem 16. Jahrhundert wird Thymian für Mundspülungen, zum Gurgeln und als Hustenmittel genutzt. Das enthaltene Öl Thymol tötet nicht nur Staphylokokken und Pilzerreger, sondern, wie Zitronensaft, auch Salmonellen ab. Die gängige Kombination aus Thymian und Zitrone als Füllung für Brathuhn garantiert also nicht nur einen schmackhaften, sondern auch sicheren Genuss.

Früchte

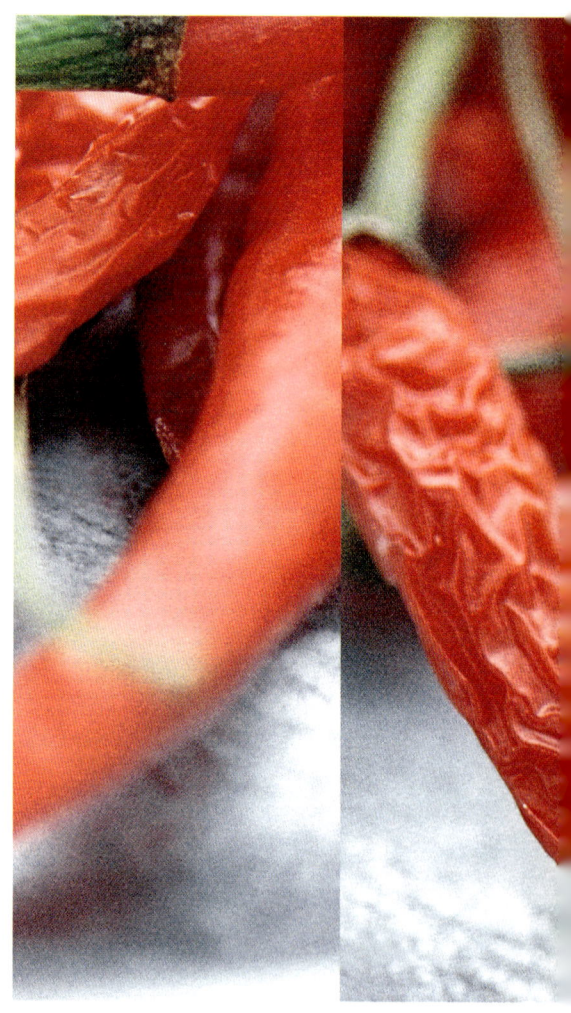

Capsicum annuum Gewürzpaprika

Die mit der Chili verwandte Gewürzpflanze ist auf den internationalen Gewürzmärkten eines der wichtigsten Handelsgüter.

Aussehen
Die roten Früchte der nur etwa 1 m hohen, buschigen Pflanze ähneln in ihrem Aussehen roten Paprikaschoten, besitzen aber ein kompaktes, fast ledrig zähes Fruchtfleisch.

Kulinarische Verwendung
Spanier und Ungarn liefern sich einen gastronomischen Wettstreit darüber, wer am besten mit dem Gewürz umgehen kann. Mengenmäßig liegen die Ungarn uneinholbar vorn, und zwar mit einem jährlichen Pro-Kopf-Verbrauch von gut 5 Kilogramm. Das klingt zwar unglaublich, immerhin aber beginnt so ziemlich jedes ungarische Rezept mit der Anweisung, in etwas zerlassenem Schmalz 2 Esslöffel Paprikapulver zu braten, bis es duftet. Dann gibt man Fisch, Geflügel oder Fleisch hinzu. Wenigstens ein deftiges ungarisches Gericht mit Paprika kennt wohl ziemlich jeder: die Gulaschsuppe (siehe Seite 118).

Herkunft
In Europa wird der Gewürzpaprika besonders intensiv in Ungarn angebaut. Israel produziert ihn für den Export, und die Spanier kultivieren eine kleinere Zuchtform für ihr *pimentón*. Beträchtliche Mengen der Produktion aller drei Länder fließen in die Nahrungsmittelindustrie, die Paprika nicht nur wegen seines trockenen und leicht erdigen, herbsüßen Aromas, sondern auch als Färbemittel nutzt.

Paprika in Ungarn
Im 16. Jahrhundert gelangte der aus der Neuen Welt stammende Paprika über die Türkei, wo er Türkischer Pfeffer genannt wurde, nach Ungarn. Dort war sein Anbau unter der Türkenherrschaft gesetzlich stark eingeschränkt, aber die Ungarn liebten das Gewürz dermaßen, dass sich ein lebhafter Schwarzmarkthandel entwickelte.

In der heißen Ebene um Szeged im Süden des Landes erfolgen der Anbau und die Gewinnung des Paprikapulvers noch heute weitgehend in Familienbetrieben. Nach der Ernte werden die Früchte aufgefädelt und vor weiß getünchten Hauswänden in der Spätsommersonne getrocknet. Sobald die Samen in ihnen hörbar rasseln, wenn der Wind die Früchte schüttelt, sind sie reif zum Mahlen, das hier nach wie vor mithilfe traditioneller Mühlsteine erfolgt. Nach Farbe und Schärfe werden unterschieden *különleges* (Delikatess), *édes-nemes* (edelsüß), *feledes* (halbsüß), *rózsa* (Rosenpaprika) und *eros* (scharf).

Paprika in Spanien
In Spanien kann der Paprika als *pimentón* auf eine mindestens ebenso lange Tradition verweisen. Der geräucherten *chorizo* wie auch den zahlreichen anderen *embutidos* – Wurstspezialitäten aus gehacktem Schweinefleisch und Speck – verleiht *pimentón* erst ihre unverwechselbare pikant süße Würze und die ziegelrote Farbe.

Eine Spezialität der Extremadura ist das geräucherte *pimentón de la Vera*, für das man die Früchte auf Holzgittern über schwelender Holzkohlenglut geduldig in Handarbeit trocknet, wobei sie eine wunderbare Rauchnote annehmen.

Medizinische und sonstige Verwendung
In Spanien wurde aus *pimentón*, Alkohol und Gurkensaft ein Trunk gegen Magenbeschwerden und Krämpfe gemischt. In Ungarn trank man Obstbrannt mit Paprikapulver bei Erkältungen und Fieber.

In dem an der Mittelmeerküste gelegenen Ort Fethiye preist ein türkischer Junge seine bunten Gewürze.

Capsicum annuum und frutescens Chili

Noch einfachste Reis-, Bohnen- und Linsengerichte werden durch die preiswerten Chilischoten zu einem pikanten Genuss. Einst von Kolumbus entdeckt und im 16. Jahrhundert aus der Neuen Welt mitgebracht, entfachten sie eine globale kulinarische Revolution. Was wäre die indische Küche heute ohne die feurigen Schoten? (Allerdings schätzte man auch schon vor ihrer Einführung auf dem Subkontinent die Schärfe des Pfeffers, der hier im Überfluss wächst.)

Aussehen

Das breite Spektrum an Chilischoten reicht von der etwa 10 cm langen *chile poblano*, die unseren Paprikaschoten ähnelt und oft gefüllt wird, bis zu den winzigen Vogelaugenchilis. Manche Sorten, beispielsweise die *chile pasilla*, entfalten ein volles, rosinensüßes Aroma, andere wie die *chile tabasco* eine spröde Schärfe.

Kulinarische Verwendung

In vielen Kochbüchern liest man die Empfehlung, die Samen zu entfernen, um die Schoten zu entschärfen. Tatsächlich enthalten jedoch die Samen die geringste Konzentration an Capsaicin, dem eigentlichen »Dynamit«, während sich der höchste Gehalt – doppelt so viel wie im Fruchtfleisch – in den hellen Scheidewänden findet. Diese sollten sensiblere Gemüter also herauskratzen.

Chilis bilden in getrockneter Form eine entscheidende Zutat in vielen Gewürzmischungen und -pasten, etwa im nordafrikanischen *harissa* oder im äthiopischen *berberi* (siehe Seite 98 und 96). Ebenso machen sie aus dem Tabasco das, was er ist, und aus der indischen wie auch der pakistanischen Küche sind sie generell nicht wegzudenken.

Herkunft

Mexiko ist die Urheimat der Chilischoten, die dort in Hunderten von Varietäten gedeihen. Auf den meisten Märkten findet man oft über 30 mitunter exotisch duftende Sorten – kleine und große, lange, schlanke oder auch eher gedrungene Früchte in Rot, Gelb, Grün und Braunrot bis Schwarz, in frischer ebenso wie in getrockneter Form, teils auch mit einer aparten Räuchernote. Eine Auswahl von fünf bis zehn verschiedenen Qualitäten ist selbst in einer mexikanischen Privatküche eigentlich Standard.

Nachdem die Pflanzen Hitze lieben, werden *chiles jalapeños, guajillos, pasillas, serranos* und wie sie sonst noch alle heißen, in vielen anderen Teilen der Welt erfolgreich unter Glas angebaut.

Wie über einen roten Teppich spaziert ein kleines nepalesisches Mädchen über die in der Sonne trocknende Chiliernte.

Die Scoville-Skala

Diese Skala wurde zur Angabe des Gehalts an Capsaicin entwickelt, jener Substanz, die für die Schärfe verantwortlich ist, welche in der Medizin beispielsweise in Hustenmitteln oder zur Wärmebehandlung bei Muskelschmerzen eingesetzt wird.

Mit bis zu 300 000 Scoville ist die *Habanero*- oder Scotch-Bonnet-Chili Spitzenreiter, mild schmeckt dagegen die bei etwa 1000 angesiedelte kalifornische Anaheim-Chili. Die *chile tabasco* bietet mit 70 000 Scoville schon eine echte Herausforderung für den Gaumen.

Beim Verzehr von Chilischoten erzeugt das Capsaicin ein Brennen im Mund, auf das der Körper mit der Ausschüttung von Endorphinen reagiert, die ein Wohlgefühl auslösen. Pikante Speisen wie Currys können richtiggehend süchtig machen, da man sich an die Schärfe gewöhnt und die Chilidosis immer weiter erhöht. Kein Gewöhnungseffekt stellt sich indes bei den Augen und bei empfindlicher Haut ein. Beim Hantieren mit Chilis deshalb Gummihandschuhe tragen und hinterher gründlich die Hände waschen.

Medizinische und sonstige Verwendung

Die Maya behandelten mit Chilischoten Asthma, Husten und Halsschmerzen, und die Azteken verwendeten sie bei Zahnweh. Die westliche Medizin setzt die Capsaicinoide äußerlich zur Rheumabehandlung ein. Heute würzt man mit Chilis sogar Bier und in Polen einen Wodka.

Capsicum frutescens Cayennepfeffer

Schmeckt eine Zubereitung noch etwas müde, kann eine Prise des wohl bekanntesten aller Chilipulver schnell Abhilfe schaffen.

Aussehen
Der Cayennepfeffer ist eine strauchartige, bis zu 60 cm hohe Pflanze mit dunkelgrünen, ledrigen Blättern. Seine spitz-kegeligen Beeren sind anfangs grün, dann gelb, orange und bei Erreichen der vollen Reife schließlich rot.

Kulinarische Verwendung
Bevor Hausfrauen und Köche in aller Welt die kulinarischen Möglichkeiten ganzer Chilischoten, ob frisch oder getrock-net, entdeckten, griffen sie stets zu Chilipulver. Schon eine Messerspitze dieses teuflisch scharfen Gewürzes reicht aus, um beispielsweise aus einem Ausbackteig für kleine Fische einen pikanten Gaumenkitzel zu machen.

In den meisten Ländern gehört es zur Routine, das Pulver erst einmal zu erhitzen und in etwas Öl oder anderem Fett zu braten, um ihm den rohen Geschmack zu nehmen.

Als Alternative zu gemahlenem Cayennepfeffer hält der Handel zahlreiche Chilisaucen bereit. Eine Berühmtheit unter ihnen ist die aus Louisiana stammende Tabascosauce, herge-stellt aus reifen roten Chilis, die drei Jahre in Fässern in Salz ziehen müssen und dann zerstoßen und mit Essig versetzt werden. Auf brasilianischen Esstischen steht fast immer eine kleine Flasche *Malagueno*-Chilisauce, bereitet aus winzigen, in Öl oder Essig eingelegten Schoten. Und auch die Chinesen machen von Chilisaucen bei Tisch reichlich Gebrauch.

Chilipulver verbirgt sich darüber hinaus in zahlreichen Gewürzmischungen.

Herkunft
Der echte Cayennepfeffer stammt von der Venezuela vorge-lagerten Insel Cayenne. Doch enthalten heutige Produkte gemahlene Chilis ganz unterschiedlicher Provenienz.

Medizinische und sonstige Verwendung
Cayennepfeffer soll bei Magengrimmen und Kopfschmerz helfen, wird aber seit Jahrhunderten auch als Einreibemittel bei Muskel- und Gelenkschmerzen empfohlen.

Mangifera indica Mango

Das herb-fruchtige Pulver von getrockneten unreifen Mangos wird in Indien als Würzmittel verwendet. Auf ähnliche Weise gebraucht man in Persien getrocknete und pulverisierte Trauben und Limetten dann, wenn ein westliches Rezept nach Essig verlangen würde.

Aussehen

Die fast runden oder auch länglichen, schlanken Früchte variieren in der Länge zwischen 5 und 25 cm. Sie reifen an langen Stielen an einem Baum, der hoch wie eine Eiche werden kann. Für die Gewinnung des feinen gräulichen Mangopulvers werden sie unreif gepflückt, vom Stein befreit, in Scheiben geschnitten, getrocknet und schließlich zermahlen.

Kulinarische Verwendung

Voll ausgereifte frische Mangos betören mit ihrem süßen, aromatischen Geschmack, doch sind auch die noch grünen Früchte von kulinarischem Interesse. Denn in diesem Stadium ergeben sie Pickles, Chutneys, Sambals und die scharfen *nam priks* der Thai-Küche.

Mangopulver besitzt eine herb-saure Note mit einem leicht harzähnlichen Unterton. In Nordindien ergibt es zusammen mit Ingwer, Koriander, Kreuzkümmel, Knoblauch, roter Lebensmittelfarbe und Naturjoghurt eine würzige Paste, mit der man Fleisch, Huhn oder Fisch mariniert, um sie anschließend in der extremen Hitze des *tandoor*, eines traditionellen Lehmofens, zu garen. Mangopulver ist ein bewährter Zartmacher für Fleisch, wird aber oft auch anstelle von Tamarinde für Gemüse verwendet.

Herkunft

Heimisch in Indien und Südostasien, wachsen Mangos heute in allen tropischen Gebieten.

Medizinische und sonstige Verwendung

In vielen Mythen und Legenden findet die Mango Erwähnung. Während der Mogul-Herrschaft avancierte sie in Indien zu einem Statussymbol. Von Akbar (1556–1605) wird berichtet, er habe einen Obstgarten mit 100 000 Mangobäumen unterhalten.

Piper nigrum Pfeffer

Bei kaum einem Essen fehlt auf dem Tisch der Salzstreuer zum Nachwürzen, und meist steht der Pfeffer gleich daneben. Dass scharfe Gewürze, als es noch keine Kühlschränke gab, dazu dienten, ungute Geschmackseindrücke zu übertönen, ist heute umstritten. Vielmehr schätzt man den Pfeffer seit Jahrhunderten wohl schlicht seiner pikanten Würze wegen.

Aussehen

Schwarze Pfefferkörner sind die grün geernteten und in der Sonne getrockneten Beeren einer tropischen Kletterpflanze. Für weißen Pfeffer erntet man dagegen die voll ausgereiften roten Beeren, weicht sie in Wasser ein und reibt das Fruchtfleisch ab. Die freigelegten weißen Steinkerne werden dann ebenfalls in der Sonne getrocknet.

Kulinarische Verwendung

Da sich das Pfefferaroma schnell verflüchtigt, mahlt man am besten die Körner nach Bedarf frisch. Überalterter weißer Pfeffer kann den Geschmack einer Zubereitung komplett

zunichte machen – oft sticht er aus industriell produzierten Billigwürsten unangenehm hervor.

Verglichen mit Chili, verbreitet Pfeffer eine sanfte, warme Schärfe. Besonders kommt diese etwa im *garam masala* (siehe Seite 31) zum Tragen, einer indischen Gewürzmischung, die man zuletzt den Speisen zugibt. Als Kochgewürz verwendet, büßt Pfeffer rasch an Aromakraft ein, dennoch verleiht er Fleisch-, Geflügel- und Fischbrühen eine herzhafte Note. Da die beißenden ätherischen Öle unter Hitzeeinwirkung schnell verfliegen, kann man ein Pfeffersteak (siehe Seite 128) bedenkenlos in einer großzügigen Portion zerstoßenem Pfeffer wenden und es nach dem Grillen genießen, ohne sich die Tränen aus dem Gesicht wischen zu müssen.

Herkunft

Pfefferkörner sind die Früchte einer in den südindischen Wäldern heimischen Kletterpflanze. Mithilfe von Haftwurzeln rankt sie sich an Palmen und Mangobäumen empor. Aus ihren Blütenähren gehen die anfangs grünen und später roten Beeren hervor, die wie Juwelen zwischen den intensiv grünen, zugespitzten Blättern aufleuchten.

Die Römer kurbelten den Pfefferhandel richtig an und trugen zu seiner Verbreitung in Europa bei. Zeitweise war Pfeffer so wertvoll, dass er sogar als Währung diente. Schon für ein paar Pfefferkörner konnte man einen Sklaven erwerben. Und als der Niedergang des römischen Imperiums schon nahte und Gotenkönig Alarich die Hauptstadt in die Zange genommen hatte, verlangte er als Preis für seine Gnade unter anderem 3000 Pfund Pfeffer. (Der Tribut wurde gezahlt und Rom trotzdem später geplündert.)

Bevor Kolumbus im 16. Jahrhundert aus der Neuen Welt die Chilischote mitbrachte, war der Pfeffer nicht nur im Abendland, sondern vor allem in seiner indischen Heimat das einzige Gewürz mit wirklich bemerkenswerter Schärfe. Schon vor über 2000 Jahren gelangte er nach Südostasien und ist seither in Indonesien und Malaysia in Kultur. Heute wird er auch in Thailand, Vietnam, China, Sri Lanka und Brasilien kommerziell angebaut.

Medizinische und sonstige Verwendung

Seit jeher ist Pfeffer als Appetitmacher geschätzt. Auch soll er bei Übelkeit und Schwindel ebenso helfen wie bei Blähungen und Verstopfung, Fieber und Erkältung. In Ostafrika nutzt man ihn als Abwehrmittel gegen Moskitos, und in Nepal glaubt man, er halte einem Blutegel vom Leibe.

Tamarindus indica Tamarinde

Tamarinden sind die sauren Früchte eines riesigen, attraktiven tropischen Baumes, der über zehn Jahre braucht, bevor er die ersten Früchte trägt.

Aussehen
Die auch als Indische Dattel bekannten Hülsenfrüchte geben, wenn man sie aufbricht, ein weiches, klebriges und süßsauer schmeckendes Fruchtmark frei, in das mehrere dicke schwarze Samen eingebettet sind.

Kulinarische Verwendung
Frisch schmeckt das Mark köstlich, gewöhnlich aber wird es halb getrocknet als Block verkauft. Vor der Verwendung muss man es einweichen und die Samen herausdrücken. Man bekommt auch ein gebrauchsfertiges Konzentrat in Gläsern, das jedoch nur entfernte Ähnlichkeit mit dem Ursprungsprodukt besitzt. In Indien und auf Sri Lanka werden bevorzugt die frischen Früchte verwendet, die ab Januar reifen. Tamarinden sind ein wesentlicher Bestandteil saurer Sambals, die auf dem Subkontinent als Sauce zu stärkehaltigen Zubereitungen gereicht werden, etwa zu den Pfannkuchen namens *appam*, die man auf Sri Lanka zum Frühstück isst.

Tamarinden sind auch in vielen im Westen erhältlichen Fertigprodukten enthalten, zum Beispiel in Konfitüren, Fruchtsaucen und in manchem Chutney.

Herkunft
Der imposante Baum mit dem dicken, geraden Stamm ist in Indien, im tropischen Afrika und auf den Westindischen Inseln anzutreffen. Durch gezieltes Werfen von Stöcken holen Jungen die Früchte von den ausladenden Zweigen.

Medizinische und sonstige Verwendung
Die Tamarinde ist als Adstringens und Antiseptikum sowie als Abführmittel und als Arznei bei Bauchschmerzen und Gallenleiden bekannt. Darüber hinaus wird sie für Wurmkuren bei Kleinkindern sowie zur äußerlichen Behandlung von Augenreizungen und Geschwüren empfohlen.

Vanilla planifolia Vanille

Vanille ist nach Safran das zweitteuerste Gewürz. Weltweit verdanken über 90 Prozent aller Eiscremes ihr unwiderstehliches Aroma den »kleinen Schoten«. So nannten die spanischen Konquistadoren die Kapseln, die sie in Mexiko ausfindig gemacht hatten.

Aussehen
Tatsächlich erinnern die langen, schlanken braunschwarzen Früchte einer Liane aus der Familie der Orchideengewächse, deren weiße oder auch gelbe Blüten sich für die Gattung ungewöhnlich bescheiden ausnehmen, von der Form her an grüne Bohnen.

Auf einer sri-lankischen Zeitung machen sich die zum Verkauf ausliegenden Vanilleschoten äußerst dekorativ.

Kulinarische Verwendung
Nicht nur bei der Herstellung von Desserts auf der Grundlage von Sahne, Milch und Eiern wie *crème brûlée* und *Pavlova*-Meringen (siehe Seite 148 und 150) greifen Patissiers in aller Welt regelmäßig zu der Schote. Ziemlich alles, mit dem sie es zu tun bekommt, durchdringt sie mit einem unnachahmlichen Duft. Auch als Mischgewürz mit Zimt, Nelken und Schokolade wird sie gern verwendet. Wegen ihres hohen Preises wird sie oft durch synthetisches Vanillin ersetzt, das jedoch keine vollwertige Alternative für Vanilleessenz darstellt. Die Bezeichnung »Vanillearoma« ist für solche Erzeugnisse unzulässig.

Herkunft
Die kletternde Orchidee ist in den Regenwäldern Mittelamerikas zu Hause. Sie erzeugt lange, hülsenförmige grüne Früchte, die drei Jahre benötigen, um zu reifen.

Man pflückt sie jedoch im gelbgrünen, unreifen Zustand und breitet sie in der Sonne aus. Jeden Tag werden sie in kochendes Wasser eingelegt und wieder getrocknet. Diese Fermentierung wird so lange wiederholt, bis auf den sich zunehmend dunkler färbenden und zuletzt festen Schoten winzige weiße Kristalle erscheinen – ein Zeichen, dass sich Duft und Geschmack entwickelt haben.

Von Profitgier getrieben, hofften die Konquistadoren, Vanille anderswo in großem Stil anbauen zu können. Allerdings gingen die meisten Pflanzen nicht an. Am Ende waren die Franzosen unerwartet die Gewinner, obwohl sie im 16. und 17. Jahrhundert keinen Ehrgeiz gezeigt hatten, den Briten, Spaniern, Holländern und Portugiesen die Herrschaft auf dem Gewürzmarkt streitig zu machen. Denn ein belgischer Botaniker hatte entdeckt, dass die Orchidee von bestimmten Bienen und Kolibris bestäubt wurde, und war so auf die Idee der Bestäubung von Hand gekommen. Auf La Réunion setzte ein 16-jähriger afrikanischer Sklave diese Idee als Erster in die Tat um. Die Insel im Indischen Ozean wurde als Anbaugebiet der besten Vanille überhaupt, der so genannten Bourbon-Vanille, berühmt. In der Folge fasste die Methode auch auf Madagaskar Fuß, damals noch eine französische Besitzung und heute der bedeutendste Produzent von Vanille.

Medizinische und sonstige Verwendung
Schon zur Zeit der Azteken wurde die Vanille als Aphrodisiakum und Mittel gegen Impotenz gehandelt. Auch als Fieber senkende Arznei ist sie bekannt.

Nüsse und Harze

Cocos nucifera Kokosnuss

Ohne die Kokosnuss wären die Küchen Südostasiens und Brasiliens kaum vorstellbar. An den Stränden von Copacabana und Ipanema in Rio de Janeiro werden junge grüne Kokosnüsse feilgeboten und mit einer Machete einfach wie ein Ei geköpft. Mit einem Strohhalm kann man dann das erfrischende Kokoswasser austrinken.

Aussehen
Die von braunen, bastartigen Fasern umhüllte Nuss weist an der Spitze drei »Grübchen« auf, denen sie ihren Namen verdankt: Das spanische *coca* bedeutet »grinsendes Gesicht«. Im Innern dieser Steinfrucht bildet sich mit zunehmender Reife das dicke weiße Fruchtfleisch.

Kulinarische Verwendung
Außer als ganze Frucht wird die Kokosnuss gerieben und getrocknet (Kokosraspel), pulverisiert, als Riegel von cremiger Konsistenz sowie als Kokosmilch in Dosen angeboten. Letztere entsteht, indem man das geraspelte Fruchtfleisch in kochendem Wasser ziehen lässt und dann abseiht. Auf der Oberfläche setzt sich nach einer Weile eine dickere Schicht ab, die so genannte Kokossahne, die mehr gesättigte Fette enthält. Dosenprodukte sind akzeptabel, selbst gemachter Kokosmilch aber niemals ebenbürtig.

Viele brasilianische Desserts gehen auf die Anleitungen portugiesischer Nonnen zurück. Sie basieren oft auf Eiern, Zucker und Kokosraspeln, mit denen die Ordensfrauen die Mandeln aus ihrer Heimat ersetzten. Ebenso streut man Kokosraspel auf Seafood-Gerichte beziehungsweise röstet sie und nutzt sie als nussige Garnitur für andere Speisen.

In der Karibik wie auch in Indonesien ist Kokosreis ausgesprochen beliebt, und in Malaysia mildert Kokosnuss die Chilischärfe in Suppen und Eintöpfen.

Herkunft
Die ursprünglich im malaiischen Raum heimische Palme hat sich längst in den tropischen Gebieten Asiens, Afrikas und Amerikas ausgebreitet. Neben Fasern und Bauholz liefert sie Fett für Speise- und industrielle Zwecke. Haupterzeugerländer sind Indonesien, Indien und die Philippinen.

Medizinische und sonstige Verwendung
Die innere Flüssigkeit dient als erfrischendes Getränk.

Ferula assa-foetida Asant

Dieses Gewürz riecht zunächst faulig und überlagert andere, auch kräftige Aromen. Im Verlauf des Kochvorgangs verflüchtigt sich der üble Geruch wie durch Zauberhand. Vegetarischen Gerichten aus Südindien gibt Asant einen herzhaft fleischigen Touch.

Aussehen

Das braune Gummiharz wird aus den Wurzeln eines mit dem Riesenfenchel verwandten Doldenblütlers gewonnen, zu kleinen Kugeln gerollt und in der Sonne ausgehärtet.

Kulinarische Verwendung

Vor der eigentlichen Verwendung wird Asant geraspelt und in der Pfanne erhitzt, bis er einen penetranten, schwefeligen, knoblauchartigen Geruch von sich gibt. Da er sparsam dosiert werden muss, reiben indische Köche für manche Zubereitungen den Topf nur mit einer Harzkugel aus, so wie man mit Knoblauch eine Salatschüssel parfümiert.

Herkunft

In der Küche seiner afghanischen und iranischen Heimat nahm der Asant, wie ein früher Historiker schrieb, »die Stellung ein, die dem Pfeffer in China zukam«. Alexander der Große machte die Pflanze in Afghanistan, im äußersten Osten seines Reiches, aus und brachte sie nach Europa.

Die Griechen nahmen das Gewürz begeistert auf und machten später die römischen Köche mit ihm so erfolgreich vertraut, dass Apicius es schließlich in jedem zweiten seiner Rezepte verwendete. Nach dem Niedergang des Römischen Reiches verschwand es jedoch in Europa von der kulinarischen Bildfläche.

In Indien, wo es bei den Hindus als *hing* bekannt ist, fand es ebenfalls dermaßen Anklang, dass es von den dortigen Dichtern als »Nektar unter den Gewürzen« apostrophiert wurde. Dagegen bedachte man es im Abendland mit so despektierlichen Namen wie Stinkasant und Teufelsdreck.

Medizinische und sonstige Verwendung

Für eine reibungslose Verdauung, Erleichterung bei Blähungen und einen gesunden Appetit soll Asant ebenso sorgen wie, alle zwei Tage in streichholzkopfgroßer Menge mit etwas Ingwersaft eingenommen, für eine Wiederbelebung der erlahmenden Fleischeslust.

Myristica fragrans Muskatnuss

Dass die Muskatnuss zu den begehrtesten Gewürzen der Welt zählt, ist nicht zuletzt ihrer Vielseitigkeit zuzuschreiben: Cremig sanften Sahne- und Käsesaucen etwa verleiht sie den entscheidenden Kick und überhaupt erfüllt sie alles, woran sie beteiligt ist, mit einer Wärme, die Leib und Seele gut tut.

Aussehen

Bei der Muskatnuss handelt es sich um den in der Sonne getrockneten Samen einer fleischigen grünen Frucht, die an eine Walnuss erinnert. Doch nicht nur die Früchte des Muskatnussbaumes, sondern auch seine Blätter und Rinde verströmen das charakteristische warme Aroma. Die Schale der Früchte war früher kandiert eine begehrte Nascherei und ein entsprechend lukrativer Exportartikel. Unter der Schale kommt ein orangeroter Samenmantel (Arillus) zum Vorschein, der den harten braunen Samen umschließt und unter der Bezeichnung Muskatblüte (siehe Seite 204) ebenfalls als Gewürz gehandelt wird.

Kulinarische Verwendung

Die Muskatnuss wird seit langem vielseitig verwendet. Bereits im 14. Jahrhundert erwähnte sie der berühmte englische Dichter Chaucer als Gewürz für das *ale* wie auch als Mittel, um die Kleidertruhe auszuräuchern, und byzantinische Mönche streuten Muskatnuss auf ihren Erbsenbrei. Glühwein und Rumpunsch verdanken ihr die belebende Wirkung, und in Indien bildet sie eine unverzichtbare Zutat in »warmen« Gewürzpasten und in Mischungen, die kurz vor dem Servieren über die Speisen gestreut werden.

In der Karibik ist Muskatnuss oft in *Jerk*-Pasten (siehe Seite 115) enthalten, mit denen man dort Schweine- und Ziegenfleisch, Huhn und Fisch mariniert. Die Deutschen würzen traditionell Blumenkohl und Béchamelsaucen mit Muskatnuss, die Engländer hingegen ihren *Christmas pudding* (siehe Seite 132). Ein Kakao schließlich erhält durch eine Prise Muskatnuss einen ganz besonderen Pfiff.

Am besten kauft man ganze Muskatnüsse und reibt die benötigte Menge frisch. Ebenso gut kann man mit einem scharfen Messer feine Späne abnehmen.

Herkunft

Heimisch in Indonesien, wird der Muskatnussbaum in den gesamten Tropen, besonders intensiv in der Karibik, Guadeloupe und Martinique, kultiviert. Auf Grenada, dem Hauptanbauzentrum, werden die Samen nach Gewichtsklassen eingeteilt. Exemplare, die in Wasser nach unten sinken, werden von der Nahrungsmittelindustrie, die oben schwimmenden pharmazeutisch verwertet.

Medizinische und sonstige Verwendung

Unter den Heilkundigen in Klöstern herrschte einst die Ansicht vor, dass die Muskatnuss schädigende Körpersäfte beseitigen und die Sinne schärfen würde. In großen Mengen genossen, entfaltet sie eine berauschende Wirkung, doch muss man nicht mit Halluzinationen rechnen, solange man sich in einem Gericht auf zwei der Samen beschränkt.

Pistacia lentiscus Mastix

In orientalischen Mandel-, Grieß- und Reispuddings kommt Mastix bisweilen die Aufgabe zu, der Süße der Milch etwas entgegenzusetzen. Als Kolumbus im Jahr 1492 im Auftrag der spanischen Krone zu seiner Reise in die Neue Welt aufbrach, war das würzige Harz dermaßen begehrt, dass es neben Pfeffer, Zimt und Muskat auf dem Bestellzettel seiner königlichen Auftraggeber stand.

Aussehen

Geschmacklich erinnert das dem Mastixbaum entlockte Harz an Kiefernnadeln, vom Aussehen her lassen die kleinen Kristalle auf den ersten Blick an weißen Kandis denken.

Kulinarische Verwendung

Mastix beeinflusst nicht nur den Geschmack, sondern auch die Konsistenz von Speisen. So verleiht er etwa Eiscreme eine geschmeidige Textur und den im gesamten Orient gern genaschten Geleewürfeln – in der Türkei heißen sie *lokum* und auch in Griechenland sind sie unter dem Namen *loukoumi* überall zu haben – ihre typische gallertartige Konsistenz (zwei Rezepte hierzu siehe Seite 76). Darüber hinaus wird Mastix gelegentlich in Brotteige gemischt, um sie elastischer zu machen.

Herkunft

Der mit der Pistazie verwandte strauchartige Baum wächst wild an Berghängen im Orient. Sein gewerblicher Anbau gelang bisher jedoch nur auf der Insel Chios, die, der türkischen Westküste vorgelagert, seit 1912 zu Griechenland gehört.

Seit 2400 Jahren verwendet und schätzt man das Harz dieser Pflanze in Griechenland und der Türkei. Zu einer echten Kostbarkeit avancierte es unter Sultan Sulaiman dem Großen. In der prachtvollen Palastanlage Topkapi Sarayi, die der osmanische Herrscher in Istanbul hatte erbauen lassen, kauten die Haremsdamen den ganzen Tag lang Mastix, um ihrem Herrn und Gebieter stets mit frischem Atem begegnen zu können. Die Türken wachten argwöhnisch über die Mastixproduktion auf Chios und errichteten daher in den etwa zehn Ortschaften, in denen der Strauch angebaut wurde, Wehrtürme.

Gewonnen wird das Harz, indem man die Rinde des Mastixbaumes einritzt. An den Einschnittstellen treten glasig schimmernde Harztropfen aus. Sie werden abgenommen, mit Seife gereinigt und anschließend mehrfach gespült, bis sie funkeln. Diese Arbeiten werden oft von alten Frauen erledigt. Ausgerüstet mit Eimern, sammeln sie auch Stücke ein, die zu Boden gefallen sind oder an Blättern haften, und waschen sie dann, wie Goldsucher es mit ihren wertvollen Nuggets tun.

Medizinische und sonstige Verwendung

Als Stimulans, harntreibendes Mittel und bei Durchfallerkrankungen von Kindern wird Mastix seit jeher verwendet. Im Orient aromatisiert er süße Sachen und Liköre. Manchmal wird er in der Türkei auch *raki* beigemischt, um diesen Anisbranntwein dickflüssiger zu machen. Außerdem ist Mastix gewissermaßen der Vorläufer des Kaugummis: Man kann stundenlang auf ihm herumkauen, wobei er für einen frischen Atem sorgt und nebenbei gegen Zahnfäule wirkt.

Theobroma cacao Kakao

Zusammen mit der Vanille ist der Kakao der bedeutendste Geschmacksgeber überhaupt. In Form von Schokolade ist er buchstäblich in aller Munde. Kurioserweise aber sind bei diesem Erfolgsprodukt die wesentlichen Merkmale der Samen weitgehend eliminiert: Der Gehalt an Kakaobutter ist stark reduziert und die markant bittere Note durch die Zugabe von reichlich Zucker sowie, bei Milchschokolade, von Milchpulver gemildert.

Aussehen

Der 4–5 m hohe Kakaobaum trägt leuchtend grünes Laub, zierliche weiße oder rötliche Blüten und große rote Beerenfrüchte, die mit ihrer Form und den Längsfurchen an einen Rugbyball erinnern. Wenn die dicken Samen reif sind, rasseln sie hörbar in den fünf Fruchtfächern, die jeweils etwa 25 der so genannten Kakaobohnen bergen. Die in ein schleimiges Fruchtfleisch eingebetteten Samen werden herausgelöst, aufgehäuft und der Sonne ausgesetzt, wobei ein Gärprozess in Gang kommt. Danach werden sie getrocknet, geröstet und zu einem feinen Pulver gemahlen.

Kulinarische Verwendung

Mit seinem bitteren Aroma passt Kakao gut in herzhafte Gerichte. In Mexiko wird er zusammen mit Chilis und manchmal auch Vanille in traditionelle *moles* (siehe Seite 101 und 108) gemischt. Diese Aromakombination war in der vorkolumbischen Ära gang und gäbe, und erst nach Ankunft der Konquistadoren setzte sich die Praxis durch, Kakao mit Zucker zu mischen.

Während sich Belgier, Schweizer und Briten wesentlich um den Aufstieg der Schokolade zum allgegenwärtigen Kassenschlager verdient machten, sicherten sich die Franzosen und Italiener mit ihren Erzeugnissen aus bester Ernte mit Grand-Cru-Niveau das gehobene Marktsegment. Als Einzige in Europa scheuen darüber hinaus die Italiener nicht davor zurück, Schokolade in herzhaften Gerichten mit Fleisch, Geflügel und sogar Tintenfisch zu verwenden.

Herkunft

Seine Wurzeln hat der Kakaobaum in den Regenwäldern des heutigen Venezuela, das nach wie vor als Erzeuger hochwertigster Ware bekannt ist.

Ursprünglich bereitete man aus Kakao ein Getränk, das die Sinne anregt (wie Tee enthält auch Kakao Koffein). Die Maya führten ihn in Mexiko ein, wo er bei den Tolteken zu einem Kulttrunk erhoben wurde. Einen noch höheren Status hatte er bei den Azteken, die die Kakaobohnen sogar als Zahlungsmittel benutzten.

Als Hernando Cortés 1519 als Erster der Konquistadoren die Aztekenhauptstadt Tenochtitlán erreichte, war Kakao ein exklusives, herrschaftliches Getränk. So passte es auch, dass Montezuma ihn aus einer goldenen Schale genoss, und zwar, ganz gemäß seinem Namen – *xocolatl* wird als »bitteres Wasser« übersetzt –, ungesüßt.

Kolumbus hatte den Kakao auf seiner vierten Fahrt nach San Domingo entdeckt, doch war es Cortés, der seine Landsleute auf den Geschmack brachte. Die Spanier aromatisierten den Kakao allerdings entgegen der mexikanischen Tradition mit Zucker und Zimt anstatt mit Chilis. Es gelang ihnen, ihr neues Genussmittel so geheim zu halten, dass englische Piraten, die auf einer gekaperten spanischen Galeone eine Ladung der breiigen Masse vorfanden, sie für Schafsdung hielten und ins Meer kippten.

Medizinische und sonstige Verwendung

Das in den Samen enthaltene Fett wird Gesichtscremes und Überzugsmassen für Tabletten beigemischt. Außerdem pflegt es rissige Hände und Lippen. Kakao entwässert und wirkt hohem Blutdruck entgegen.

Auch für herzhafte Gerichte wie *moles* werden auf mexikanischen Märkten solche Schokoladenriegel viel gekauft.

Menü-Planer

Register

Bezugsquellen

Burkheimer Kräuterhof
Plonweg 2
D – 79235 Vogtsburg
Tel: 07662-1583
www.herbal-farm.com
info@herbal-farm.com

Colonialwarenhandel „Altes Gewürzamt"
Hauptstr. 22
D – 63911 Klingberg
Tel: 09371-134757
Fax: 09371-2977
www.altes-rentamt.de
ingo.holland@altes-rentamt.de

Curcuma
Buchenweg 10
D – 94261 Kirchdorf/Wald
Tel: 09928-903380
Fax: 09928-903463
www.curcuma.de
info@curcuma.de

Dey Gewürze
Jungstr. 2
CH – 8052 Zürich
Tel.: +41-1-432 79 54
Fax: +41-1-432 68 34
www.gewuerze-dey.ch
dey.ent@smile.ch

EDORA Gewürze
Industriestr. 4
D – 63801 Kleinostheim
Tel: 06027-8266
Fax: 06027-5139
www.premiumgewuerze.de
info@edora.net

Épifor
13, rue des Tilleuils
F – 67117 Furdenheim
Tel: +33-388-691517
Fax: +33-388-691566
www.epifor.de
info@epifor.de

Gewürzkontor Condimento
Wiker Str. 44
D – 24105 Kiel
Tel. und Fax: 0431-8885334
www.gewuerzkontor-condimento.de
info@gewuerzkontor-condimento.de

Gourmondo GmbH & CoKG
St.-Heinricher-Str. 40
D – 82402 Seeshaupt
Tel: 01805-468766
Fax: 089-92185116
www.gourmondo.de
info@gourmondo.de
Gourmondo.de bietet internationale
Spezialitäten aus aller Welt im
Internet.

Govinda-Versand „natürlich leben"
Waldstr. 18
D – 55767 Abentheuer
Tel: 06782-989001
Fax: 06782-989002
www.govinda-versand.de
info@govinda-versand.de
Gewürze in Bio-Qualität, exotische
Gewürze, Ayurveda und
Naturprodukte. Gratis-Katalog.

**Grubauer's Gewürze, Tee und
Heilkräuter**
Asternweg 12
D – 74579 Fichtenau
Tel: 07962-2347
Fax: 07962-7106037
Hotline: 07962-710415
www.grubauer.de
info@grubauer.de

Gwürzegge
Im Egg 57
CH – 4147 Aesch
Fax: +41-61-7511833
www.gwuerzegge.ch
info@gwuerzegge.ch

**HeBo Gewürze, Tee und
Trockenfrüchte**
Langenfelde 39
D – 23611 Bad Schwartau
Tel.: 0451-8819051
Fax: 0451-8819052
www.hebo-gewuerze.de
info@hebo-gewuerze.de
Über 200 Gewürze, davon allein 25
verschiedene Pfeffersorten. Viele
hauseigene Mischungen.

Kräuterhaus Hamburg
Lange Reihe 70
D – 20099 Hamburg
Tel: 040-249356
Fax: 040-243137
www.kraeutermayer.de

**Schimmelschmidt
Gewürze-Kräuter-Teevertrieb**
Albert-Einstein-Str. 13
D – 64739 Höchst/Odenwald
Tel: 06163-4527
Fax: 06163-4941
www.schimmelschmidt.com
info@schimmelschmidt.com

TALI
Steinstr. 18
D – 34298 Helsa-Wickenrode
Tel: 05604-915381
Fax: 05604-915382
www.tali.de
kontakt@tali.de
Versandhandel für Nüsse,
Trockenfrüchte, Gewürze,
orientalische Spezialitäten.

**Tee- und Gewürzversand
Naturideen**
Albersdorfer Str.18
D – 25767 Osterrade
Tel: 04802-751520
Fax: 04802-751521
www.naturideen.de
kundendienst@naturideen.de

Teehandel Huber
Daimlerstr. 14
D – 63512 Hainburg
Tel: 06182-799241
Fax: 06182-950823
www.tee-und-gewuerzhandel.de
teehandelhuber@aol.com

Trieu Asia Food GmbH
Theodor-Heuss-Str. 30–32
D – 70806 Kornwestheim
Tel: 07154-802688
www.asia-online-shop.de
team@asia-online-shop.de

Violas Gewürze & Delikatessen
Eppendorfer Baum 43
D – 20249 Hamburg
Tel.: 040-46 07 2676
Fax: 040-46 88 12 78
www.violas.de
info@violas.de

Bildnachweis

Abkürzungen: IPL – Impact Photo Library; FL – Francine Lawrence; MWS – Marcus Wilson-Smith; PdV – Patrice de Villiers.

Alle Fotos von Steve Baxter mit Ausnahme der hier aufgelisteten:
Seite 3 (links) Dominic Sansoni/IPL; Seite 7 PdV; Seite 12 Wally Santona/IPL; Seite 13 Dominic Sansoni/IPL; Seite 15 David S Silverling/IPL; Seite 18 PdV; Seite 31 Charles Coates/IPL; Seite 33 (oben) MWS; Seite 33 (unten) Mark Henley/IPL; Seite 41 PdV; Seite 47 FL; Seite 49 PdV; Seite 55 MWS; Seite 59 PdV; Seite 63 Jonathan Pile/IPL; Seite 64 Robin Laurance/IPL; Seite 65 Alan Keohane/IPL; Seite 70 PdV; Seite 80 MWS; Seite 81 Ben Edwards/IPL; Seite 84 FL; Seite 88 PdV; Seite 94 MWS; Seite 99 Ray Roberts/IPL; Seite 100 Mark Henley/IPL; Seite 104 PdV; Seite 108 PdV; Seite 115 FL; Seite 123 MWS; Seite 132 MWS; Seite 134 MWS; Seite 137 MWS; Seite 163 FL; Seite 181 FL; Seite 197 Daniel White/IPL; Seite 198 Caroline Penn/IPL; Seite 211 FL; Seite 216 Piers Cavendish/IPL; Seite Christophe Bluntzer/IPL; Seite 224 FL; Seite 232 FL; Seite 234–5 PdV